四川大学马克思主义学院出版项目资助成果

社会主义核心价值观建设研究

陈乐香　著

西南财经大学出版社
中国·成都

图书在版编目(CIP)数据

社会主义核心价值观建设研究/陈乐香著.—成都:西南财经大学
出版社,2024.4
ISBN 978-7-5504-6044-7

Ⅰ.①社⋯　Ⅱ.①陈⋯　Ⅲ.①社会主义核心价值观—研究—中国
Ⅳ.①D616

中国国家版本馆 CIP 数据核字(2023)第 252659 号

社会主义核心价值观建设研究
SHEHUIZHUYI HEXIN JIAZHIGUAN JIANSHE YANJIU

陈乐香　著

策划编辑:乔　雷
责任编辑:廖　韧
责任校对:植　苗
封面设计:张姗姗　墨创文化
责任印制:朱曼丽

出版发行	西南财经大学出版社(四川省成都市光华村街 55 号)
网　　址	http://cbs.swufe.edu.cn
电子邮件	bookcj@swufe.edu.cn
邮政编码	610074
电　　话	028-87353785
照　　排	四川胜翔数码印务设计有限公司
印　　刷	四川五洲彩印有限责任公司
成品尺寸	170mm×240mm
印　　张	17
字　　数	345 千字
版　　次	2024 年 4 月第 1 版
印　　次	2024 年 4 月第 1 次印刷
书　　号	ISBN 978-7-5504-6044-7
定　　价	78.00 元

目录

导论 / 1

第一章　核心价值观建设的历史演进 / 18

第一节　神本位的核心价值观建设的内涵与本质 / 18

第二节　权本位的核心价值观建设的内涵与本质 / 23

第三节　物本位的核心价值观建设的内涵与本质 / 26

第四节　人民本位的核心价值观建设的制度优势 / 33

第二章　社会主义核心价值观建设的理论渊源 / 44

第一节　马克思主义价值思想的理论运用 / 44

第二节　社会主义意识形态建设的理论指导 / 56

第三节　中国特色社会主义文化建设的理论方针 / 73

第三章　社会主义核心价值观建设的发展历程 / 79

第一节　新民主主义革命以及社会主义革命和建设时期的初步
探索 / 80

第二节　改革开放和社会主义现代化建设新时期的丰富与发展 / 89

第三节　中国特色社会主义新时代的开拓与创新 / 102

第四章　社会主义核心价值观建设的现实境遇 / **118**

第一节　社会主义核心价值观建设的基本背景 / **118**

第二节　社会主义核心价值观建设的社会条件 / **131**

第三节　社会主义核心价值观建设的现实困境 / **143**

第五章　社会主义核心价值观建设的主要内涵 / **153**

第一节　国家层面的社会主义核心价值观建设 / **153**

第二节　社会层面的社会主义核心价值观建设 / **161**

第三节　个人层面的社会主义核心价值观建设 / **170**

第六章　社会主义核心价值观建设的基本路径 / **179**

第一节　社会主义核心价值观基本内涵的凝练化 / **179**

第二节　培育践行社会主义核心价值观的机制化 / **185**

第三节　培育践行社会主义核心价值观的制度化 / **198**

第四节　培育践行社会主义核心价值观的生活化 / **205**

第七章　社会主义核心价值观建设的世界意义 / **219**

第一节　从社会主义核心价值观到全人类共同价值 / **220**

第二节　倡导全人类共同价值与构建人类命运共同体 / **225**

第三节　倡导全人类共同价值与共建"一带一路" / **230**

研究结语与展望 / **238**

参考文献 / **243**

后记 / **262**

导论

中国特色社会主义进入了新时代。新时代的中国开启了全面建设社会主义现代化国家新征程，实现中华民族伟大复兴进入了不可逆转的历史进程。在中华民族伟大复兴战略全局和世界百年未有之大变局交织的背景下，党和国家推进的伟大斗争、伟大工程、伟大事业、伟大梦想将面临更加复杂的内外环境与艰难考验。在思想文化领域，我们需要应对自由主义、历史虚无主义、消费主义等多种社会思潮的挑战，抵御部分西方国家利用"价值观外交"等形式进行的围堵与攻讦，等等。为此，我们必须推进社会主义核心价值观建设，以社会主义核心价值观引领多元文化思潮，构建价值观领域的"最大公约数"，筑牢民族复兴征程中凝神聚气、强基固本的基础工程。

社会主义核心价值观重在建设、难在建设。建设社会主义核心价值观是一项全民性的系统工程，是关乎个人、社会和国家乃至世界的重大命题。毋庸置疑，让人民群众以情感共鸣高度认同我国建设社会主义核心价值观的原因，并引领他们建设好社会主义核心价值观，是比提炼出社会主义核心价值观的基本内涵更复杂的难题。因此，从理论与实践、历史与现实、问题与举措等层面，深入分析我国如何推进社会主义核心价值观建设，是本书研究的目的。

一、核心价值观与社会主义核心价值观

人类社会发展历程表明，价值、价值观的主体性、个体性必然带来多元文化价值观的历史和现状，决定了任何社会都需要建设核心价值观，我国也需要建设社会主义核心价值观。

（一）核心价值观

在人类社会发展存在生产力水平差异、利益差别和社会分工的情况

下，"多元文化价值观是毋庸置疑的历史和现实存在。由于历史和现实的主体形态是多样化、多层次性的，不同主体在生存环境、生活方式、意识形态和文化传统等方面存在差别和对立，并具有不尽相同的现实利益、需要和能力，因而不同主体之间必然产生个性化、多样性的文化价值观"①。这是不可避免的一种社会现象。一个国家如此，整个世界也是如此。对于多元的价值观，我们要尊重差异、包容多样。由于不同的价值观对社会的作用力不同，价值观多元化及其内在冲突必然要求有一种能够调节、引领社会多元价值观的核心价值观，以推动社会良性有序发展。所以，一个良性有序的社会在多元价值观共存的条件下必须要有一种核心价值观②。

核心价值观是一个社会中居统治地位、起支配作用的核心理念，也是一个社会的本质、特征和理想追求的集中体现，涵盖社会发展的指导思想和价值目标，制约着社会发展的基本方向，对社会和人的发展起着不可或缺的定向导航、凝聚共识、规范行为、稳定秩序、提供精神动力的作用③。费孝通先生就认为"中华民族多元一体格局存在着一个凝聚的核心"，这个"凝聚的核心"体现在价值观层面就是一种核心价值观，它是延续中华民族五千年文明的重要保障。习近平总书记也深刻地指出："核心价值观，其实就是一种德，既是个人的德，也是一种大德，就是国家的德、社会的德。国无德不兴，人无德不立。如果一个民族、一个国家没有共同的核心价值观，莫衷一是，行无依归，那这个民族、这个国家就无法前进。这样的情形，在我国历史上，在当今世界上，都屡见不鲜。"④

核心价值观之所以能够主导、引领、凝聚其他价值观，是因为核心价值观是社会主流意识形态的重要组成和本质体现，是代表统治阶级和体现其根本利益的价值思想体系。"统治阶级的思想在每一时代都是占统治地位的思想。这就是说，一个阶级是社会上占统治地位的物质力量，同时也是社会上占统治地位的精神力量。支配着物质生产资料的阶级，同时也支配着精神生产资料。"⑤ 任何社会的统治阶级都会通过积极宣传和强化其核心价值观，构建支配该社会的精神力量，用以号召、凝聚和引导全体社会

① 孙伟平. 论多元文化价值观存在的根据及意义 [J]. 湖南社会科学, 2007 (4): 1-4.
② 邱仁富. 社会主义核心价值观培育研究 [M]. 上海: 上海大学出版社, 2015: 27.
③ 郭维平. 社会主义核心价值观生成和认同研究 [M]. 北京: 学习出版社, 2016: 54.
④ 习近平. 习近平谈治国理政 [M]. 北京: 外文出版社, 2014: 168.
⑤ 马克思, 恩格斯. 马克思恩格斯选集: 第一卷 [M]. 北京: 人民出版社, 1995: 78.

成员，并且，"为了达到自己的目的不得不把自己的利益说成是社会全体成员的共同利益，就是说，这在观念上的表达就是：赋予自己的思想以普遍性的形式，把它们描绘成唯一合乎理性的、有普遍意义的思想"①，这充分体现了核心价值观的意识形态属性。当然，为了实现核心价值观的恒久性和普适性，统治阶级也要驾驭整个社会发展方向、汲取人民群众的价值观念、借鉴人类文明成果，打造让人民群众形成价值共识的核心价值观，彰显核心价值观的历史自然属性。在阶级社会中，核心价值观的历史自然属性与意识形态属性是背离的，只有在社会主义社会中，二者才是统一的。

（二）社会主义核心价值观

我国社会性质和执政党的宗旨与性质决定，我国占主导地位的核心价值观应体现社会发展的客观规律和科学社会主义的基本原则，体现马克思主义指导思想和中国特色社会主义共同理想，符合和代表最广大人民群众的根本利益。这一核心价值观即社会主义核心价值观。2012年11月，党的十八大报告指出，"倡导富强、民主、文明、和谐，倡导自由、平等、公正、法治，倡导爱国、敬业、诚信、友善，积极培育和践行社会主义核心价值观"②。"三个倡导"构成社会主义核心价值观的基本内容。

"三个倡导"从国家、社会、个人三个层面指明了我国社会主义的价值目标、价值取向和价值准则，回答了"我们要建设什么样的国家、建设什么样的社会、培育什么样的公民"的重大问题。其中，"富强、民主、文明、和谐是国家层面的价值目标"，它反映了党和人民群众的共同理想和美好愿望，明确了我国应坚持中国特色社会主义发展道路，构建"五位一体"总体布局，协调推进"四个全面"战略布局，把我国建成富强、民主、文明、和谐、美丽的社会主义现代化强国。"自由、平等、公正、法治是社会层面的价值取向"，它顺应了人民群众的诉求与愿望，指明了我们要建设一个追求和实现人的自由全面发展、维护大多数人的利益、建立公平正义的基本价值取向的社会。"爱国、敬业、诚信、友善是公民个人层面的价值准则"，它指明了全体公民应践行的道德规范和原则，强调了广大人民群众应具有的社会责任和义务，推动形成良好社会风尚和积极健

---

① 马克思，恩格斯. 马克思恩格斯文集：第一卷 [M]. 北京：人民出版社，2009：552.
② 胡锦涛. 坚定不移沿着中国特色社会主义道路前进 为全面建成小康社会而奋斗：在中国共产党第十八次全国代表大会上的报告 [M]. 北京：人民出版社，2012：31.

康、理性科学的社会心态。"三个倡导"既传承了中华优秀传统文化,又汲取了世界先进文明成果,是现阶段我国各种社会价值观的"最大公约数",具有共同性和普遍性,能获得广泛的民族认同,具有引领其他价值观念的思想高度和实践精神,是当代中国精神的根本体现。

社会主义核心价值观是党领导人民群众在革命、建设和改革开放的历史进程中逐步形成和发展起来的,是科学社会主义价值目标和价值理念在中国的具体实践,是社会主义意识形态的本质与核心,是以人民群众为价值主体、代表人民群众根本利益的。这是一种人民本位的核心价值观。

一是确立了人民群众的价值主体地位。价值和价值观的主体是人。社会主义作为一种先进的社会制度,人民群众是其价值的创造者、享用者和评价者。最广大人民群众是社会主义价值目标的创造者,同时也是社会主义核心价值观的享受者。离开广大人民群众的根本利益,社会主义核心价值观便无从谈起。不断发展社会主义生产力和社会主义先进文化,完善社会主义的生产关系,归根到底是"以人民为中心",实现最广大人民的根本利益。以人民为中心是共产党的"初心",是社会主义核心价值观不同于其他剥削阶级价值观的根本特征。它引导共产党人"不忘初心",在价值取向、价值评价、价值目标、价值行为等层面始终不偏离正确的航向。从革命年代寻求人民解放,到中国特色社会主义新时代寻求实现中华民族伟大复兴,我们党始终重视广大人民群众的价值主体地位,坚持为人民服务、以人民为中心,把实现最广大人民群众的根本利益作为社会主义事业发展的根本方向。

二是确立了以人为本的价值取向。科学社会主义作为无产阶级政党的指导思想,既是科学的思想理论体系,也是一种先进的社会制度,还是一种为无产阶级和最广大人民群众谋利益的社会运动。无产阶级政党的性质、根本宗旨和奋斗目标,决定了共产党人衡量人生价值的标准是人民群众的根本利益,每个党员价值的大小、正负都体现在以人民为中心的实践活动中。作为中国共产党自觉倡导和践行的社会主义核心价值观,又具体化为以人民为中心的权力观、为人民服务的人生观、集体主义的道德观,以及真善美相统一的积极健康的审美观等[①]。质言之,社会主义核心价值观以马克思主义的科学世界观为指导,坚持"以人为本"的价值取向。以

---

① 袁银传,郭强,杨业华,等.培育和践行社会主义核心价值观研究 [M].北京:人民出版社,2019:15.

人为本，就是以最广大人民群众的根本利益为本，就是发展为了人民、发展依靠人民、发展成果由人民共享。在人类社会发展历史上，以人为本取代了以神为本、以权为本、以物为本的价值取向，体现了社会主义制度的历史进步性和制度优越性。

三是确立了共同富裕的价值目标。在马克思和恩格斯看来，虽然资本主义制度实现了劳动生产率的极大提高从而推动了社会进步，但建立在生产资料私有制基础上的贫富差距加剧了社会矛盾，使资本主义制度最终会被社会主义制度取代。因此，消除贫富差距、实现共同富裕是社会主义的本质要求、根本原则和最终价值目标。我们要建设的经济、政治、文化、社会、生态领域的价值目标，构建的国家、社会、个人层面的价值追求，都是为了实现"共同富裕"。可以说，离开了"共同富裕"这一社会主义的本质特征，对社会主义的任何认识和理解都是不准确的。这也决定了中国特色社会主义现代化事业必须在不断提高生产力的同时，要不断提高人民群众的物质文化生活水平，最终实现全体人民共同富裕。只有让每个人逐渐走上从物质富裕到精神富裕的发展道路，才能让全体社会成员实现自己的工作价值和人生价值，最终朝向"人的自由全面发展"的价值目标迈进。

二、为什么要建设社会主义核心价值观？

"建设"一词，源自《墨子·尚同中》一文中，"古者上帝鬼神之建设国都、立正长也，非高其爵，厚其禄，富贵佚而错之也"①。其原意为"建立、设置"的意思，是指人类通过具体的、物质性实践活动，改变物质世界及其物质的形态和性质，推动社会生活和物质生产发展的活动过程。后来"建设"一词的内涵得以拓展，社会领域的建设活动既有物质性的，也有精神性的。例如，政治建设、社会建设、文化建设、意识形态建设、道德建设、组织建设等。社会领域的建设强调"按照一定的蓝图和规划，在遵循社会发展规律的基础之上，对社会的各个层面所进行的积极而有效的实践活动及其过程"②。因而，作为实践活动及其过程的社会主义核心价值观建设，既有价值观层面自身的建设，包括价值观建构、宣传教育、制度保障和培育践行等，也关联着文化建设和意识形态建设。

---

① 王焕镳. 墨子校释 [M]. 杭州：浙江古籍出版社，1987：91.
② 郜付见. 当代中国意识形态建设研究 [D]. 北京：中共中央党校，2012：26.

（一）从价值观层面看，社会主义核心价值观需要"建设"

一般来说，价值观不仅是一个思想系统，本身也是一个实践系统。它不仅关系到人们创造怎样的物质和精神产品来满足自身与社会的需要，而且关系到人们以怎样的方式来创造这些产品。所以，价值观具有实践性和建设性。约瑟夫·雷兹（Joseph Raz）在《价值的实践》中通过论述价值原则的依赖性，说明了价值的实践性和建设性的重要意义。他指出：①社会为价值存在提供了一个可预期的实践路径；②社会也指明了道德主体价值认知的一个解释路径；③更深层面地彰显了价值原则与价值主体的关系；④最重要的是社会提供了我们价值判断的基本框架①。

核心价值观是在多样化价值观基础上形成的，是主导、引领多样化价值观念与价值追求的保证。"对一个民族、一个国家来说，最持久、最深层的力量是全社会共同认可的核心价值观。核心价值观，承载着一个民族、一个国家的精神追求，体现着一个社会评判是非曲直的价值标准。"②核心价值观作为统治者依靠国家权力所倡导的价值观念和价值体系，具有实践特性，也体现了对整个社会的要求。

社会主义核心价值观代表中国共产党和人民群众的根本利益，凭借自身的科学性、先进性、目标性，成为社会思想体系的核心，主导和引领着社会多元价值观。其建设与社会发展密切相关，着眼于中国未来发展的制度设计和意识形态导向。社会主义核心价值观不仅是在实践中摸索出来的对现实政策的总结，还是人类遵循社会发展基本规律、改造世界的主客观相统一的活动的理论指导。社会主义核心价值观建设对于应对当代中国社会各种矛盾和冲突，应对世界多变的局势，巩固中国共产党长期执政的地位，保持社会安定和谐的秩序，都具有重要意义。

（二）从文化层面看，社会主义核心价值观需要"建设"

文化与人类的实践活动密切相关。广义的文化表现为人类的实践活动，指代人类实践活动中所产生的物质和精神形态的成果，包括物质文化、制度文化和思想文化等。狭义的文化特指精神产品，包括文学艺术、道德思想、科学技术、法律制度、意识形态和价值观等，是"法律的、政治的、宗教的、艺术的或哲学的……意识形态的形式"或"精神生活"③。

---

① RAZ J. The practice of value [M]. Oxford：Oxford University Press，2005：27.

② 习近平. 习近平谈治国理政 [M]. 北京：外文出版社，2014：168.

③ 马克思，恩格斯. 马克思恩格斯选集：第二卷 [M]. 北京：人民出版社，2012：3.

文化作为一个国家和民族不断传承下来的事物，是一个国家和民族赖以生存和发展壮大的核心力量。

促进文化发展，必须要推进文化软实力建设。文化软实力，是指一个国家或地区基于文化而具有的对内的凝聚力、动员力、创新力、生命力和对外产生的渗透力、吸引力、传播力和影响力。随着中国步入世界舞台中央，我们不仅要增强文化软实力，致力于经济发展、国家富强和文明进步，维护"文化主权"和"文化版图"；也要通过文化领域内的舆论斗争，在大是大非和政治原则问题上，敢于发声、亮剑，对错误思想观点进行有力批驳，揭露本质，发挥先进文化引领社会进步的导向作用。

习近平总书记说："一个国家的文化软实力，从根本上说，取决于其核心价值观的生命力、凝聚力、感召力。"[①] 社会主义核心价值观是我国文化软实力的灵魂，对文化建设承担着指路引航的根本任务，文化软实力的提升与核心价值观的生命力、凝聚力和感召力直接相关。因此，我国应通过社会主义核心价值观建设，用马克思主义尤其是中国化的马克思主义武装全党和全国人民，用中国特色社会主义共同理想凝聚力量，用以爱国主义为核心的民族精神和以改革创新为核心的时代精神鼓舞斗志，用社会主义荣辱观引领风尚，培育与践行社会主义核心价值观，统筹发展，使我国文化软实力不断提升，增强文化自信，建设社会主义文化强国。

（三）从意识形态层面看，社会主义核心价值观需要"建设"

意识形态属于"庞大的上层建筑"的一部分，是实际支配人们思想与行为的某种思想理论体系，是由代表统治阶级和利益集团的一系列世界观、价值观、方法论所构成的理论系统。作为建立在经济基础之上的上层建筑，意识形态具有经济、政治、文化、社会等功能，具有阶级性、价值性、多样性、理论性和实践性等特征。

为巩固执政地位和统一社会思想，任何政党和国家都必然高度重视意识形态建设。习近平总书记指出："意识形态工作是党的一项极端重要的工作，事关党的前途命运，事关国家长治久安，事关民族凝聚力和向心力。"[②] 我们党一直重视和加强社会主义意识形态建设，具有丰富的理论成果和实践经验。当前，我国意识形态建设面临西方意识形态的威胁、国内

---

① 习近平. 习近平谈治国理政 [M]. 北京：外文出版社，2014：163.
② 中共中央文献研究室. 十八大以来重要文献选编：上 [M]. 北京：中央文献出版社，2014：464.

社会思潮多样性的挑战、党自身存在某些问题而形成的考验、互联网普及化带来的冲击等，这更加凸显了加强意识形态建设的重要性与紧迫性。

推进意识形态建设，一是要适应不断变化的时代主题、历史潮流和社会发展趋势，不断丰富和完善意识形态思想理论体系，提供指导国家发展和社会实践的新思想、新理念、新战略、新目标等，促进理论创新，夯实人民群众的世界观、方法论、价值观和伦理道德等思想基础。二是重视意识形态建设的领导权、管理权和主导权，通过宣传教育、舆论引导、道德建设、法治建设、发展文化事业和文化产业等手段，弘扬主旋律、占领主阵地，增强主流意识形态的话语权，使主流意识形态深入人心。三是把意识形态融入政治、经济、文化、社会和生态建设中，在促进经济发展、完善政治民主、推动文明进步、保障民生福利、保护生态环境的实践中充分发挥意识形态的功能，增强思想引领、价值主导和社会认同，让源于社会实践的意识形态服务于社会实践，体现其科学性和价值性。

从根本上讲，意识形态建设，本质上是要明确一个政党和国家举什么旗、走什么路、坚持什么精神面貌和道德规范、追求什么价值目标和理想等重大问题。价值观是意识形态的基础，不同的意识形态的本质区别就在于价值观的不同。核心价值观犹如一个国家意识形态的灵魂，它是社会制度、国家运作模式得以存在和发展的根本依据。社会主义核心价值体系与社会主义核心价值观是中国特色社会主义意识形态的本质体现。推进社会主义核心价值观建设，就能够更直观和精练地彰显中国特色社会主义意识形态的价值本质，也能够以更加统一的价值立场和思想基础促进我国社会主义意识形态科学发展，增强意识形态的公信力、传播力、吸引力、凝聚力和征服力，发挥好核心价值观在意识形态建设领域的"社会水泥"的作用。

三、如何建设社会主义核心价值观？

推进社会主义核心价值观建设，党的十八大报告明确了"三个倡导"的基本内容，党的十九大报告提出了"坚持社会主义核心价值体系"，"培育和践行社会主义核心价值观，不断增强意识形态领域主导权和话语权"。党的二十大报告提出了"广泛践行社会主义核心价值观"，"用社会主义核心价值观铸魂育人"，"把社会主义核心价值观融入法治建设、融入社会发展、融入日常生活"。中共中央颁发的《关于培育和践行社会主义核心价值观的意见》和《培育和践行社会主义核心价值观行动方案》（以下分别简称《意见》和《行动方案》），提出了把培育和践行社会主义核心价值观融入国民教育全过程，落实到经济发展实践和社会治理中，加强宣传教育、开展实践活动、加强组织领导等。这些举措极大地促进了全社会培育和践行社会主义核心价值观，有助于社会主义核心价值观落细、落小、落实。但诸多调查研究表明，如何进一步推进社会主义核心价值观建设，让人民群众对"三个倡导"从熟知到真知再到"日用而不觉"，仍需要多维度、多视角认清社会主义核心价值观建设面临的难题，构建更加精准的内容体系和有效路径。

（一）社会主义核心价值观建设面临的挑战

学者们从多个角度分析了来自国内、国外的理论和实践难题。一是价值观分化，形成一元化的价值共识面临困难。吴桂韩认为，由于世界范围内争夺意识形态话语权的斗争激烈，西方国家在国际话语权和舆论引导权方面占据主导地位，以输出价值观作为颠覆、破坏其他国家的政权稳定和发展的手段。而随着我国进入新时代，全面深化改革带来的社会诉求复杂多样，各种社会思潮竞相产生、相互交织，意识形态领域斗争很不平静，统一思想、凝聚共识难度加大①。二是形成内生性的价值和情感认同面临挑战。价值和情感认同是价值践行的前提条件。周宏认为，当前大众在社会主义核心价值观的认同上还存在许多问题：在认同途径上，传播路径比较单一；在认同程度上，不同地域、阶层、职业、信仰人群的认同感差异较大；在认同效果上，存在比较严重的反差现象；在认同环境上，现实文化中存在诸多对核心价值观排斥和消解的因素②。三是社会主义核心价值观在嵌入日常生活的过程中遇到诸多困难。吴翠丽认为，原因在于理论的长远性与日常生活实用性的矛盾，理论的凝练性与日常生活经验性的冲突，理论的普遍性与日常生活情境性的隔阂③。这些挑战加大了社会主义核心价值观建设的难度。

（二）社会主义核心价值观建设的研究视域

基于影响社会主义核心价值观建设的多因素，一些学者从多维度、多

---

① 吴桂韩. 培育和践行社会主义核心价值观的基本路径 [J]. 理论学习，2014 (7)：4-7.
② 周宏. 论加强社会主义核心价值观认同机制建设 [J]. 理论导刊，2014 (4)：60-63.
③ 吴翠丽. 社会主义核心价值观嵌入日常生活的困境与消解路径 [J]. 思想教育研究，2014 (1)：37-40.

视角研究了社会主义核心价值观建设。

1. 马克思主义价值哲学的研究视域

马克思主义价值哲学是推进社会主义核心价值观建设的元理论，坚持以马克思主义价值思想为指导，体现了理论与实践相互关系的唯物辩证法基本原理，具有科学性和现实性。唐莉以"马克思主义价值论"为视角，从价值的主体性、价值的实践性和价值的具体历史性出发，对社会主义核心价值观进行解读，突出了社会主义核心价值观是以中国特色社会主义建设实践为基础，是基于社会主义初级阶段的特定历史条件，具有表达人民主体的价值诉求的价值观念，但其研究内容没有突出社会主义核心价值观的"主体"地位和"满足主体需要的利益机制"①。杨信礼在《马克思主义价值论与当代中国价值观的建构》一文中指出，马克思主义价值本质、价值评价等，对于培育当代中国的主导价值观，实现人的全面自由发展，有着重要意义②。张洋认为，实现社会主义核心价值体系的主体认同，必须研究清楚价值主体的问题，实现社会主义核心价值观建设的价值自觉③。王伦光认为，核心价值体系的建构，从执政者维度看，是一个对社会各种价值诉求进行价值判断、价值选择、价值整合和价值引导的过程，也就是一个理论体系和认同体系的建构过程，是一个"外设"过程；从社会成员维度看，是一个从价值认知、价值情感到价值认同再到价值实践的知情意行的过程，是一个"内化"的过程。培育和践行社会主义核心价值观不仅需要创设良好的文化场域，实施有效的教育引导，还要切实推进制度保障和建立充分的理论自信，真正做到文化自觉、理论自觉、制度自觉和教育自觉④。

2. 现代性的研究视域

实现现代化是当下中国的现实命题，而现代性正是社会主义核心价值观生成和构建的现实语境，现代性也因此成为研究社会主义核心价值观建

---

① 唐莉. 马克思主义价值论视域的社会主义核心价值观 [J]. 中共云南省委党校学报, 2013 (3)：5-7，52.

② 杨信礼. 马克思主义价值论与当代中国价值观的建构 [J]. 山东社会科学, 2008 (2)：5-15.

③ 张洋. 价值主体视阈中的社会主义核心价值体系认同问题探究 [J]. 理论界, 2010 (2)：10-11.

④ 王伦光. 价值自觉与社会主义核心价值体系建设研究 [M]. 北京：人民出版社, 2017：5-6.

设的重要视角。许多学者的共识是，对现代性的解读，西方国家占据了现代化的话语权，但西方现代化道路和价值理念存在弊端，而社会主义核心价值观以科学社会主义为逻辑起点，对中国优秀传统文化进行创造性转化和创新性发展，凝练出 24 个字的基本内涵，实现了对资本主义核心价值观的现代性超越①。吴向东认为，社会主义核心价值观是在对资本主义价值观、传统价值观和市场经济价值观的理论和实践的批判与超越中，以及在对当下社会存在的本质的反思中，构建了由人的自由全面发展、集体主义、人民功利主义与可持续发展观、社会主义民主与正义以及实践理性主义组成的一个完整的价值体系②。徐蓉认为，现代化的大背景和现代性命题对我国价值观建设提出了新任务。例如，处理现代性与传统性、民族性的关系，需要尝试与对话、转型与超越等。在国家价值观建设上，需要重视国家的利益观和责任观，推进以中国特色为根基、以科学发展为路径、以社会和谐为归宿的国家价值观内向建设，以平等互信、包容互鉴、合作共赢为内涵的国家价值观外向表达。在个人价值观建设上，正确应对社会的改革与发展、矛盾与问题以及现实选择的多样性，处理好制度变革和心灵变迁的关系，强化道德和法律约束，注重个人美德的养成和公共精神的培育。总体而言，就是要推进我国走向和谐的价值观建设，实现民族精神与国家精神相结合、传统文化与现代精神相互映照，提升马克思主义中国化的文化意义③。

3. 主体性的研究视域

学界的共识是，社会主义核心价值观应以人民为主体。为此，陈新汉等还特意区分了"人民主体"与"主体的核心"两个概念，认为社会主义核心价值体系的人民主体性就是要体现人民主体的价值追求和价值取向。其价值体系就应始终围绕着"人民要怎么样"来建构，并在反腐和执政理念的自觉中，即在制度改革中把"人的世界还给人自己"，凸显社会主义核心价值体系的人民主体性④。郑礼平等在《社会主义核心价值观与人民

---

① 郑丽平. 现代性视域中的社会主义核心价值观 [J]. 江西社会科学，2014 (11)：181-187.

② 吴向东. 重构现代性：当代社会主义价值观研究 [M]. 修订版. 北京：北京师范大学出版社，2009：10.

③ 徐蓉. 现代性语境下的中国价值观建设 [M]. 上海：复旦大学出版社，2014：8.

④ 陈新汉，邱仁富. 坚持社会主义核心价值体系的人民主体性 [M]. 上海：东方出版中心有限公司，2011.

主体性》一文中，立足于马克思主义"人民主体性"思想，提出"应该强化人民实践主体性以增强培育和践行社会主义核心价值观的现实基础，强化人民利益主体性以激发人民群众践行社会主义核心价值观的现实动力，强化人民价值主体性以彰显培育和践行社会主义核心价值观的终极关怀"。但该文没有涉及社会主义核心价值观的人民主体性的由来①。在《价值主体性视域中的社会主义核心价值观及践行路径研究》一文中，陶源在分析了"价值主体性"和"社会主义核心价值观"两个概念后，着重分析了价值主体性与社会主义核心价值观的逻辑关系，提出"由价值主体性包含的价值主体决定了践行社会主义核心价值观的多元主体，和在实践中立足于现实的人应凸显'以人为本'的价值理念"。但该文同样没有论及满足主体需要的"利益机制"②。

依据唯物史观的基本原理，价值观是主体的人对价值的看法和观念，在价值观的形成过程中，主体为满足自身需要的实践而构建了物质平台和活动平台，主体在实践中所遭遇的问题与约束是介质与动因，主体思维能力和自我意识的增强是内因和主观条件。具备了这些基础和条件，人们对事物的认识、评价、态度和行为取向才逐步得以形成。随着人们实践经验的日益丰富和知识范围的日益扩大、外部环境和社会关系的不断变化，人们的价值认识也会调整、改变③。可见，价值与价值观都是与特定主体密切联系在一起的，任何价值观都存在"谁的价值观""是代表谁的根本利益的价值观"的核心问题，即主体视野。因此，价值观建设应遵从主体性的视野，立足于主体需要的满足、发挥主体意识、提升主体能力等层面，从主体与客体、主观与客观的相互关系中，从责任与义务转向权利与义务相统一的过程中推进建设。

在历史唯物主义层面，人类社会核心价值观建设经历了从神灵主体性到个体主体性再到公共主体性的发展历程，在此语境下的核心价值观也相继经历了从群体本位到个体本位再到人民本位的建设历程。社会主义作为人民当家作主的国家，其核心价值观建设理应遵从人民本位的根本逻辑。

---

① 郑礼平，赵嘉蒂，周康林. 社会主义核心价值观与人民主体性 [J]. 浙江学刊，2015 (1)：116-120.

② 陶源. 价值主体性视域中的社会主义核心价值观及践行路径研究 [D]. 上海：东华大学，2015.

③ 徐蓉. 现代性语境下的中国价值观建设 [M]. 上海：复旦大学出版社，2014：44.

当把人民群众作为核心价值观建设的集合主体，意味着处于群体之中的个体并不仅仅是那个"独存的我"，而是可以从自我中"内在地"推演出他人的个体，即便是扩大到社会乃至国家，人的主体性特征也并不会因为数量的增加和组织结构的变化而发生变化，这也符合马克思描述的未来社会"每个人的自由发展是一切人的自由发展的条件"的精神实质。

（三）社会主义核心价值观建设的基本路径

党的十九大报告指出："要以培养担当民族复兴大任的时代新人为着眼点，强化教育引导、实践养成、制度保障，发挥社会主义核心价值观对国民教育、精神文明创建、精神文化产品创作生产传播的引领作用，把社会主义核心价值观融入社会发展各方面，转化为人们的情感认同和行为习惯。坚持全民行动、干部带头，从家庭做起，从娃娃抓起。"① 党的二十大报告进一步强调，深入开展社会主义核心价值观宣传教育，深化爱国主义、集体主义、社会主义教育，着力培养担当民族复兴大任的时代新人。这些论断指明了新时代社会主义核心价值观建设的总体要求，为如何推进社会主义核心价值观建设提供了重要遵循。

1. 理论灌输

社会主义核心价值观属于意识形态范畴，不会自动生成，需要通过教育、宣传等理论灌输，促进全社会对核心价值理念的认知和了解，以人们的价值感知推进价值共识，进而"内化于心、外化于行"。在教育领域，《意见》明确提出，"把培育和践行社会主义核心价值观融入国民教育全过程"并"贯穿于基础教育、高等教育、职业技术教育、成人教育各领域"②。由于思想政治理论课是培育和践行社会主义核心价值观的主渠道、主阵地，对于如何依托思想政治理论教育教学培育和践行社会主义核心价值观，学者研究得较为充分。王双群在《培育社会主义核心价值观研究：以思想政治理论课教育教学为例》一书中，沿着"什么是培育→为什么要培育→怎么样培育"的基本逻辑，提出了从"教学内容""教学方式""考核方式""教师队伍"等方面开展培育的方法、途径，还探索了"加强文化环境建设""健全制度保证""注重社会协同"等通过思想政治理

---

① 习近平. 决胜全面建成小康社会 夺取新时代中国特色社会主义伟大胜利：在中国共产党第十九次全国代表大会上的报告 [M]. 北京：人民出版社，2017：42.

② 中共中央文献研究室. 十八大以来重要文献选编：上 [M]. 北京：中央文献出版社，2014：580.

论课外部环境进行强化培育的路径①。关于宣传普及，学者们既充分研究了传统媒体的重要作用和基本路径，又重视网络传播和新媒体对社会主义核心价值观培育和践行的重要性，提出了利用网络媒体开展社会主义价值观的教育引导、控制整合、协调反馈、大众参与等有效机制，重视信息化手段。有学者指出，要创建宣传普及社会主义核心价值观的网络平台和网络辐射载体，建立健全网络法律法规，完善网络伦理道德规范和网络行为规范，加强网络信息监管，营造和谐的网络文化环境②。

2. 利益调节

马克思说："'思想'一旦离开'利益'，就一定会使自己出丑。"③按照马克思价值理论，价值认同源于利益诉求，思想观念是由利益决定和影响的。价值认同不是纯粹主观存在的产物，单纯的道德说教推动不了价值认同，没有价值认同，何来价值内化与践行？因此，有学者主张通过建立合理的利益机制，解决人民群众最关心、最直接、最现实的根本利益和切身利益，以利益认同带动价值认同，推动社会主义核心价值观成为全社会普遍遵行的价值理念。

3. 制度保障

培育和践行社会主义核心价值观要靠制度来保障。制度作为社会良性运行的保证，对人的行为有着强烈的形塑、匡正效应。因此，我们应紧紧抓住制度建设这个更具有根本性、全局性的重要环节，建立和完善支撑社会主义核心价值观的制度体系，不断推进国家经济、政治、文化、社会生活的制度化、法治化，形成弘扬社会主义核心价值观的法律支持、政策保证和机制保障，要用刚性制度树立道德天平、引导价值判断、规范行为取舍。

4. 实践养成

习近平总书记指出："一种价值观要真正发挥作用，必须融入社会生活，让人们在实践中感知它、领悟它。要注意把我们所提倡的与人们日常生活紧密联系起来，在落细、落小、落实上下功夫。"④ 社会主义核心价值

---

① 王双群. 培育社会主义核心价值观研究：以思想政治理论课教育教学为例 [M]. 北京：中国社会科学出版社，2015：23-24.

② 张元，丁三青，李晓宁. 网络环境下社会主义核心价值观认同的实践路径 [J]. 科学社会主义，2014（4）：107-110.

③ 马克思，恩格斯. 马克思恩格斯文集：第一卷 [M]. 北京：人民出版社，2009：286.

④ 习近平. 习近平谈治国理政 [M]. 北京：外文出版社，2014：165.

观不是抽象的说教，而是在具体价值实践中体现出的价值取向、价值标准、价值目标，必然要通过具体的价值实践，在人们的生活方式和生产实践中得到感知、认同、践行。它也不是停留在文件上的口号，而是工作和生活的规范，必须要促进其生活化、具体化，使其落地落实。

党的十九大以来，对社会主义核心价值观的新论述进一步拓展了社会主义核心价值观建设的新领域。吴潜涛认为，党的十九大报告中"社会主义核心价值观是当代中国精神的集中体现"这一新论断，是在总结培育和践行社会主义核心价值观的实践经验的基础上，集结了广大人民群众的智慧，对社会主义核心价值观精神实质的新概括，标志着党对社会主义核心价值观的认识提升到了一个新的高度①。戴木才指出，"培养担当民族复兴大任的时代新人，是新时代社会主义核心价值观培育和践行的主要任务"②。王学俭认为，"新时代培育和践行社会主义核心价值观，可以从明确立足点、突出着眼点、强化聚焦点、找准关键点、紧抓推进点和发挥优势点六个层面进行分析和把握"③。

总之，众多专家学者从马克思主义、政治学、社会学、价值学、心理学、传播学等学科视角，围绕着回答"什么是社会主义核心价值观，为什么要凝练社会主义核心价值观，怎样培育和践行社会主义核心价值观"等重点问题，针对对马克思主义价值理论的引用和解读、对人类社会核心价值观的梳理和对照、对资本主义核心价值观的批判和借鉴、对社会主义价值发展史的总结和提炼、对党探索社会主义核心价值观的归纳和总结、对我国传统价值观念的吸纳和超越以及对人类文明精华的吸收与互鉴等理论和实践问题进行了比较全面的研究。多数学者认为社会主义核心价值观离不开对社会主义思潮发展、运动开展、制度创设的经验总结和理论升华，是对优秀传统价值观的继承性发展和创造性转化，是对人类一切优秀文明成果的吸收借鉴和创新发展。

但是，现有的社会主义核心价值观建设研究仍存在不足。据"人大复印报刊资料"数据库统计，以"社会主义核心价值观"为关键词的论文收

---

① 吴潜涛. 社会主义核心价值观是当代中国精神的集中体现 [N]. 光明日报, 2018-03-26 (11).

② 戴木才. 培养担当民族复兴大任的时代新人：党的十九大报告关于社会主义核心价值观的重要论述 [J]. 道德与文明, 2017 (6)：5-7.

③ 王学俭. 新时代如何培育和践行社会主义核心价值观 [J]. 人民论坛, 2017 (12)：34-35.

录系数约为 0.117 81，这表明，该研究领域的文章质量整体偏低，很多研究结构、观点也较为雷同。这很大程度上是由于既有的研究成果，多立足于社会意识形态对其进行解读，从政党、国家层面进行研究，导致反映党和国家意志的宏观政策层面的东西较多，对体现广大人民群众真实利益和意志的具体措施的研究较少；多从思想意识层面进行研究，导致"虚"的、学理、原则层面的东西较充分，"实"的、可具体操作层面的制度、机制、规划、措施等方面的研究稀缺。这反映出由于理论研究和社会实际的脱节，能联系社会生活实际、有创新内容和真知灼见的高质量研究成果不多。

如何进一步推进社会主义核心价值观建设？价值观建设本质上是主客体相互作用的活动，是客体主体化与主体客体化相互转化的过程①。在这一过程中，主体通过认知、感知、接受某种思想、观念或准则等客体，把它们从外在的客观对象转化成自身的思想观念或行为准则，并成为自身生命结构的重要组成部分。这一客体作用于主体的对象化是体现主体的本质力量的过程，也是主体客体化的内化过程。而主体把某种思想、观念或准则等用实际行动加以表现出来，通过对象性的实践使自己的本质力量向客体渗透和转化为对象物，这一过程是客体主体化的外化过程。在主客体相互作用的这一过程中，人的"主体性"就生成、发挥出来了。从这个意义讲，价值观建设的实质就是人的主体性不断提升的过程。

因此，在处理人民群众与社会主义核心价值观建设的关系中，最关键的是确立人民群众的主体地位，增强人民群众的主体性，改善制约人民群众主体性发挥的内外因素。一是改善物质条件、政治环境、文化环境、制度环境等外部因素；二是提升主体自身认知结构、思想境界、意志水平和实践能力等内部因素。落实到国家层面，执政党要积极履行执政职责和承担历史使命，提升公信力，解决时代提出的新课题并推进自身建设，努力打造服务型政府、责任政府、廉洁政府、法治政府，维护人民群众根本利益，增进人民福祉，实现人民的梦想，保持社会稳定，促进社会发展，自觉做到"善政"；在社会层面，要通过社会治理，协调好人与人、个人与国家、个人与社会之间的关系，积极追求社会和谐，保障社会自由、实现社会平等、维护社会公正、构建法治社会，达到"善治"；在公民层面，

_____

① 王伦光. 价值自觉与社会主义核心价值体系建设研究 [M]. 北京：人民出版社，2017：267.

要通过党员干部、大学生、公众人物、知识分子的模范带头作用，构建普通群众自觉遵从、适应特殊群体的价值关怀，形成正确处理人与自然、人与人、人与社会以及人与自我关系的自觉意识和自觉行为，促进公民自觉遵从公民道德，培育"善人"。

质言之，本书强调立足人民本位推进社会主义核心价值观建设，是要凸显通过构筑体现社会主义核心价值观的物质基础、空间领域、制度环境、文化氛围、社会心理等客体与环体，为社会主义核心价值观的培育与发展提供本体论基础、权责领域、实践环节，构建满足人民需要的价值观内涵、提升社会意识的价值主导程度、促进人的主体性发展的价值实践等关键环节。立足人民本位推进社会主义核心价值观建设，是把社会主义核心价值观建设贯穿于以人民群众为主体、保障人民群众根本利益的整个中国特色社会主义建设过程中，体现国家、社会、个人在价值观建设上的有机统一，充分彰显新时代价值观建设的人民立场，深刻揭示中国特色社会主义制度优势的价值底色。

第一章　核心价值观建设的
历史演进

　　遵从人民本位的基本逻辑推进社会主义核心价值观建设具有历史必然性。它体现了人的主体性的发展规律，经历了"人的依附性社会下的神本位和权本位（实质是部分人的主体性）→物的依赖性社会下的物本位（实质是抽象的人的主体性）→人的自由全面发展社会下的人本位（实质是人民主体性）"的历史发展过程。在确立人的自由全面发展的价值目标以前，私有制社会的核心价值观从根本上是代表统治阶级利益的，本质是"以权为本"或者"以资为本"，无产阶级和人民群众毫无主体性可言。只有在建立社会主义制度后，人民群众成为历史主体、实践主体，享有主体地位，"以人为本"现实化为"以人民为本"，社会主义核心价值观建设也就消除了私有制社会下单纯追求个人主体性的制度弊端，促进了人民主体性发展，体现了历史的进步与超越。

第一节　神本位的核心价值观建设的内涵与本质

　　恩格斯曾指出："正像达尔文发现有机界的发展规律一样，马克思发现了人类历史的发展规律。"[1] 马克思在《政治经济学批判（1857—1858年手稿)》中从人的发展角度提出了三大社会形态理论："人的依赖关系（起初完全是自然发生的），是最初的社会形式，在这种形式下，人的生产能力只是在狭小的范围内和孤立的地点上发展着。以物的依赖性为基础的

---

　　① 马克思，恩格斯. 马克思恩格斯选集：第三卷［M］. 北京：人民出版社，2012：1002.

人的独立性，是第二大形式，在这种形式下，才形成普遍的社会物质变换、全面的关系、多方面的需要以及全面的能力的体系。建立在个人全面发展和他们共同的、社会的生产能力成为从属于他们的社会财富这一基础上的自由个性，是第三个阶段。"① 三大社会形态理论也揭示出了不同社会形态下"人的主体性"的发展状态，以及由此决定的社会核心价值观建设的内涵与实质。由于不同社会的核心价值观代表着不同统治阶级的利益，对人的主体需要、地位、能力的满足也产生不同的影响，因而不同社会的核心价值观建设的内容与本质也呈现出根本区别。

一、神本位的核心价值观建设的内涵

神本位的核心价值观主要是指在原始社会和奴隶社会中，由于生产力低下，人们无法通过自身能力掌控自然和社会，基于对神灵的崇拜而产生的主导价值观。神本位的核心价值观有着人的无主体性和部分人的主体性的内涵与本质。

（一）原始社会核心价值观建设的内涵

由于原始社会并没有代表阶级统治的国家及其制度，所以没有严格意义上的社会核心价值观。其社会形态和相应的价值观念，就成为其核心价值观建设的内涵与本质。

原始社会生产力极其低下，不管是在自然面前，还是在人与人的关系中，人都缺乏自由自觉的主体地位，人们更多地以血缘和地域形成基于亲族关系的社会结构，全体氏族成员构成利益整体。立足于人的生存发展、整体利益和维系社会秩序，原始社会通过道德规范、宗教规范，特别是世俗习惯来调整人与人之间的社会关系。世俗习惯是原始社会的人在长期的共同生产和生活中逐渐形成的，世代相传成为氏族成员的内在需要和外在自觉的行为习惯和社会规范。这些社会规范涉及公共管理、婚姻家庭、财产继承、渔猎耕种、产品分配、血族复仇等方面，如严禁氏族内部通婚、相互帮助、实行血族复仇、组织渔猎和原始农业生产、平均分配产品、共同举行宗教仪式、参加氏族公共事务的讨论和管理等。这些以习惯为主的社会规范依靠氏族部落领袖的威信、社会舆论和人们的自觉遵守来保证其

---

① 马克思，恩格斯. 马克思恩格斯文集：第八卷［M］. 北京：人民出版社，2009：52.

实施，人们普遍遵循这些准则和服从共同体权威①。

（二）奴隶社会核心价值观建设的内涵

奴隶社会是人类第一个阶级社会和第一个私有制社会。在奴隶社会里，奴隶主占有生产资料的制度构成整个社会的基础。奴隶是被剥夺了自主权利的被统治阶级，没有人身自由和任何权利，可以被任意买卖甚至宰杀，被称为"会说话的工具"，是奴隶主的财产和商品，连他们的子女也属于奴隶主。奴隶主是享有特权的统治阶级，占有奴隶的人身、对奴隶实行超经济奴役，在经济基础和上层建筑中居主导地位，是国家利益的代表和意志的体现。因此，奴隶社会的核心价值观是奴隶占有制生产方式的集中体现和根本反映。

虽然具体的国家制度有区别，但中西方奴隶制国家都构建了相应的核心价值观，维护奴隶主的统治。例如，古希腊和古罗马的统治阶层都有自己崇拜的神灵；而基督教传入古罗马后完成了理论化、世俗化，古罗马形成了以君权神授为核心的"神权法思想"。中国的夏代和商代"敬鬼神"，周代则通过对"天"的推崇，形成了以宗法为核心的"礼治思想"。这些思想都包含"神本位"的核心价值观。

以基督教为基础的"神权法思想"中，基督教的《圣经》以"创世说"塑造了"神"——上帝，认为上帝是万能的，也是至高无上的，万事万物都由上帝创造，君主就是受上帝安排进行统治的。"神权法思想"作为奴隶主阶级利用宗教迷信进行统治的手段，它的提出是为了解释奴隶主阶级统治地位的合法性。他们把奴隶主的权力说成是"神"授予的，把体现奴隶主利益和意志的法律制度说成是"神"意的体现。"神权法思想"的基本特点：一是崇尚暴力、专讲刑杀，而不认德教；二是笃信上帝，专事鬼神，而不注重人事。其基本内容是"天命""天罚"。所谓"天命"是指统治者手中的权力来自上天，"天罚"是假借"天"的名义，对不服从其统治的人或部族实行处罚②。历史上古罗马的奴隶主为了镇压奴隶起义，就篡改了原始基督教的革命内容，重新解释教义。基督教神学家奥古斯丁（公元354—430年）最先用"理论"论证了上帝的存在，并进而论证"君

---

① 孙景民. 马克思主义视域下人类社会核心价值体系探究 [J]. 人民论坛，2013（32）：196-198.

② 孙景民. 马克思主义视域下人类社会核心价值体系探究 [J]. 人民论坛，2013（32）：196-198.

权神授"，为罗马帝国的对内专制和对外侵略政策提供理论依据。

以宗法为核心的"礼治思想"是自西周以来中国社会的"立国之基"和"治国之本"。所谓宗法制度，是指"一种以血缘关系为基础的维护贵族世袭统治的制度"。"周代的分封制度，确立了宗的地位。周天子的王位由嫡长子继承，定为大宗……天子的余子有的分封为诸侯，对周天子是小宗，在本国内是大宗。受封的同姓卿大夫对诸侯是小宗，在本家为大宗……大小宗之间是君臣隶属关系……他们在不同范围内掌握着本宗族的政治经济大权，同时代表全体贵族统治人民。"① "礼治思想"就是用以调节这样一个宝塔形严密宗法等级系统的伦理制度和行为规范。王国维在《殷周制度论》中将其概括为：亲亲、尊尊、贤贤、男女有别。所谓"亲亲"即亲其所亲，是指人们必须亲爱自己的亲属，具体为父慈、子孝、兄友、弟恭，其核心是孝，故"亲亲父为首"②。所谓"尊尊"即尊其所尊，居高位者都是尊者，居其下者应尊其上，其核心是忠，故"尊尊君为首"。所谓"贤贤"，是指尊重贤者。"周人以尊尊、亲亲二义，上治祖祢，下治子孙，旁治昆弟，而以贤贤之义治官。"③所谓"男女有别"，是指"同姓不婚之制，实自周始；女子称姓，亦自周人始矣"④。实质上，以宗法为核心的"礼治思想"同样反映了某种宗教的意识形态，即以"天"代表最高的神，并且"天视自我民视，天听自我民听"。所以，君主作为"天子"实行统治，既是神的旨意，也符合"民为邦本"的儒家思想，具有了合法性。

二、神本位的核心价值观建设的本质

原始社会和奴隶社会都存在严重的"人的依赖关系"，是"人的生产能力只是在狭小的范围内和孤立的地点上发展着"的社会状态。"人的无主体性"是两种社会核心价值观的根本特质。

（一）原始社会核心价值观建设的本质

原始社会的社会规范适应了人的无主体状态下的社会结构，维持了原始社会的生产和生活秩序，体现了全体氏族成员的共同利益和意志，推崇整体利益、团结互助、成员平等。但受盲目的神灵崇拜的支配，社会成员

---

① 李淮春. 马克思主义哲学全书 [M]. 北京：中国人民大学出版社，1996：899.

② 张学森. 核心价值观的历史演进与当代构建 [M]. 北京：人民出版社，2014：46.

③ 王国维. 殷周制度论 [M] //观堂集林：外二种. 石家庄：河北教育出版社，2001：240.

④ 王国维. 殷周制度论 [M] //观堂集林：外二种. 石家庄：河北教育出版社，2001：241.

的自主意识并未得到较好的开发，根本谈不上个人的行为自由，社会核心价值观基于自然必然性，以保存生命为目标。所以，原始社会以习惯为主的社会规范构成了人类社会最原始、最低级的核心价值规范形态。

在马克思主义经典作家看来，自然神崇拜和集体崇拜是原始社会核心价值观的内核。原始社会的科学技术不发达，且人们尚未形成真正的评判主体与客体关系的价值观念。原始先民囿于自身的价值观念而处于无自主意识的状态，在强大的自然力面前感到恐惧与无奈，因此产生了对自然神的崇拜。由于原始社会生产力水平极其低下，人们难以脱离群体而独立生存下去，因此衍生出了祖先崇拜、集体崇拜等价值观念。这虽然有利于原始先民形成强烈的原始集体主义观念，但也在较大程度上泯灭了人的个性，不利于推动社会进步和人的发展。

（二）奴隶社会核心价值观建设的本质

"神权法思想"和"宗法礼治思想"作为奴隶社会统治阶级的思想武器，极力宣扬代表奴隶主利益的"国家至上"观念和推崇高等级者权力至上的等级制度，从思想上欺骗和麻痹奴隶，消解了奴隶的主体性，使奴隶认同国家利益，顺从社会现实中的等级制度，听天由命，不做反抗，以达到统治阶级长期统治的目的。

宣扬"国家至上"的思想观念。古希腊的柏拉图认为，"个人是缩小了的国家，国家则是扩大了的个人"①。德谟克利特认为，"国家的利益应该放在超乎一切之地位上，以使国家能治理得很好"②。统治阶级也不遗余力地向民众灌输强烈的集体观念和国家意识，这以古希腊的斯巴达最为典型。在斯巴达，人们自幼便形成为国捐躯无比荣耀的思想，在战争中表现怯懦、企图退缩的公民，会受到家庭、社会和国家的唾弃；而在战争中表现勇敢的公民，则受到家庭、社会和国家的称赞。

推崇等级制度。奴隶主及其思想家竭力维护等级差别、神化等级现象、宣扬等级观念，其目的是让奴隶和平民服从奴隶主，下级贵族服从上级贵族。例如，天子以下的诸侯、卿大夫、士等，都必须遵守名分，不得僭越，被奴役的人民也必须恪守其职，不能有丝毫逾越。柏拉图就虚构出一种理论说明等级思想的必然性，他说人的不同等级是神用不同质料创造出来的，各等级应各司其职，各尽其责。古代印度也将社会成员分为四个等

---

① 王振槐. 西方政治思想史 [M]. 南京：南京大学出版社，1993：15.
② 欧洲哲学史教程编写组. 欧洲哲学史教程 [M]. 福州：福建人民出版社，1983：53.

级——婆罗门、刹帝利、吠舍、首陀罗，并严格规定了不同等级的不同权利①。

统治阶级把这些核心价值观内化为整个社会的伦理道德规范和制度体系，实现了社会的和谐与稳定，并在思想上为奴隶社会的发展确定了方向。这就是王国维所说的："且古之所谓国家者，非徒政治之枢机，亦道德之枢机也。使天子、诸侯、大夫、士各奉其制度、典礼，以亲亲、尊尊、贤贤，明男女之别于上，而民风化于下，此之谓治；反是，则谓之乱……周人为政之精髓，实存于此。"②

在马克思主义经典作家看来，财产私有带有普遍性，奴隶失去独立的人格，不平等性是奴隶社会的重要特点。人的主体地位尽管在奴隶社会逐渐得到了提升，人的价值观念也实现了从自然神价值主体到人的价值主体的转换，但囿于私有财产是一个普遍的范畴，是一种普遍的国家纽带，特权阶级享有世袭权力具有历史合理性。奴隶由于没有生产资料，因而其仅仅是作为会发声的工具而存在的。人与人之间的不平等关系，较之于平等关系而言，更为吸引奴隶社会时期人们的眼球③。

质言之，原始社会和奴隶社会推行神本位的核心价值观，其成为占主导地位的意识形态。神本位的核心价值观建设严重束缚了人的主体性，阻碍了社会进步与人的发展，最终也就会被新的社会形态与新的社会核心价值观所取代。

第二节 权本位的核心价值观建设的内涵与本质

封建社会虽然也属于"人的依附性"社会形态和结构，但在这种社会制度下封建特权塑造着主导社会的核心价值。不管是在西方还是在东方，封建社会的核心价值观念都集中表现为权本位的内涵与本质。

一、封建社会核心价值观建设的内涵

"封建社会的劳动者则仍然占有或多或少的生产资料，具有自己的独

---

① 徐罗卿. 对私有制社会核心价值观及其内化途径的辩证分析 [J]. 学校党建与思想教育，2011（1）：55-58.

② 王国维. 殷周制度论 [M] //观堂集林：外二种. 石家庄：河北教育出版社，2001：242.

③ 谢霄男，王让新. 马克思主义五种社会形态核心价值观及其发展规律 [J]. 学术探索，2015（8）：31-35.

立经济。在这种情况下，封建地主对劳动者的剥削除了通过掌握土地所有权获得地租之外，还必须借助超经济强制和人身依附关系。"① 因而，尽管东西方封建社会在形成方式上有所不同，但以土地为基础的所有制和地主阶级与农民阶级的主要矛盾是封建生产方式中最本质的东西。建立在封建等级所有制和人身依附关系基础之上的封建社会，其社会核心价值观也必然体现这两大特征。

（一）西方封建社会核心价值观建设的内涵

恩格斯说："中世纪的历史只知道一种形式的意识形态，即宗教和神学。"② 西方封建社会处于中世纪，哲学沦为神学的"婢女"。此时，基督教思想居于统治地位，是中世纪西方文化的灵魂，也成为当时西方封建社会核心价值观的核心思想。为维护封建王权和世袭等级制度，基督教神学家们大力宣扬宗教神学思想，大神学家托马斯·阿奎那提出上帝存在的五个证明以蒙骗人们。奥古斯丁宣扬说："人的命运是上帝决定的，一切都是预定的，没有天命连一根头发也不会从头上掉下来。"③ 君权神授、王权至上、权力世袭以及森严的等级观念成为社会的核心价值观。恩格斯指出："在这每一个中世纪国家里，国王是整个封建制度的最上级。"封建专制政治总是和世袭制、终身制联系在一起，封建领主不仅对领地享有世袭权，同时享有独立的司法、行政、财政等方面的大权。国家权力的延续被视作个人生命力的自然延续。在具有强烈人身依附思想的封建社会里，人像动物一样，也按纲、目、科、属、种来进行分类，其等级无比森严。所以，马克思指出，"封建制度就其最广泛的意义来说，是精神的动物王国，是被分裂的人类世界"④。

（二）中国封建社会核心价值观建设的内涵

在中国两千多年的封建社会中，儒家思想成为统治思想，而儒家思想中的价值观，也成为社会核心价值观和主导意识形态。学者们将其概括为"三纲五常"的伦理价值观。"三纲"是指"君为臣纲，父为子纲，夫为妻纲"，它要求为臣、为子、为妻的必须绝对服从于君、父、夫，同时也要求君、父、夫为臣、子、妻作出表率。这反映了封建社会中君臣、父

---

① 李根蟠. 略谈马列主义的封建观和社会形态观 [J]. 史学月刊，2008（3）：8-13.
② 马克思，恩格斯. 马克思恩格斯选集：第四卷 [M]. 北京：人民出版社，2012：242.
③ 欧洲哲学史教程编写组. 欧洲哲学史教程 [M]. 福州：福建人民出版社，1983：140.
④ 马克思，恩格斯. 马克思恩格斯全集：第一卷 [M]. 北京：人民出版社，1995：248.

子、夫妻之间的一种特殊的道德关系。"五常"即仁、义、礼、智、信，是用以调整和规范君臣、父子、兄弟、夫妇、朋友等人伦关系的行为准则。仁、义、礼、智、信的意思就是仁爱、忠义、守礼、睿智、诚信。从价值论的角度来看，"三纲五常"的价值意蕴主要包括重视人伦的社会价值观、君权至上的政治价值观、尊卑有别的秩序价值观、重视家园的群体价值观和重义轻利的道德价值观五个层面①。

这种将在家庭里构建子孝、妇从、父慈的伦理关系与在国家里构建民顺、臣忠、君仁的社会关系相统一的体系，是适应封建社会家国同构的制度安排，以达到"政治道德化"和"道德政治化"的目的，借助道德的潜移默化的力量来维持国家的政治秩序；同时，又把家族里一切道德的功能转化为政治目的，使其为政治服务，从而非常巧妙地将君主政治系统的强制要求变为民众自觉的道德义务和道德选择，为封建统治阶级培养具有多层"理想人格"的统治人才和封建臣民。儒家的理想人格分为圣人、君子、大丈夫、成人四个层次，其中圣人人格是全知全能的，他的人伦价值修养达到了最高和最完美的境界，如孔子。这些崇德尚节、遵纪守法的具有"理想人格"的人也成为堪担重任的治国人才，整个社会也凭借"理想人格"的道德力量达到整合的目的②。

二、权本位的核心价值观建设的本质

在封建社会中，农民获得了部分人身自由，人的主体性实现了历史性进步。但统治者为了维护自身的统治地位，促使神学、哲学得到极大发展，产生了神权思想，王权、特权、等级思想更加根深蒂固。王权是至高无上的；统治者在土地占有上享有特权，决定了其可以独揽一切权力，并且这些权力是世袭的和终身的；人与人之间的等级关系是森严的，是不容僭越的。这种社会的核心价值观致力于维护以君主为代表的地主阶级的既得利益，推崇剥削阶级利益至上、剥削有理的观念。整个社会的利益导向和价值观设计都是为君主服务的，其核心价值观的原生点是"以君主为本"③。虽然它们在一定程度上推动了社会经济的发展，但这些核心价值观

---

① 张学森. 核心价值观的历史演进与当代构建 [M]. 北京：人民出版社，2014：67.
② 赵壮道. 三种社会核心价值观的比较与启示 [J]. 郑州大学学报（哲学社会科学版），2014（3）：9-12.
③ 张学森. 核心价值观的历史演进与当代构建 [M]. 北京：人民出版社，2014：61.

及其内化的结果，培植了人们绝对顺从的心理意识和道德教化，禁锢了人们的头脑，人的主动性、积极性、自觉性没有得到充分发挥，从而束缚了生产力的发展，加剧了生产力和生产关系、上层建筑和经济基础之间的矛盾，社会的动荡和朝代更迭乃至于王朝覆灭是历史的必然。在现代社会，如果缺乏对权力监督和制约的法律和制度，权本位的价值观仍然会生成并成为社会痼疾。

第三节　物本位的核心价值观建设的内涵与本质

资本主义社会由于"资本作为物的化身"的盛行而进入"物的依赖性"社会形态，物本位的价值观也成为社会上占主导的核心价值观。正如米歇尔·波德在《资本主义的历史——从 1500 年至 2010 年》中所说的："'资本主义'这个词，承载了一段复杂的历史。它是一部金融与工业的史诗，其中贯穿着劳方工作与生活条件、工人与工会所做的斗争及资方压迫的历史；它被历史学家和社会学者所研究，充满了意识形态和政治争论；对于某些人来说它是一面旗帜，而对于另一些人来说它是一个必须摧毁的旧体系。"① 资本主义的巨大历史影响以及当代资本主义与社会主义共同发展的状况，使得研究和借鉴资本主义核心价值观建设的得与失，对于社会主义核心价值观建设具有重要意义。

一、资本主义核心价值观建设的主要内容

资本主义核心价值观作为当代资本主义经济基础和政治法律制度在意识形态上的集中反映和表现，其实质是个人主义（自由主义）、拜金主义、享乐主义，外在表现形式和口号是"自由""民主""平等""人权"，以及相应的经济、政治、文化和社会价值导向。

资产阶级宣扬超阶级的和永恒的"自由""平等""博爱""法治""人权"等价值观念。所谓自由是指"每一个人和所有人都是平等自由的道德个体"，是人人享有言论、集会、结社、出版的自由以及参与政治事务的自由，人人享有追求个人利益的自由。亚当·斯密在《国富论》中指出，

---

① 波德. 资本主义的历史：从 1500 年至 2010 年 [M]. 郑方磊，任轶，译. 上海：上海辞书出版社，2011：18-19.

每个人在他不违反正义的法律时，都应听其完全自由，鼓励他去追求自己的利益，以其资本、劳动同其他人或其他阶级进行竞争①。所谓平等是"完全的且永恒不变，是广大人民群众享受到的最大限度的平等"。启蒙思想家认为人人生而平等，这是人类不证自明之公理，是上天赋予人类的与生俱来之权利。霍布斯指出，人是生而平等的，"自然使人在身心两方面的能力都十分相等"②。洛克也主张，人人都享有平等的权利。法律面前人人平等，法律一经制定，任何人都不能逃避法律的制裁③。所谓博爱是指"超越阶级对立"地爱一切人和生命，这是基督教伦理思想的基本原则。所谓法治是指"法律应当统治"，强调法律是政府有效治理国家的必要手段，政府必须依法保障公民的自由权利。例如，洛克认为，公民为了确保自己的权利，就在社会契约基础上建立政府。政府应按照自然法来制定人类法，法律的目的就是保障公民的各种自由权利④。所谓人权是指"人人与生俱有的权利、人之为人的权利"。天赋人权，就是人人都享有生命、自由、平等、财产等基本权利，这些权利是不可转让的、不可剥夺的、永恒的，是人与生俱来的自然权利。

资产阶级对资本主义核心价值观的倡导，在经济层面体现为推崇自由市场经济与资本增值最大化的价值导向。资本主义要求经济的绝对自由以及个人的绝对自由，自由市场经济成为其核心价值观的基石。在自由主义者看来，市场是万能的，是天生的自由派、平等派。所以，从古典自由主义"看不见的手"的"斯密教条"，到新自由主义将政府作为"守夜人""看家狗"的功能定位，都极力倡导市场在配置资源中的决定作用，反对国家和政府的行政干预⑤。在自由市场经济制度下，资本拥有了统一的自由市场，有了贸易自由、生产自由，以及以最低价格购买劳动力的自由，从而保障了资本增值最大化。

资产阶级对资本主义核心价值观的倡导，在政治层面体现为推行资产阶级占统治地位的民主制度。资本主义提倡政治自由和政治民主化，实行普选制，但这种制度的实行是一个缓慢的过程。在资本主义社会初期，代

① 斯密.国民财富的性质和原因的研究：下卷 [M].郭大力，王亚南，译.北京：商务印书馆，1983：252.
② 霍布斯.利维坦 [M].黎思复，黎廷弼，译.北京：商务印书馆，1985：93.
③ 洛克.政府论：下篇 [M].叶启芳，译.北京：商务印书馆，1982：88.
④ 洛克.政府论：下篇 [M].叶启芳，译.北京：商务印书馆，1982：85.
⑤ 袁银传.当代资本主义核心价值观评析 [J].马克思主义研究，2014（6）：94-100，160.

议制中的议会成员是完全附属于大贵族土地所有者的。之后选举权开始逐步向中产阶级、城市无产阶级、农村生产者蔓延。这种蔓延是和资本主义国家中无产阶级的斗争密切相关的①。即便如此，对于这样的"金钱选举制度"，"选举权仅仅是有意义的民主的一个必要条件，却不是充分条件。即使在最成功的时候，资产阶级民主也意味着政党控制着政治生活，而政党又由党的核心集团及其头目控制。普通公民有权每三年、四年或五年从社会统治阶层预先选举出的政治首脑中选择相对较好的。因此，资产阶级民主是一种将多数人的形式上的意志转变为少数人的实际意志的制度"②。这些少数人的实际意志就是始终保证资产阶级占统治地位的关键。

资产阶级对资本主义核心价值观的倡导，在文化层面体现为宣扬拜金主义与享乐主义。拜金主义是一种盲目崇拜金钱、把金钱价值看作最高价值的思想观念。"资本主义社会之所以会盛行拜金主义，就在于资产阶级的本性（实际上也就是资本的本性）就是无休止地聚敛财富，追求资本的增值；就在于金钱作为财富的化身，在资本主义社会能够左右一切。"③ 拜金主义又必然带来享乐主义。因为资本主义需要不断扩大再生产，不断刺激和扩大消费，追求剩余价值的内驱力和竞争的外压力，其结果必然导致享乐主义盛行。马克思在《1844年经济学哲学手稿》中曾引用歌德的《浮士德》和莎士比亚《雅典的泰门》中人物的语言，生动而深刻地刻画出资本主义制度下金钱万能和拜金主义这一社会现象，"依靠货币而对我存在的东西，我能为之付钱的东西，即货币能购买的东西，那是我——货币占有者本身。货币的力量多大，我的力量就多大"④。所以，"资产阶级抹去了一切向来受人尊崇和令人敬畏的职业的神圣光环。它把医生、律师、教士、诗人和学者变成了它出钱招雇的雇佣劳动者"。同时，"资产阶级撕下了罩在家庭关系上的温情脉脉的面纱，把这种关系变成了纯粹的金钱关系"⑤。

资产阶级对资本主义核心价值观的倡导，在社会层面体现为推崇鼓吹个人本位和自我价值的个人主义。个人主义强调个人利益的优先性，把个

---

① 张学森. 核心价值观的历史演进与当代构建 [M]. 北京：人民出版社，2014：95.

② 霍尔瓦特. 社会主义政治经济学：一种马克思主义的社会理论 [M]. 吴宇晖，马春文，陈长源，译. 吉林：吉林人民出版社，2001：9.

③ 韩庆祥. 反对拜金主义 [J]. 求是，2005（9）：46-47.

④ 马克思，恩格斯. 马克思恩格斯文集：第一卷 [M]. 北京：人民出版社，2009：244.

⑤ 马克思，恩格斯. 马克思恩格斯选集：第一卷 [M]. 北京：人民出版社，2012：403.

人作为分析一切问题的出发点和归属。资本主义国家特别推崇个人价值在社会中的体现，鼓励自我突破和个性张扬。而个人自由和平等是与所谓"人权"相联系的，对人权的保护就需要宪法和人权相关法律，进而，个人自由、平等、人权都需要法律的保障。所以，倡导自由、平等或者程序正义必然强调法治，即"法律面前人人平等"。西方国家通过立法，限制公权，保障私权；强调个人人权，漠视集体人权；甚至在日常生活中，通信地址也将个人放在城市、地区、国家之前加以彰显，其实质都体现了个人本位的核心价值观①。受拜金主义与享乐主义影响，个人主义者为了谋求自己利益最大化，往往会把个人的特殊利益凌驾于社会、集体和他人利益之上。有的人甚至为了不正当的个人利益，不惜损害和牺牲社会、集体和他人的利益，成为极端个人主义者。

二、资本主义核心价值观的辩证分析

由于资本主义核心价值观"是人类文明发展进程中的重要成果，是当前我国社会主义核心价值体系建设碰到的最直接并共存于现时代的一种核心价值观"②，因此，辩证地分析和对待这一核心价值观，对于构建社会主义核心价值观具有重要意义。总体而言，资本主义核心价值观兼具合理性与进步性、虚伪性与局限性等。

（一）资本主义核心价值观的合理性与进步性

资本主义核心价值观立足于人的本性，突出个人的主体地位和利益，促进了社会生产力的发展，满足了人们摆脱宗教、自然、社会、国家制度等领域的各种外在权威束缚的要求，相较于前资本主义社会的人身依附关系和"非主体性核心价值观"，无疑具有合理性和历史进步性。列宁就曾说："资本主义和封建主义相比，是在'自由''平等''民主''文明'的道路上向前迈进了具有世界历史意义的一步。"③

资本主义核心价值观凝练出的"自由""平等""博爱""法治""人权"的口号形式具有历史进步性。资本主义的核心价值观在美国的《独立宣言》、法国的《人权宣言》、英国的《人民宪章》等文献中被较为完整

---

① 袁银传. 当代资本主义核心价值观评析 [J]. 马克思主义研究，2014 (6)：94-100，160.
② 黄士安，戴木才. 如何科学对待资本主义核心价值观 [N]. 光明日报，2012-02-18 (11).
③ 中共中央马克思恩格斯列宁斯大林著作编译局. 列宁专题文集：论资本主义 [M]. 北京：人民出版社，2009：248.

地表述为"人生来就是而且始终是自由的,在权利方面一律平等""国家的主权在于人民""私有财产神圣不可侵犯"等相关内容,并以"自由""平等""民主""法治""人权""博爱"等政治口号广为传播。美国第32任总统富兰克林·罗斯福1941年在美国国会大厦发表演讲时提出了著名的"四大自由",即表达的自由、信仰的自由、免于匮乏的自由以及免于恐惧的自由,暗含了美国式自由观,对此后世界的发展产生了巨大的影响。美国著名政治哲学家罗尔斯以正义的两条原则构建程序正义的"公平观":其一是自由权平等的原则,即每个人都在最大限度上享有和其他人相等的自由权利。其二是差别原则,即社会和经济的不平等应这样安排,使它们:①在与正义的储存原则一致的情况下,适合于最少受惠者的最大利益;②依系于在机会公平平等的条件下职务和地位向所有人开放①。民主、法治是资本主义治理国家的基本手段;博爱是西方传统文化的精髓,是基督教伦理思想的基本原则。1776年美国通过的《独立宣言》与1789年法国通过的《人权宣言》,都是反映天赋人权说的最具代表性的历史文献。

资本主义核心价值观蕴含的个人主义、功利主义、自由主义和理性主义奠定了进步性的理论基础。个人主义肯定人是主体,人是目的而非手段,个人是有尊严的最高价值;社会是个人的集合体,社会通过个人而存在,"他追求自己的利益,往往使他能比在真正出于本意的情况下更有效地促进社会利益"②。功利主义以"追求最大多数人最大幸福原则"为核心内容。功利主义不仅要求人们去追求快乐和幸福,而且要求人们追求最大的幸福、最高的快乐。在边沁看来,所谓最大的幸福不仅是指个人的最大幸福,而且还指最大多数人的最大幸福,是个人利益的合成。个人利益与社会利益之间没有不可逾越的鸿沟,增加一份个人利益,就会增加一份社会利益,就是增加了一份社会幸福。当然,功利主义以为"合成说"弥合了利己行为与利他行为的一切鸿沟,但实际上又完全回到了利己主义的立场③。自由主义的流行构成了20世纪西方文明发展的最基本趋势,作为一种价值体系,它强调的基本价值是个人自由、平等、私有财产不可侵犯、

---

① 罗尔斯. 正义论 [M]. 何怀宏,何包钢,廖申白,译. 北京:中国社会科学出版社,1988:292.

② 斯密. 国民财富的性质和原因的研究:下卷 [M]. 郭大力,王亚南,译. 北京:商务印书馆,1983:27.

③ 方爱东. 社会主义核心价值观的发展历程及其当代建构 [D]. 合肥:安徽大学,2010:10.

法治与民主。自由主义经历了从传统向现代的发展过程。罗斯福推行的新政推进了美国现代自由主义的发展。在 20 世纪 30 年代到 70 年代，以凯恩斯和威廉·贝弗利奇为代表的新自由主义则大大推进了对市场运行进行限制的思想。到了 20 世纪 70 年代，新自由主义的负面影响越来越显著，新自由主义的内部出现了恢复传统自由原则的主张。启蒙思想家倡导用人权否定神权、以理性代替信仰，主张社会、政治和经济等一切活动都应按照理性的原则来进行，对非理性的欲望进行抑制或做理性的缓解，从而为市场经济发展建立了良好的秩序环境。但它过分地关注工具理性而忽视了价值理性，这种唯理性主义的价值观否定了对人的终极关怀，否定了人的价值理想追求，否定了价值世界之于人的意义，从而导致了价值的失落、人的异化和生态危机。

（二）资本主义核心价值观的虚伪性与局限性

由于资本主义核心价值观是建立在私有财产基础之上的，是资产阶级利益和意志的根本体现，因而不可避免地具有虚假性与局限性。资本主义核心价值观的局限性和虚伪性，并不在于"自由""民主""平等""人权"这些价值理念形式本身，而在于资产阶级用"普遍"的形式掩盖其"特殊"的阶级诉求、阶级内容，其形式与内容是矛盾的。同时，资产阶级以抽象的人性论为依据，以绝对的普遍性为方法，借助强大的文化实力和话语霸权，把反映资产阶级的阶级利益和价值诉求的价值观说成是代表整个人类社会普遍利益的"普世价值"，向全世界兜售。马克思曾一针见血地指出，"在这些观念中，现实的个人利益往往被说成是普遍的利益"，因此"愈发下降为唯心的词句、有意识的幻想和有目的的虚伪"[1]。

在资本主义社会，自由是自由竞争、自由买卖。他人的自由对于个人的自由而言，不是实现个人自由的条件，而是实现个人自由的阻碍。自由权不是基于人们彼此的结合，而是基于人们之间的分离而获取的。这种自由权是一种封闭、狭隘、保守的个人权利。所谓平等是指资本剥夺劳动力的权利的条件是平等的。"在资本面前一切人都是平等的"[2]，就是要让工人平等地接受资本的剥削。马克思、恩格斯指出，资产阶级鼓吹"博爱"的目的是要利用无产阶级去发动反对封建贵族的战争，"博爱"一开始就是以伪善的面目出现的，是欺骗无产阶级的术语。在资本统治下，仁慈、

---

① 马克思，恩格斯. 马克思恩格斯全集：第三卷［M］. 北京：人民出版社，1960：331.

② 马克思，恩格斯. 马克思恩格斯全集：第五卷［M］. 北京：人民出版社，2009：294.

博爱思想是服务其统治的手段。恩格斯在《英国工人阶级状况》一书中指出,"有教养的英国人"用伪善的仁慈、博爱面具把自己遮盖起来,即各种各样的慈善机构。资本家"吸干了无产者最后一滴血,然后再对他们虚伪地施以小恩小惠,以使自己感到满足,并在世人面前摆出一副人类大慈善家的姿态"①。马克思、恩格斯也深刻剖析了资产阶级人权观,认为资产阶级人权是抽象、虚假的人权,是利己主义的反映。"任何一种所谓的人权都没有超出利己的人。"② 在资本主义条件下,人权就是资产阶级的特权,是不自由和不平等的,表现出极大的虚伪性。

除了宣传"自由""平等""博爱"的价值观,资产阶级还试图将普选活动、议会活动和政党活动等看成是实现核心价值观的最有效途径,希望本国国民在参加这些表面上热热闹闹的政治活动的过程中,能够意识到资本主义国家真的在不折不扣地贯彻"自由""平等""博爱"的价值观,但这些政治活动实际上是以一种假象在欺骗人们。客观地讲,"自由""平等""博爱"的口号符合人类社会发展的要求,它是一种历史的需要,它与民主制度等比起中世纪的专制制度等无疑是一大进步。但这些口号对劳动人民具有欺骗性和虚伪性。列宁说:"民主共和制是资本主义所能采用的最好的政治外壳,所以资本一掌握(通过帕尔钦斯基、切尔诺夫、策列铁里之流)这个最好的外壳,就能十分巩固十分可靠地确立自己的权力,以致在资产阶级民主共和国中,无论人员、无论机构、无论政党的任何更换,都不会使这个权力动摇。"③ 毛泽东也指出:"实际上,世界上只有具体的自由,具体的民主,没有抽象的自由,抽象的民主。在阶级斗争的社会里,有了剥削阶级剥削劳动人民的自由,就没有劳动人民不受剥削的自由。有了资产阶级的民主,就没有无产阶级和劳动人民的民主。"④ 他又说:"世上决没有无缘无故的爱,也没有无缘无故的恨。至于所谓'人类之爱',自从人类分化成为阶级以后,就没有过这种统一的爱。"⑤ 可见,"自由""平等""博爱"具有鲜明的阶级性,它们是具体的而不是抽象的概念。

资本主义核心价值观的实质是拜金主义、享乐主义、个人主义。资本

---

① 马克思,恩格斯. 马克思恩格斯文集:第一卷 [M]. 北京:人民出版社,2009:478.
② 马克思,恩格斯. 马克思恩格斯文集:第一卷 [M]. 北京:人民出版社,2009:42.
③ 列宁. 列宁选集:第三卷 [M]. 北京:人民出版社,2012:120.
④ 毛泽东. 毛泽东文集:第七卷 [M]. 北京:人民出版社,1999:208.
⑤ 毛泽东. 毛泽东选集:第三卷 [M]. 北京:人民出版社,1991:871.

主义制度没有消灭剥削与压迫，社会矛盾依然存在并且在它的发展过程中进一步凸显。个人主义的盛行使得人与人之间的关系变得冷漠，拜金主义的泛滥使一切都被纳入以金钱为衡量标准的体系中，这些都成为阻碍资本主义社会自发调节而使基本矛盾得以缓和的因素。并且，资本主义核心价值理念还以文化扩张和文化侵略的形式席卷全球，将亚非拉各国的传统文化推向岌岌可危的境地。资产阶级以抽象的人性论为依据，借助自身强大的话语霸权，将"自由""平等""法治""人权""博爱"说成是代表全人类利益的"普世价值"，向全世界大力宣传。在这些基本价值理念中，资产阶级通常将现实的个人利益说成是代表全人类的普遍利益。"不要以为残酷的、无耻的阶级剥削只是上个世纪的事，它出现在工业化初期，至今仍与我们同在。……平等不存在，自由就没有了意义，博爱也就荡然无存。"① 实际上，在"自由""平等""博爱"口号的背后，个人主义、利己主义早已渗透到资产阶级的骨髓之中，其实质是"抽象的人"的主体性。

第四节　人民本位的核心价值观建设的制度优势

马克思和恩格斯在《共产党宣言》中写道："代替那存在着阶级和阶级对立的资产阶级旧社会的，将是这样一个联合体，在那里，每个人的自由发展是一切人的自由发展的条件。"② 在代替资本主义的未来理想社会，"以人为本"成为核心价值观建设的原生点，"人的自由全面发展"成为现实目标，人类社会真正实现"自由、民主、平等"等具体价值。我国的社会主义社会，虽然还处在从"物的依赖性"向"人的自由全面发展"的阶段，但我国把科学社会主义价值观主张运用于实际中，坚持人民主体地位，确立了"以人为本"的核心价值和"人的自由全面发展"的价值目标，历史性地实现了价值观建设在价值取向、价值准则、价值目标层面的有机统一，彰显了社会主义核心价值观建设的历史进步性。

一、确立了"以人为本"的核心价值

"以人为本"是相对于"以神为本""以权为本""以物为本"而言的。

---

① 孙杰. 当代中国社会主义核心价值观研究［D］. 北京：中共中央党校，2014：65.
② 马克思，恩格斯. 马克思恩格斯选集：第四卷［M］. 北京：人民出版社，2012：647.

"以神为本""以权为本""以物为本"中的"神""权""物"是某些人特殊地位、利益和意志的投影，并非与人毫无关系，是"以（一部分有特权的）人为本"的变种而已。在漫长的人类历史长河中，人没有从根本上摆脱神与物对人的外在控制，正如卢梭在《社会契约论》中所言："人是生而自由的，但却无往不在枷锁之中。自以为是其他一切的主人的人，反而比其他一切更是奴隶。"① 西方早期的人本思想，主要是针对神本思想而产生的。这种思想主张用人性反对神性，用人权反对神权，强调把人的价值放到首位。但资本主义制度在现实中却把人"资本化"了，"以人为本"也就沦为"抽象的人"而非真实的人。只有马克思把对人的理解建立在崭新的实践基础上，把对旧唯物主义的"人是自然界产物"的历史传统补充以"人化自然"和"人化世界"的崭新结论，才在历史上第一次真正置人于"本"的地位②。我国社会性质决定，社会主义核心价值观必然要确立"以人为本"的核心价值。

（一）"以人为本"核心价值的内涵

以人为本，是哲学价值论概念，不是哲学本体论概念。提出以人为本，不是要回答什么是世界的本源，人、神、物之间谁产生谁，谁是第一性、谁是第二性的问题，而是要回答在我们生活的这个世界上，什么最重要、什么最根本、什么是最值得我们关注的问题。因此，以人为本，就是人与人、神、物（特殊物——资本）相比，人是最重要的，是最根本的。"以人为本"，就是指从现实的人出发，以现实的人为动力，以现实的人的发展为目的。

以人为本，明确了以"什么人"为本的问题。马克思第一次发现了"现实的人"，超越了对人的存在的抽象理解，解决了以"什么人"为本的问题。"现实的人"是在历史中行动的、从事实践活动的人，是"感性对象"和"感性活动"的统一体。马克思以"现实的人"代替了"抽象的人"，从而以"现实的人"为本代替了以"抽象的人"为本。"以人为本"只有回归到"现实的人"的主体维度，才具有了现实的可能性。"以人为本"蕴含人的主体地位的确证，确立了人在世界和社会中的地位和作用。"以人为本"既强调人在社会发展中的主体地位，又强调人在社会发展中的主体作用，而"现实的人"就是社会中的最大多数的人民群众。因此，

---

① 卢梭. 社会契约论 [M]. 何兆武，译. 北京：商务印书馆，2003：4.
② 张奎良. "以人为本"的哲学意义 [J]. 哲学研究，2004 (5)：11-16.

"以人为本"就现实化为"以民为本",强调坚持人民主体地位,发挥人民群众的主体作用。

以人为本,明确了以"人的什么"为本的问题。马克思主义人学思想认为,根本的问题不在于解释人,而在于改造人、解放人,实现人的自由全面发展。人作为一种主体性的存在,是实践的主体、认识的主体,是全部社会生活的主体、整个人类历史的主体。人作为一个类,是历史的剧作者和剧中人,不仅创造了世界和历史,也创造了人本身。人在改造自身、实现自由全面发展的实践活动中,必然要求满足人的需要、尊重人的尊严、实现人的价值,真正做到"以人为本"。所以,"以人为本"的价值取向在于强调尊重人、解放人、依靠人、为了人和塑造人,要求我们尊重和保障人权,不断促进人的自由全面发展。在我国,党确立的"为人民谋幸福、为民族谋复兴"的初心与使命、"全心全意为人民服务"的根本宗旨和以人民为中心的发展思想,都体现了这一价值理念。

以人为本,明确了"本"的落脚点在于我们在分析、思考和解决一切问题时,既要坚持运用历史的尺度,又要确立并运用人的尺度,既把人当作手段,也把人当作目的。唯物史观认为,人作为目的与人作为手段是无法分开的。人固然以自己的生存为目的,但现实的物质生产规律却使人们认识到:任何人都不可能独自实现自己的目的,他必须把他人当作自己生存的条件。同样,他自己也是他人达到其目的的手段。这是一种相互的关系,在其中,人人是目的,人人也是手段。作为工具的人是"以人为本"的现实力量,作为目的的人是"以人为本"的目标指向。人不能只是目的或只是工具。人只是目的,人就根本无法达到目的、成为目的;人只是工具,人就失去了人之为人的价值,变成了自然和社会的奴仆。"以人为本"的核心价值观念为人们提供了一个认识自己、改造自己的思维方法。"以人为本"的现实要求,就是要以最广大人民群众的根本利益为本,而不是以少数享有特殊地位和利益的人或群体为本,充分保障全体人民的根本权利,不断推动人民福祉。

(二)"以人为本"的价值追求

由于"以人为本"是人的自由全面发展这一总体性、根本性和终极性价值追求的现实表达,因而它就具有一定的"本原"和"终极"的性质、功能和意义。在它之外的其他一些价值观念,如自由、平等、公正、和谐等,是由此派生并获得合理性与合法性解释,是基于这一核心价值构成的丰富价值追求。

自由是马克思主义的终极追求。马克思主义哲学用实践的观点看待自由，把自由看作建立在对必然性的认识之上的对客观世界的改造。正如恩格斯所说，"自由不在于幻想中摆脱自然规律而独立，而在于认识这些规律，从而能够有计划地使自然规律为一定的目的服务……因此，自由就在于根据对自然界的必然性的认识来支配我们自己和外部自然"①。因而，人的自由就随着人类社会的发展而不断变化。资本主义虽然高举"自由"大旗，但"资本主义的现代性最本质的进步表现在人的发展上，而其最根本的弊端恰恰也表现在人的生存和发展状态上"②。资本主义通过科技手段以及理性发展，并没有实现人的解放，反而使人产生了异化。马克思主义通过对人的异化的批判，对主体性自由原则的坚持，在扬弃和超越资本主义自由观的基础上，提出了全面而真实的自由观，实现了人的自由而全面的发展，即"人终于成为自己的社会结合的主人，从而也就成为自然界的主人，成为自身的主人——自由的人"③。

平等是指人人生而平等。生而为人，每个人在社会主体的意义上是平等的。社会应将每个人作为平等的社会成员来对待，确保每个人生存和发展的需求都受到同等程度的尊重和照顾。这是现代社会平等理念的基本内涵④。人类社会的发展，就是人和人之间从不平等走向平等的过程。虽然资产阶级提出了现代意义上的平等要求，"或至少是一个国家的一切公民，或一个社会的一切成员，都应当有平等的政治地位和社会地位"⑤，但资本主义平等只消除了政治和法律上的阶级特权，而容许经济上的阶级剥削。这种表面和形式上的平等，其实质是有产者和无产者的巨大不平等。恩格斯说："平等应当不仅仅是表面的，不仅仅在国家的领域中实行，它还应当是实际的，还应当在社会的、经济的领域中实行。"⑥ 在未来理想社会，消灭了阶级和国家等专制工具，也就消灭了一切由阶级和剥削产生的不平

---

① 马克思，恩格斯. 马克思恩格斯选集：第三卷 [M]. 北京：人民出版社，2012：491-492.

② 吴向东. 重构现代性：当代社会主义价值观研究 [M]. 修订版. 北京：北京师范大学出版社，2009：53.

③ 马克思，恩格斯. 马克思恩格斯文集：第三卷 [M]. 北京：人民出版社，2009：566.

④ 郭建宁. 社会主义核心价值观基本内容释义 [M]. 北京：人民出版社，2014：84.

⑤ 马克思，恩格斯. 马克思恩格斯选集：第三卷 [M]. 北京：人民出版社，2012：480.

⑥ 马克思，恩格斯. 马克思恩格斯选集：第三卷 [M]. 北京：人民出版社，2012：484.

等，而且还能照顾到不同的人在天赋、能力和需求方面的不同，根据每个人的个性和需求进行分配，使每个人都能拥有最适合自己全面发展的充分资源和平等机会。社会主义在实行公有制、按劳分配制度等的基础上，追求过程平等与实质平等相统一，尽量做到最大多数人的机会平等、规则平等等真正意义上的平等。

公正就是公平正义。公正和自由、平等一样，自古以来就是人类的基本价值追求。亚里士多德认为，在各种德性中，"公正是最主要的，它比星辰更加光辉"①。公正也是社会制度的最高价值。正如罗尔斯所说，"公正是社会制度的首要价值，如同真理是思想的首要价值"②。只有建立了公正的社会秩序，统治阶级才能获得政权的合法性和正当性，人民才能各得其所、安居乐业。公正作为一种社会历史现象，一般是随着社会生产力的发展而逐步发展的。马克思主张，在理想社会中，人们在"劳动上的差别不会引起在占有和消费方面的任何不平等，任何特权"③。马克思所主张的公正，是全体社会成员的全方位平等，包括经济的、政治的和文化的各个领域，公平也就意味着权利的平等、法律的正义和利益的公平。

和谐，是世界万物存在的一种理想状态，是人的自由全面发展所需要的社会状态，也是人们孜孜以求的社会理想。人的和谐发展是指影响人的发展的各方面关系和条件达到一个优化组合，相互配合、相互协调、相互促进，使人的发展呈现最优的状态，包括人自身的和谐发展、人与人的和谐发展、人与社会的和谐发展以及人与自然的和谐发展④。马克思对空想社会主义幻想中的取代资本主义"病态社会"的美好社会制度即"和谐制度"进行了科学的改造，提出了"社会和谐"的科学概念。对未来真正和谐社会的特征，马克思在他的共产主义理想中做了这样的描绘："这种共产主义，……是人和自然界之间、人和人之间的矛盾的真正解决，是存在和本质、对象化和自我确证、自由和必然、个体和类之间的斗争的真正解决。"⑤

① 亚里士多德. 亚里士多德选集：伦理学卷 [M]. 苗力田，译. 北京：中国人民大学出版社，1999：103.

② 罗尔斯. 正义论 [M]. 何怀宏，何包钢，廖申白，译. 北京：中国社会科学出版社，1988：3.

③ 马克思，恩格斯. 马克思恩格斯全集：第三卷 [M]. 北京：人民出版社，1960：638.

④ 孙健，孙翔，雒季. 从观念到践行：社会主义核心价值观如何深入大众 [M]. 兰州：甘肃人民美术出版社，2014：110.

⑤ 马克思，恩格斯. 马克思恩格斯文集：第一卷 [M]. 北京：人民出版社，2009：185.

我国提出构建和谐社会的目标，表明了社会主义核心价值观建设践行这一价值理念与价值导向。

二、确立了"人的自由全面发展"的价值目标

"人的自由全面发展"是指："在迫使个人奴隶般地服从分工的情形已经消失，从而脑力劳动和体力劳动的对立也随之消失之后；在劳动已经不仅仅是谋生的手段，而且本身成了生活的第一需要之后；在随着个人的全面发展，他们的生产力也增长起来，而集体财富的一切源泉都充分涌流之后，——只有在那个时候，才能完全超出资产阶级权利的狭隘眼界，社会才能在自己的旗帜上写上：各尽所能，按需分配！"[①] 马克思和恩格斯认为，物质财富极大丰富、人的精神境界极大提高和人的自由全面发展是人的需要得到满足的理想状态，共产主义是满足这个需要的理想社会形态。

"人的自由全面发展"包含：一是人的实践活动的全面发展。人的实践活动是人的本质和存在方式，人的实践活动在推动人类社会发展的同时，也是人的发展过程。二是人的需要的全面发展。人的需要是人的本质力量的确证，需要的发展是人本质力量的展开和丰富。三是人的能力的全面发展。人的能力的增强是人的全面发展的重要内涵，特别是劳动发挥了人的本质力量。四是人的社会关系的全面发展。人的社会关系的全面发展，体现为人的社会交往、人与社会、人与自我等层面，人的政治关系、经济关系、文化关系等领域的不断丰富发展。五是人的素质的全面提高。这是人的自然性、社会性及精神属性的有机统一，实现了人的生理、心理、人文等素质的协调与发展。六是人的自由个性的全面发展。这种发展特别表现为人所具有的独立意识和自主发展。七是人的类的全面发展。这是指人的类特性、类关系、类能力的全面发展，从而保持世界中人的"主体地位"和"应有的价值"。

人的自由全面发展的实现必须符合人类社会发展的一般规律，它需要社会生产力发达、社会制度完善、人的素质提高等现实条件。马克思说："个人的全面发展，只有到了外部世界对个人才能的实际发展所起的推动作用为个人本身所驾驭的时候，才不再是理想、职责等等，这也正是共产

---

① 马克思，恩格斯. 马克思恩格斯选集：第三卷 [M]. 北京：人民出版社，2012：364-365.

主义者所向往的。"①中国共产党作为马克思主义政党，始终坚持共产主义的理想与信念，把实现共产主义作为党的最高纲领。共产主义社会的价值理想虽高远，但共产主义"对我们来说不是应当确立的状况，不是现实应当与之相适应的理想。我们所称为共产主义的是那种消灭现存状况的现实的运动"②。因此，坚持共产主义理想，把实现"人民群众对美好生活的向往"作为党的初心与使命，充分发挥广大人民群众的主体性、能动性和创造性，在推进社会经济发展基础上不断满足人民群众的美好生活需求，确立"人的自由全面发展"的价值目标，是我国社会主义核心价值观建设的根本基石。

三、在价值取向、价值准则、价值目标上实现辩证统一

具有独立人格、自由的生命个体无疑是价值观的真实承担者。个体正是在与自然不断的相互影响和相互促进中，逐渐意识到区别于物的自我存在，确立自身的主体地位。而主体人的"自由"本性使人并不满足于现存状态和现实世界，因而在适应自然和利用自然的过程中，他就会不断地超越现存状态，从精神上逐步塑造自身的追求和思想境界，去追问和探求人生命的价值和意义，并按照对生命意义和价值的理解去指导和创造自己的生活。从这个意义上而言，个体本位是人类社会价值追求的逻辑起点。然而，当人们追求"为自己而活"而高扬个体本位时，人类社会就陷入了"道德理性""公共价值"缺失带来的现代性弊端。为此，西方哲学家以"主体间性"取代"个体主体性"，强调构建价值领域的"重叠共识""交往理性"等思想。马克思则根据"人是社会关系的本质"的认识和对未来社会的发展的构想，形成人民主体思想，奠定了未来社会核心价值观建设的逻辑起点，从而摆脱了个人本位价值观建设的制度缺陷，保证了核心价值观建设中价值取向上的"多元并存"与"一元主导"相统一、价值准则上的"个人利益"与"集体利益"相统一、价值目标上的合目的性与合规律性的辩证统一，体现了人民本位的核心价值观建设的制度优势。

（一）价值取向上的"多元并存"与"一元主导"相统一

价值观作为反映主客体关系的一个观念范畴，是主体基于主体需要和

---

① 马克思，恩格斯. 马克思恩格斯全集：第三卷 [M]. 北京：人民出版社，1960：330.
② 马克思，恩格斯. 马克思恩格斯选集：第一卷 [M]. 北京：人民出版社，2012：166.

客体属性进行的价值选择和价值评价。由于客观物质世界的多样性与主体自我需要的复杂性，整个社会价值取向必定表现出"多元并存"的状态。在既定的社会结构形态下，个体所处的社会地位、受教育程度、生活状态等情况都会影响他们的需要。而在当代社会信息化、文化多元化背景下，全球意识形态的交流、交锋、"无网不入"，使人们的价值取向更加多元、善变。例如，有的人会以世俗的利益作为价值追求，追求物质享受与经济利益；有的人会以精神的崇高作为选择的依据，追逐自我奉献等利他行为；更多的人则是在两者中兼顾，形成"利我"与"利他"相统一的价值取向。

在多元主体以自身特有的方式和内容确立价值取向的同时，任何社会都始终存在着判定价值的统一标准，这些标准的存在能使人们产生一种认同感与归属感，相近或一致的价值标准将形成共同的追求，形成"一元主导"的核心价值观。在现实生活中，当一个人面临价值选择的时候，尤其是在两种相互冲突的价值中进行选择的时候，他可以根据自己的需要、偏好和情境，根据自己的目的、利益和要求，做出自己的选择，确立价值取向，指引自己的行为①。而不同主体之间由于标准不一或者存在冲突，人们的思想和行动不仅会无所适从，更会带来思想和行动的混乱，动摇社会稳定的基础。因此，从国家角度来说，它通过确立反映社会本质要求的核心价值观来引导大众形成一定的价值目标，并以国家主导的力量来倡导或说服大众信仰与实践这一核心价值观，确立"衡量、辨别事物对人是否具有价值以及价值大小的标志或准则、准绳"的共同价值标准，使人们在实践活动中对价值标准的运用遵行国家主导的价值取向，形成"一元主导"的核心价值观。

在我国，市场经济的发展与改革开放的深化，多种经济成分和分配方式、多种利益主体和利益诉求并存的现实基础，以及人的主体意识和主体能力的不断提升，使价值观的多元性和丰富性生动呈现出来。其中，既有充分体现对科学社会主义价值观主张做出本土化理解、对中国传统价值观继承和发展、对西方价值观吸收和借鉴的中国特色社会主义核心价值观，也有背离马克思主义指导思想和中国特色社会主义共同理想的落后的、腐朽的价值观，如个人主义、享乐主义、官僚主义等。因此，为了彰显社会主义的本质和制度优势，就必须"以对中国社会历史方位的辨别判断和对

---

① 张彦. 价值排序与核心价值观 [M]. 杭州：浙江大学出版社，2017：125.

中国人现实生活本质旨趣的洞察为前提，针对现实生活所面临的最为突出和根本性的矛盾和困境，批判地反省在中国社会的发展方位和历史情境中，何种价值理念的落实更具紧迫性和根本性，从而确立一种引导社会发展的'主导性'价值"①。这就是党的十八大确立的"三个倡导"的社会主义核心价值观，这一核心价值观的确立有效满足了我国社会在价值取向上的"多元并存"与"一元主导"的有机统一。

（二）价值准则上的"个人利益"与"集体利益"相统一

个人主体地位的确立意味着人对个人利益的追求和个人目的的实现，但人的社会关系的本质决定了个人与社会是相联系的，如何处理个人与社会的利益关系及其价值准则就成为价值观最基本的内容。在各种价值体系中，个人主义强调个人对社会的绝对优先性，强调个体本位，突出个体自由和独立，维护个人利益。传统整体主义则强调整体的绝对优先性，强调集体利益高于一切，突出个人在集体中的义务和责任，主张个人及个人利益必须无条件地、自觉地服从集体和集体利益，乃至牺牲一切。这两种价值观念带来了个人利益与集体利益的对立。

在马克思看来，社会历史的首要前提是有生命的个人的存在，有生命的个人是"一个特殊的个体，并且正是他的特殊性使他成为一个个体，成为一个现实的、单个的社会存在物"②。而社会是囊括社会生活及其关系的总体性范畴，是保持个人彼此发生的那些联系和关系的总和。个人与社会的关系在不同的社会历史发展阶段表现出不尽相同的性质和水平。那种以普遍性或抽象性的形式出现的社会整体主义和个体原子主义以及与此相联系的整体主义价值观和个人主义价值观，不过是对变化着的个人和社会的关系现实的反映③，揭示了在"虚假的集体"中共同利益与个人利益之间的矛盾。

在社会主义制度下，以公有制为基础的社会共同体的建立，消除了利益的根本分裂，从而消除了个人主体与集体主体、个人价值与集体价值、个人权利与集体权利对立的根源。建立在"真实的集体"上的集体主义价值原则包含了社会主义中个人利益与集体利益关系的基本内容：个人利益和集体利益相互结合、和谐共生、协调共进；集体必须充分地关心和保护

---

① 贺来. 有尊严的幸福生活何以可能［M］. 北京：中国社会科学出版社，2013：442.

② 马克思，恩格斯. 马克思恩格斯全集：第三卷［M］. 北京：人民出版社，2002：302.

③ 吴向东. 重构现代性：当代社会主义价值观研究［M］. 修订版. 北京：北京师范大学出版社，2009：245.

个人的合法利益，努力促进个人正当利益的满足和发展；集体利益高于个人利益，个人利益必须符合社会共同体的整体利益，在集体利益与个人利益发生矛盾时，个人要顾全大局，要以集体利益为重，甚至为了广大人民长远、总体的利益，人们要牺牲暂时的个人利益。

我国以"三个倡导"处理个人利益与集体利益为基本原则，实行集体本位和公益优先原则，使个人在理性的基础上实现了独立自治，为人的平等竞争创造了条件，促进了人的主体地位的生成和个性解放，使个人的正当利益获得了合法性基础，使个人、集体和社会充满生机和活力。同时，在社会主义市场经济制度的规制下，我国坚持集体本位的价值取向，以"人人为我，我为人人"的互利主义交往理性，克服市场经济带来的"个人主义"外部性张力，以互助合作精神消解人际关系的淡漠与疏离，以利他价值取向替代利己主义动机，以公共价值对抗个人利益。"真实的集体主义"的构建，保证了个人与集体的双赢、个人与社会的良性互动。在这种真实的集体的基础上，每个集体成员才有可能获得个人自由，才能维护和实现集体成员的共同利益，也才可能真正倡行和弘扬集体主义的核心价值①。

（三）价值目标上的合目的性与合规律性相统一

马克思说："动物只是按照它所属的那个种的尺度和需要来构造，而人却懂得按照任何一个种的尺度来进行生产，并且懂得处处都把固有的尺度运用于对象；因此，人也按照美的规律来构造。"② 这表明，人类通过实践满足自我需要的过程，必须既遵循客体尺度，又遵循主体尺度，人们在追求自己目的的历史活动中必须遵循合目的性与合规律性相统一的原则。

一方面，人类从事任何实践活动都是基于自己的生存和发展需要，改造客体，获取物质和精神生活资料，带有明确的目的性。人们为了使客体发生有益于人的变化，就会以人的目的和需要，按照主体的尺度去改造世界。当然，人的目的并不是任意产生的，而是人对自身现实需要和可能需要的观念反映。这些需要本身是建立在客观基础之上的，有利于人的生存发展和促进人性自由解放发展的真实需要，具有合理性。

另一方面，人追求实现价值的活动构成的社会历史又表现出不以人的意志为转移的客观规律性，呈现为自然历史过程③。实践作为社会历史

---

① 骆郁廷. 论社会主义的核心价值 [J]. 马克思主义研究, 2014 (8)：102-111, 160.

② 马克思, 恩格斯. 马克思恩格斯选集：第一卷 [M]. 北京：人民出版社, 2012：57.

③ 方爱东. 社会主义核心价值观的发展历程及其当代建构 [D]. 合肥：安徽大学, 2010：168.

中的人的存在方式，是主体作用于客体的感性的客观的物质活动。任何客体都具有特定的结构、性质和规律，其发展变化和秩序方向都要受内在规律的制约。这种客观规律就成为外在的必然性，以客体对象的尺度强加给人们，是人们在对自身有用的变化形式上获得某一对象时必须遵循的。甚至实践的目的归根到底也是以一定的客观规律为根据的。因此，人们想做什么、能做什么，都必须依据客观规律去改变客观世界的形式和结构，在合乎规律性的基础上追求价值目标。

人的活动的合目的性与合规律性的统一，是马克思的实践理性主义的理论内涵，突出了实践的合理性。实践的合理性是指主体在实践活动中表现出的主体能力，是从人的目的、需要出发，根据对事物的正确认识，进而满足人类生存和发展需要的能力，人通过实践最终实现人的生存发展和人性的丰富、自由和解放，这是工具理性和价值理性的统一[1]。实践合理性中的合规律性就是工具理性，强调立足于客观现实世界追求真理，用理性去探讨、发现、掌握规律，要求知识的逻辑性、准确性、实验性，表现为渴求和尊重知识以及科学精神。价值理性体现于人对存在意义的追寻中，是对人之为人的理性觉识、精神向往和价值追求，表现的是人文精神。当西方现代性导致科学理性发达而人文精神失落时，马克思用实践理性主义反对工具理性与价值理性、科学精神和人文精神的割裂，坚持在以人为本的核心价值中实现二者的统一。

我国为了广大人民群众的根本利益，满足和发展人民群众正当合理的利益，保护和促进人民群众的各项权利，保障人民群众的自由。随着社会经济、政治和文化的不断丰富和发展，我国确立了"以人为本"的核心价值理念，确立了人的自由全面发展的价值目标，高扬价值理性，体现了核心价值观建设上的制度超越。社会主义核心价值观建设也因此能够在社会结构分化和社会利益多元化的状态下，面对社会思潮和社会价值的多元性和丰富性，显示出对多元价值取向的包容性、适应性和覆盖性，确立社会发展所需的"主导性"价值力量，涵盖公民的政治生活、经济生活、文化生活和社会生活的各方面，贯穿社会公德、职业道德、家庭美德各领域，成为引领人们行为选择和价值追求的科学导向。

---

① 吴向东. 重构现代性：当代社会主义价值观研究 [M]. 修订版. 北京：北京师范大学出版社，2009：313.

第二章　社会主义核心价值观建设的理论渊源

社会主义核心价值观是习近平新时代中国特色社会主义思想的重要内容，是马克思主义中国化理论成果的重要组成部分，具有马克思主义基本原理与中国实际相结合的根本特性。推进社会主义核心价值观建设，要以马克思主义价值思想为理论根基，充分体现人民主体原则；坚持社会主义意识形态的理论指导，体现党的领导意志与人民群众根本利益的有机统一；坚守社会主义精神文明建设的理论方针，既体现社会主义文化的根本方向，又对中华优秀传统文化进行创造性转化和创新性发展，同时吸收与兼容外来优秀文化成果。建立在唯物主义实践论基础上的马克思主义价值思想为我国价值观研究提供了主体性研究范式，深刻回答了为什么要建设社会主义核心价值观，如何理解这一核心价值观的基本内容和理论实质等问题，也指明了建设社会主义核心价值观必须坚持的意识形态本质和文化建设方向①。

第一节　马克思主义价值思想的理论运用

马克思和恩格斯继承了空想社会主义中富有"道义和理性"的社会主义价值理想，并基于唯物史观和剩余价值学说的创立，把社会主义从空想变成了科学。马克思和恩格斯创立的科学社会主义价值思想以科学理性和价值理性、社会的发展和人的发展、合目的性与合规律性的辩证统一，科学论证了无产阶级和广大人民群众的价值主体地位，明确了"人的自由全

---

① 吴向东. 中国价值哲学四十年 [J]. 当代中国价值观研究，2018（6）：5-10.

面发展"的价值目标，具有丰富的理论内涵和重要的现实意义，是社会主义核心价值观建设的理论根源。

一、运用马克思主义价值思想的科学内涵

马克思主义价值思想主要体现在马克思、恩格斯创立的科学社会主义价值论中。科学社会主义价值论之所以是科学性和价值性的统一，是因为它遵从了历史唯物主义的基本原理，指明了满足无产阶级和广大人民群众利益需要的价值取向，确立了无产阶级和广大人民群众的价值主体地位，明确了"人的自由全面发展"的价值目标，并且科学地论证了实现这一价值目标的途径和手段。社会主义核心价值观正是把科学社会主义价值论与中国实际相结合的产物。

（一）代表无产阶级和广大人民群众利益的价值取向

社会主义（共产主义），无论是学说、运动还是社会制度，都蕴含了代表无产阶级和广大人民群众利益的根本价值。为绝大多数人谋利益是科学社会主义价值论鲜明的价值取向。在 1848 年的《共产党宣言》中，马克思、恩格斯就指出："过去的一切运动都是少数人的或者为少数人谋利益的运动。无产阶级的运动是绝大多数人的、为绝大多数人谋利益的独立的运动。"① 马克思本人也一再声明，他的学说是为无产阶级的阶级利益服务的，是为无产阶级的解放运动服务的。早在中学时代，马克思就把自己的幸福和千百万人的幸福联系在一起。他在《青年在选择职业时的考虑》一文中写道："在选择职业时，我们应该遵循的主要指针是人类的幸福和我们自身的完美……人只有为同时代人的完美、为他们的幸福而工作，自己才能达到完美。"② 这样的价值取向贯穿他们的一生，也浸润于他们所创立的价值理论中。

无产阶级及其政党代表广大人民群众根本利益的最高表现是带领人民群众推翻资产阶级及其统治制度，确立无产阶级和广大人民群众在国家政治经济生活中的主体地位，成为国家的主人。马克思在 1856 年说："我们知道，要使社会的新生力量很好地发挥作用，就只能由新生的人来掌握它们，而这些新生的人就是工人。"③ 工人阶级和人民群众要成为社会中的主

① 马克思，恩格斯. 马克思恩格斯选集：第一卷［M］. 北京：人民出版社，1995：283.
② 马克思，恩格斯. 马克思恩格斯全集：第一卷［M］. 北京：人民出版社，1995：459.
③ 马克思，恩格斯. 马克思恩格斯文集：第二卷［M］. 北京：人民出版社，2009：580.

体，就是要实现自身的解放和全人类的解放，而无产阶级只有消灭了一切阶级和一切阶级差别才能获得解放。所以，无产阶级首先要经过革命夺取国家政权，获得政治统治地位和经济管理的权力，获得本阶级的解放。然后，无产阶级还必须毫不懈怠地进行生产资料私有制的社会主义改造，发展社会生产力，为消灭一切阶级和阶级差别、使所有的人都获得解放而奋斗①。正因为如此，1847 年 10 月，恩格斯在为"共产主义者同盟"起草纲领草案时，给了共产主义一个精粹的解释："共产主义是关于无产阶级解放的条件的学说。"②

秉持马克思主义价值思想，中国共产党自成立伊始，就始终坚持无产阶级政党的阶级立场，把代表无产阶级和广大人民群众的价值立场融入中国革命、建设、改革和现代化进程中，为实现全体人民翻身作主、建立新中国浴血奋战，为满足人民群众日益增长的物质文化需要不懈奋斗，为满足人民日益增长的美好生活需要而努力拼搏，为建立社会主义现代化强国踔厉奋发。一代一代的共产党人正是为了全中国人民的根本利益，把为人民谋幸福、为民族谋复兴作为初心和使命。践行初心使命，推进社会主义核心价值观建设，就是他们践行马克思主义价值思想的生动实践。

（二）代表无产阶级和广大人民群众利益的价值理念

一方面，马克思、恩格斯深刻地揭露和批判了资本主义自由、平等和正义等价值观的虚伪性，指出资产阶级所倡导的人权和公民权实质上都是资产阶级的特权，所谓的各阶级平等实际上是做不到的。在马克思和恩格斯看来，"无产者除了接受资产阶级向他们提出的条件或者饿死、冻死、赤身露体地到森林中的野兽那里去找一个藏身之所，就再没有任何选择的余地了"③。另一方面，马克思、恩格斯认为未来社会是"自由人的联合体"，摆脱了物对人的统治和人对人的奴役，实现了人对自然规律的掌握和人与人关系平等的社会状态，因而，无产阶级和广大人民群众能够真正享有公平正义、民主自由的权利。

社会主义源于人们对公平正义、民主自由的向往，其原动力就是通过建立新的社会组织为所有人争取平等的机会，使他们都能摆脱剥削、压

---

① 许耀桐. 论马克思主义的社会主义核心价值观 [J]. 上海行政学院学报，2012（3）：4-12.

② 马克思，恩格斯. 马克思恩格斯选集：第一卷 [M]. 北京：人民出版社，2012：295.

③ 马克思，恩格斯. 马克思恩格斯全集：第二卷 [M]. 北京：人民出版社，1957：360.

迫、贫困和愚昧，在其共同生活和劳动的一切领域自由地发挥自己的个性①。公平正义作为对权利和义务、奉献和获取的社会评判，其实质和根本就是平等。马克思主义认为，只有社会主义才真正实现了人的平等。"平等，作为共产主义的基础，是共产主义的政治的论据。""这种平等要求更应当是从人的这种共同特性中，从人就他们是人而言的这种平等中引申出这样的要求：一切人，或至少是一个国家的一切公民，或一个社会的一切成员，都应当有平等的政治地位和社会地位。"② 而且，"平等应当不仅仅是表面的，不仅仅在国家的领域中实行，它还应当是实际的，还应当在社会的、经济的领域中实行。"③马克思主义所主张的社会主义的平等，是全体社会成员之间的平等，平等的内容是全方位的，包括政治、社会、经济等领域。

民主自由是平等权利的根本体现。民主与自由密不可分，自由是民主的基础，民主是自由的保障。社会主义与民主自由不可分离。社会主义和共产主义顺应了人的自由发展，实现了人的自由本质。"人终于成为自己的社会结合的主人，从而也就成为自然界的主人，成为自身的主人——自由的人"④，"它是人和自然界之间、人和人之间的矛盾的真正解决，是存在和本质、对象化和自我确证、自由和必然、个体和类之间的斗争的真正解决"⑤。对于民主，1845 年恩格斯在伦敦举行的各族人民庆祝大会上说，"民主在今天就是共产主义"。这句话充分肯定了民主与共产主义和社会主义的关系。恩格斯进一步指出："民主已经成了无产阶级的原则，群众的原则。即使群众并不总是很清楚地懂得民主的这个唯一正确的意义，但是他们全都认为民主这个概念中包含着社会平等的要求，虽然这种要求还是模糊的。"⑥ 这表明，作为代表无产阶级利益的无产阶级政党，必须实行民主和贯彻民主制度，满足人民大众的政治平等和社会平等、进步的要求。

当然，"权利决不能超出社会的经济结构以及由经济结构制约的社会的

---

① 田海舰. 社会主义核心价值观研究 [D]. 北京：中共中央党校，2008：165.
② 马克思，恩格斯. 马克思恩格斯选集：第三卷 [M]. 北京：人民出版社，2012：480.
③ 马克思，恩格斯. 马克思恩格斯选集：第三卷 [M]. 北京：人民出版社，2012：484.
④ 马克思，恩格斯. 马克思恩格斯选集：第三卷 [M]. 北京：人民出版社，2012：817.
⑤ 马克思，恩格斯. 马克思恩格斯全集：第三卷 [M]. 北京：人民出版社，2002：297.
⑥ 马克思，恩格斯. 马克思恩格斯全集：第二卷 [M]. 北京：人民出版社，1957：664.

文化发展"①，作为观念形态的上层建筑，公平正义、民主自由根源于现实的经济关系，其内涵、水平随着经济关系的改变而改变，其实现程度取决于生产力的发展水平。因此，为保证未来社会人民大众享有真正的公平正义、民主自由的权利，首先，要大力发展生产力。在马克思、恩格斯看来，生产力的这种发展"之所以是绝对必需的实际前提，还因为如果没有这种发展，那就只会有贫穷、极端贫困的普遍化；而在极端贫困的情况下，必须重新开始争取必需品的斗争，全部陈腐污浊的东西又要死灰复燃。其次，生产力的这种发展之所以是绝对必需的实际前提，还因为：只有随着生产力的这种普遍发展，人们的普遍交往才能建立起来"②。其次，要在消灭了私有制、实行了公有制的基础上，实行"各尽所能，按劳分配和按需分配"的收入分配制度。马克思认为，在共产主义的第一个阶段，由于"它不是在它自身基础上已经发展了的，恰好相反，是刚刚从资本主义社会中产生出来的，因此它在各方面，在经济、道德和精神方面都还带着它脱胎出来的那个旧社会的痕迹"。在这种历史条件下，"平等就在于以同一尺度——劳动——来计量"，即实行"按劳分配"原则。只有到了共产主义的高级阶段，实行"各尽所能，按需分配"的制度，公平正义、民主自由才能完全实现。最后，马克思和恩格斯认为，建立未来社会公平正义、民主自由的前提是消灭阶级和阶级差别。马克思说："从消灭阶级特权的资产阶级要求提出的时候起，同时就出现了消灭阶级本身的无产阶级要求……平等应当不仅仅是表面的，不仅仅在国家的领域中实行，它还应当是实际的，还应当在社会的、经济的领域中实行。""无产阶级平等要求的实际内容都是消灭阶级的要求。任何超出这个范围的平等要求，都必然要流于荒谬。"③ 马克思在《哥达纲领批判》中进一步说："随着阶级差别的消灭，一切由这些差别产生的社会的和政治的不平等也自行消失。"可见，马克思提倡的平等自由是与发展生产力、消灭阶级和私有制以及实现每个人的自由全面发展相联系的，是能够让最大多数人民群众真实享有的权利，构成社会主义核心价值观建设的重要内容。

（三）实现全人类解放和每个人自由全面发展的价值目标

马克思所说的人的自由全面发展主要包括三个层面。

---

① 马克思，恩格斯. 马克思恩格斯选集：第三卷 [M]. 北京：人民出版社，1995：305.
② 马克思，恩格斯. 马克思恩格斯选集：第一卷 [M]. 北京：人民出版社，2012：166.
③ 马克思，恩格斯. 马克思恩格斯选集：第三卷 [M]. 北京：人民出版社，2012：484.

一是人的活动的全面发展。这是指人的活动的内容和形式充分达到可变动性、丰富性和完整性，而不是贫乏化、片面化和固定化。这就是马克思所描述的："在共产主义社会里，任何人都没有特殊的活动范围，而是都可以在任何部门内发展，社会调节着整个生产，因而使我有可能随自己的兴趣今天干这事，明天干那事，上午打猎，下午捕鱼，傍晚从事畜牧，晚饭后从事批判，这样就不会使我老是一个猎人、渔夫、牧人或批判者。"[①]人的活动的全面发展还表现为人的需要和人的能力全面发展。因为人的需要的全面发展意味着人的需要随着人的活动的全面发展，日益形成包括生存、享受和发展等层次的丰富体系。个人按照自己的自主生活来发展一切合理的需要，并将较低层次的需要当作直接满足发展"自由个性"最高层次需要的前提。人的能力的全面发展意味着人全面地发展自己的一切能力，即全面地发展自己的体力和智力、"自然力"和社会能力、"潜力"和现实能力等，并在实践活动中发挥自己的全部才能和力量。正如马克思所说，全面发展的个人，也就是能够适应极其不同的劳动需求并且在交替变换的职能中，使自己先天和后天的各种能力得到自由发展的个人。

二是人的社会关系的全面发展。人的社会关系的全面发展意味着个人社会关系的全面丰富、社会交往的普遍进行、旧式分工的逐步消失、人的社会关系自由度的提升。人的活动的全面发展必然带来社会关系的全面丰富。社会关系的全面丰富意味着人们摆脱了以往个体、分工、地域、民族的狭隘局限性，形成了各个方面、各个领域、各个层次的社会联系，经济关系、政治关系、法律关系、伦理关系、宗教关系、文化关系等全面生成，人实现了对社会关系的全面占有和共同控制。共产主义作为人的全面发展的社会形式，主要特征就在于人们把社会关系作为人们自己的共同的关系[②]。

三是人的自由个性的全面发展和价值的充分实现。马克思认为，在资产阶级社会里，劳动者没有个性，"物的关系对个人的统治、偶然性对个性的压抑，已具有最尖锐最普遍的形式"[③]。只有共产主义社会才能够使"有个性的人"最终代替"偶然的人"，使"在这个集体中个人是作为个人参加的"。从个性的本质规定性来说，人的自由个性的发展主要表现为

①　马克思，恩格斯. 马克思恩格斯选集：第一卷 [M]. 北京：人民出版社，2012：165.
②　徐腾. 中国特色社会主义核心价值观研究 [D]. 扬州：扬州大学，2013：260.
③　马克思，恩格斯. 马克思恩格斯全集：第三卷 [M]. 北京：人民出版社，1960：515.

个人主体性水平的全面提高和个人独特性的增加和丰富。"在社会历史领域内进行活动的,是具有意识的、经过思虑或凭激情行动的、追求某种目的的人"①,从而个人的劳动不仅能够满足自身的需要,实现自我价值,而且能够满足他人和社会的需要,得到社会的承认,实现社会价值。人的价值的实现是人的全面发展的最终体现。

马克思、恩格斯还通过论证资本主义被共产主义代替的历史必然性,指出了人的自由全面发展的条件和途径,"由社会全体成员组成的共同联合体来共同地和有计划地利用生产力;把生产发展到能够满足所有人的需要的规模;结束牺牲一些人的利益来满足另一些人的需要的状况……通过消除旧的分工,通过产业教育、变换工种、所有人共同享受大家创造出来的福利,通过城乡的融合,使社会全体成员的才能得到全面发展"②。其中,马克思非常重视生产教育。他认为把生产劳动和智育、体育相结合,不仅是提高社会生产的一种方法,并且是造就全面发展的人的唯一方法。从英国工厂法实施"初等教育同工厂劳动结合起来"的效果看,它"第一次证明了智育和体育同体力劳动相结合的可能性,从而也证明了体力劳动同智育和体育相结合的可能性"③。所以,要造就全面发展的人,就必须大力发展综合技术学校、农业学校和职业学校。"综合技术学校和农业学校是这种变革过程在大工业基础上自然发展起来的一个要素;职业学校是另一个要素……工人阶级在不可避免地夺取政权之后,将使理论的和实践的工艺教育在工人学校中占据应有的位置。"④ 改革开放以来,我国大力发展职业教育、高等教育等措施,在提升人的素质的过程中促进人的全面发展,正是马克思主义价值思想的运用与体现,也是社会主义核心价值观建设的发展方向。

二、体现马克思主义价值思想的基本特征

马克思、恩格斯以唯物史观凸显人的主体地位、突出人的实践活动、强调人的价值追求,论述了科学社会主义价值论的"每个人自由全面发展基础上的人类社会的自由全面发展"的价值目标,体现了科学理性和价值

---

①　马克思,恩格斯. 马克思恩格斯选集:第四卷 [M]. 北京:人民出版社,2012:253.
②　马克思,恩格斯. 马克思恩格斯文集:第一卷 [M]. 北京:人民出版社,2009:689.
③　马克思,恩格斯. 马克思恩格斯选集:第二卷 [M]. 北京:人民出版社,2012:230.
④　马克思,恩格斯. 马克思恩格斯选集:第二卷 [M]. 北京:人民出版社,2012:232.

理性的统一、社会发展与人的发展相统一的基本特征。

一是科学理性和价值理性的统一。科学理性追求的是社会发展过程的实然性、合规律性；价值理性追求的是社会发展过程的应然性、合目的性。科学理性与价值理性统一于实践的内在矛盾运动。"动物只是按照它所属的那个种的尺度和需要来构造，而人却懂得按照任何一个种的尺度来进行生产，并且懂得处处都把固有的尺度运用于对象；因此，人也按照美的规律来构造。"① 这表明，动物活动只有一个尺度，人却有两个尺度：一个是客体的尺度——活动对象的本质和规律，一个是主体的尺度——人的需要和目的。在追求自己目的的人的历史活动中，一方面，人们追求着价值、实现着价值；另一方面，追求实现价值的人的活动构成的社会历史又表现出不以人的意志为转移的客观规律性，表现为自然历史过程②。科学社会主义把人的解放、人的自由全面发展作为自己价值体系的最高目标，并把这一价值目标建立在真实的历史基础之上，是以深厚的科学理性作为本体论基础的，认为共产主义必须以大工业发展作为自己不可缺少的物质基础。恩格斯在《社会主义从空想到科学的发展》中，比较系统地表述了社会主义价值及其实现基础之间关系的思想，认为"自从资本主义生产方式在历史上出现以来，由社会占有全部生产资料，常常作为未来的理想隐隐约约地浮现在个别人物和整个整个派别的头脑中。但是，这种占有只有在实现它的实际条件已经具备的时候，才能成为可能，才能成为历史的必然性。正如其他一切社会进步一样，这种占有之所以能够实现，并不是由于人们认识到阶级的存在同正义、平等等等相矛盾，也不是仅仅由于人们希望废除这些阶级，而是由于具备了一定的新的经济条件"③。不仅如此，即使是社会主义价值的实现程度，也受客观物质条件的制约。马克思在《哥达纲领批判》中就讲到了在共产主义的第一阶段，还只能实行按劳分配，只有在共产主义社会高级阶段，才能实行按需分配。这与把社会主义归结为一种纯粹依赖天才人物去发现的绝对真理的空想家们的想法有着本质的区别。坚持马克思主义价值思想的科学理性，社会主义核心价值观建设就体现了"真"的价值追求；坚持马克思主义价值思想的价值理性，社

---

① 马克思，恩格斯. 马克思恩格斯选集：第一卷 [M]. 北京：人民出版社，2012：57.

② 方爱东. 社会主义核心价值观的发展历程及其当代建构 [D]. 合肥：安徽大学，2010：268.

③ 马克思，恩格斯. 马克思恩格斯选集：第三卷 [M]. 北京：人民出版社，2012：813.

会主义核心价值观建设就体现了"善"的价值追求；"真"和"善"基础上的"美"，就是把马克思主义价值思想的科学理性与价值理性相统一的标志。

二是社会发展与人的发展相统一。社会的发展与人的发展是并行不悖的历史过程。马克思和恩格斯正是依据作为主体的人的生存发展状况，把人类社会的历史发展划分为依次更替的三大形态，即以"人的依赖关系"为特征的社会形态、以物的依赖性为基础的人的独立性的社会形态，以及"建立在个人全面发展和他们共同的社会生产能力成为社会财富这一基础上的自由个性"的社会形态。在真正实现"人的自由全面发展"前的社会，社会的发展和个人的发展是分离的。一方面，这类社会的发展以牺牲个人的全面发展为代价，社会的快速发展并没有促进个人的全面发展，却带来人的异化、劳动的异化、社会的异化；另一方面，私有制基础上的个人主义促使个人为了自身利益而不顾社会利益，这既不符合人性，又在一定历史阶段中阻碍人类社会的进步。当人类进入"人的自由全面发展"的社会，因为相应的社会生产力和生产关系带来的物质基础，社会的发展与人的发展实现了统一。每个人自由而全面的发展是人类社会全面发展的前提条件和最终归宿。每个人自由而全面的发展在人类社会发展中具有中心的地位，每个人自由而全面的发展是实现人类社会全面发展的最有效的方式。人类社会的全面发展只有借助每个人的自由而全面的发展，只有具体落实到每个人的自由而全面的发展上，才能真正得到实现，才具有现实性、普遍性、彻底性。那种只为自己利益而不顾人类社会利益的个人发展是不伟大和不符合历史发展方向的，而不顾个人利益只顾社会利益的发展是不人道和不可持续的。为了体现这样的特性，社会主义核心价值观建设就必须坚持爱国主义、社会主义、集体主义等基本原则。

三、发挥马克思主义价值思想的指导意义

马克思、恩格斯所创立的科学社会主义价值论承载了人民群众对未来美好社会的价值理想和价值目标，以马克思主义哲学为理论基础和思想来源，深刻揭示了其形成发展与经济基础、制度体制、资本主义核心价值观的相互关系，对推进新时代社会主义核心价值观建设具有重要的指导意义。

（一）科学把握核心价值观与物质基础的关系

核心价值观作为上层建筑中的一种观念，是决定于社会经济基础并与

之相适应的。核心价值观的实现离不开它的物质基础，价值实现过程的决定性因素也是其物质基础。恩格斯说："只有在社会生产力发展到一定程度，发展到甚至对我们现代条件来说也是很高的程度，才有可能把生产提高到这样的水平，以致使得阶级差别的消除成为真正的进步，使得这种消除可以持续下去，并且不致在社会的生产方式中引起停滞甚至倒退。"[①]这表明，物质基础发展到什么程度，社会主义核心价值观也就相应地实现到什么程度。所以，马克思和恩格斯预测科学社会主义是建立在由发达资本主义准备好的、充分发展了的物质技术基础上的。但现实的社会主义制度并不是建立在生产力高度发展的资本主义国家，而是在经济发展相对落后的国家，这就更需要科学把握社会主义核心价值观与物质基础的关系，处理好二者之间的张力，避免失误。

在社会主义运动中，共产主义者处理社会主义价值观与实现它的物质基础的关系时，往往表现出两种错误倾向。一是不顾社会主义物质基础对社会主义价值观的制约，牺牲经济发展也要坚持社会主义的崇高价值理想和目标。这种不顾社会主义社会的具体历史条件而坚持纯粹性的价值追求，只能阻碍社会主义物质生产力的发展。例如，为了保证社会主义的平等而实行平均主义，这不仅会妨害社会主义价值观的完全实现，而且在现阶段也会使社会主义价值观受到歪曲。苏联实行的斯大林模式等便与片面张扬社会主义价值理想有关。二是片面强调生产力的发展而无视社会主义的价值要求。在社会主义社会，由于社会主义价值观同它的物质基础处于不平衡状态，使得现阶段的社会主义政策同纯粹的社会主义价值理想不得不保持一定的距离。但如果完全抹杀社会主义价值目标，那就不能说是社会主义的政策了。例如，共同富裕是社会主义初级阶段的价值目标，但如果一味地鼓励私人经济发展而牺牲社会公正，造成分配严重不公，就会导致牺牲社会主义价值理想来片面追求生产力的发展，这就从一个极端走到了另一个极端。

科学处理社会主义价值观与物质基础的辩证关系，就需要在社会主义初级阶段正确把握社会主义价值观与其物质基础的相互关系。例如，为了实现共同富裕，既需要实行以公有制为主体、多种所有制经济共同发展的基本经济制度，促进生产力的发展，为实现共同富裕的社会主义价值理想

---

① 马克思，恩格斯. 马克思恩格斯选集：第三卷 [M]. 北京：人民出版社，2012：323.

提供物质基础，又不能因此出现贫富两极分化，背离共同富裕的价值理想。

（二）正确处理核心价值观与制度、体制的关系

社会主义既是理论学说、社会运动、社会制度，又是价值体系。其中，占主导地位的价值体系构成社会主义核心价值体系，而社会主义核心价值观正是社会主义核心价值体系的凝练和集中体现。社会主义 500 余年历史，其理论学说、社会运动、社会制度不断发展变化，但社会主义价值观却具有永恒的意义，它是深藏在社会主义理论和实践背后的价值灵魂，是指引社会主义发展方向的价值旗帜。当 20 世纪 80 年代末 90 年代初东欧剧变、苏联解体，世界社会主义运动处于低潮时，一些社会主义国家改旗易帜，抛弃社会主义制度而实行资本主义制度，这是否意味着"社会主义的终结"？曾经鼓噪一时的"历史总结论"者已经给出了否定的答案。东欧剧变和苏联解体只是具体的制度和模式的失败，并不等于社会主义价值的丧失。中国特色社会主义已经成为高扬社会主义价值旗帜，迥异于苏联模式的社会主义具体制度和模式。这本身反映出社会主义价值观与社会主义制度模式间的辩证关系，也决定了必须正确处理社会主义价值观同社会主义具体制度之间的关系。

社会主义价值观是社会主义的逻辑起点，是社会主义制度背后的深层次理念基础。制度从来都是一定价值观念的产物，有什么样的价值观念，就有什么性质的社会制度与之相对应。社会主义作为制度，不是应当确立的目标，而是无产阶级在变理想为现实的过程中为实现目标而开辟的道路和采取的手段，是实现社会主义价值观的制度保障。新体制、新制度是否应该设立，必须以是否有利于社会主义价值观的实现来进行确定。坚持和完善什么样的制度、体制也要以社会主义价值观为标准。例如，我们选择用社会主义市场经济取代计划经济，做出价值判断的根本标准就是社会主义价值观。因为社会主义市场经济有利于推动和发展社会生产力，逐步实现共同富裕。换言之，只要有利于社会主义价值观实现的制度和体制，就应该加以坚持和发扬；而有悖于甚至有碍于社会主义价值观实现的制度和体制，就应当加以取缔和清除。

（三）正确处理社会主义核心价值观与资本主义核心价值观的关系

当"自由""民主""法治"等词汇构成社会主义核心价值观基本内容时，有人惊呼，社会主义核心价值观引入了资本主义核心价值观。如何正

确认识社会主义核心价值观与资本主义核心价值观的关系，而不是简单地因为词汇相同就把二者等同？对此，马克思和恩格斯的科学社会主义价值论具有启示意义。

一方面，资本主义核心价值观也在一定程度上涵盖全人类共同价值，有着对全人类共同价值理想的传承与坚守，从而具有借鉴性。社会主义作为全人类共同价值理想的一种历史实现方式，社会主义价值观自然源自或传承着全人类共同价值理想。凡属真正的人类一般价值的东西，都可以被吸收、容纳到社会主义价值观中来。因为一般人类价值的东西，是在人类历史的长河中，经由人类各个世代的实践所积累、沉淀下来的有益于它自身发展的物质和精神财富。因而，作为全人类共同价值理想的历史实现形式，社会主义价值观和资本主义价值观不可避免地具有某些重合之处，如自由、平等、人权、民主、富裕等价值理念。而且，资本主义发展所形成的一整套核心价值观，在人类文明的发展进程中同样起过重要的进步作用，极大地丰富了人类文明和价值共识，成为人类文明的重要组成部分。为了实现社会主义价值目标，为了赢得社会主义对资本主义的比较优势，社会主义应大胆吸收和借鉴当今世界各国包括资本主义发达国家的一切好的、合理的东西，这是社会主义价值观实现的基本要求。

另一方面，社会主义核心价值观源于全人类共同价值理想，以全人类共同价值理想为重要"基础材料"，同时又体现无产阶级和广大劳动人民的根本利益和愿望，有新的内涵和新的意义。这是我们在把握社会主义核心价值观时必须确立的客观历史基础和应该坚持的思维方式。只有这样，才能从人类历史发展的必然性中寻找到社会主义核心价值观的历史合理性。无疑，在人类社会发展的不同阶段，自由、平等、人权、民主、富裕等全人类共同价值的实现程度和强调的侧重点乃至精神实质是不同的。例如，富裕的价值是人类社会各个时代都追求的目标，但在资本主义等剥削制度下只能实现少数人的富裕。而在全人类获得解放、阶级被消灭之前，社会主义价值主体是无产阶级和广大人民群众，不是包括资产阶级在内的全人类。随着社会主义的不断发展，社会主义追求的共同富裕也要朝着"结束牺牲一些人的利益来满足另一些人的需要的情况"，使"所有人共同享受大家创造出来的福利"的方向发展和完善。因而，社会主义核心价值观也就要在二者的本质区别中去建设。

第二节 社会主义意识形态建设的理论指导

社会意识形态是"社会意识"的"形态",是代表统治阶级和社会集团利益的系统思想观念体系,在社会生活中能够为人们的思想和行为定向,构成核心价值观建设的思想观念基础。社会主义核心价值观是我国意识形态的核心与本质,中国共产党的无产阶级政党性质决定了我国意识形态是党的领导意志与人民群众根本利益的有机统一,因此,新时代社会主义核心价值观建设既要贯彻党的领导意志,也要发挥人民主体性,保障人民群众的根本利益,坚持马克思主义的指导地位和中国特色社会主义共同理想,筑牢民族精神和时代精神,夯实社会主义核心价值观建设的思想道德基础。

一、贯彻党的领导意志,巩固执政基础

意识形态是指为了内增凝聚力,外提认同力,增强执政合法性,任何统治阶级都需要构建的体现执政意识和维护社会整体利益的系统的价值观念体系和思想理论。这些建立在现行经济基础之上的"法律的、政治的、宗教的、艺术的或哲学的,简言之,意识形态的形式"①,属于"庞大的上层建筑"的一部分,是为人们思想与行为定向、为维护现存利益格局的行为提供合理性辩护的思想理论体系与价值信念。意识形态本质上是"统治阶级的思想"。在阶级社会,剥削阶级为了统治需要,"赋予自己的思想以普遍性的形式,把它们描绘成唯一合乎理性的、有普遍意义的思想"②,在观念上把自己的阶级利益说成是"普遍利益"或"共同利益",使意识形态被赋予"普遍性形式",具有"虚伪性"。

无产阶级执掌政权后,在批判剥削阶级意识形态虚假性的基础上,同样需要建构一种抽象意义的意识形态,将其作为为统治阶级服务的理论体系。当西方学者极力鼓吹"意识形态终结论",希望用"普世价值观"取代爱国主义,反对马克思主义,同化社会主义的意识形态时,我们要意识到,"对一个传统社会的稳定来说,构成主要威胁的,并非来自外国军队

---

① 马克思,恩格斯. 马克思恩格斯文集:第二卷 [M]. 北京:人民出版社,2009:592.
② 马克思,恩格斯. 马克思恩格斯选集:第一卷 [M]. 北京:人民出版社,2012:180.

和坦克的进攻，而是来自外国观念的侵入，印刷品比军队和坦克推进得更快、更深入"①。因此，中国共产党在领导人民推进社会主义建设进程中，必须坚持以马克思主义为指导，与社会主义经济基础和政治制度相适应，充分体现社会主义制度优越性的社会意识形态，为全社会成员提供统一的价值目标、社会理想和行动指南，增强社会共识，保持社会和谐稳定，为贯彻党的领导意志和巩固党的执政地位服务。

（一）凝聚民众意志，形成社会发展合力

何怀远教授把意识形态的内在要素分为"三维结构"：认知-解释层面、价值-信仰层面、目标-策略层面。认知-解释层面是对基本理念的理论说明，是社会意识形态的知识论前提；价值-信仰层面是价值观及其信仰成分，是人们对现实世界进行价值评价的尺度；目标-策略层面是基本理念实现的目标、途径和艺术②。意识形态也因此成为更符合科学认识的价值体系和行动指南。加拿大学者霍金森就曾说："当科学观念、公理、原理作为单纯的理论体系存在时，它们是科学而不是意识形态，一旦这些理论变成一种'词尾带主义'（ism）的抽象意义，它们就变成了意识形态。"③统治阶级正是通过其"主义"向民众阐明其政策主张、路线、方针等，吸引、动员、整合民众以得到支持和拥护。所以，毛主席说："主义譬如一面旗子，旗子立起了，大家才有所指望，才知所趋赴。"④

执政党通过意识形态中的认知-解释层面阐明了"是什么"，进而确定"应该怎样"的问题，为社会成员进行社会活动提供认识世界、揭示世界的科学世界观和方法论，为凝聚社会共识奠定方向；通过意识形态中的价值-信仰层面表明执政党的价值取向，阐明价值信仰是"为了谁"，在代表自身所属阶级利益和要求的基础上，"把自己的利益说成是社会全体成员的共同利益"，从而获得民众的认同和支持；通过意识形态中的目标-策略层面明确执政党制定的奋斗目标和实现目标的现实路径，表明执政党是"怎么做的"，鼓舞社会成员为实现共同的理想目标而协调利益，体会到自己与群体的密切关系，以共同意志和一致行动的统一体聚合在执政党周

---

① 亨廷顿. 变化社会中的政治秩序 [M]. 王冠华，译. 北京：三联书店，1989：141.

② 何怀远. 意识形态的内在结构浅论 [J]. 江苏行政学院学报，2001（2）：13-17.

③ 霍金森. 领导哲学 [M]. 刘林平，万向东，张龙跃，译. 昆明：云南人民出版社，1987：92.

④ 中共中央文献研究室. 毛泽东年谱（一八九三——一九四九）：上卷 [M]. 修订本. 北京：中央文献出版社，2013：70.

围。所以，在丹尼尔·贝尔看来，意识形态形成以后，"就会变成动员社会成员、强化纪律和维护社会控制的手段"①。

中国共产党自成立以来，高举马克思主义理论旗帜，坚持把马列主义与中国实际相结合，在推进马克思主义中国化进程中不断确立和创新社会主义意识形态，这些意识形态为确立和巩固党的执政地位发挥了"黏合剂"和社会"水泥"的功效。在革命战争年代，毛泽东创造性地提出了新民主主义革命和社会主义改造理论。最终中国共产党成为执政党，并完成了在当时中国经济文化较落后的情况下建立社会主义制度的历史任务，实现了人民群众翻身作主的愿望。1978年后，中国共产党适应国际形势和国内社会发展需要，实行改革开放政策，不断解放和发展生产力，建立了社会主义市场经济体制等，既满足了人民日益增长的物质文化需要，促进了社会发展和进步，也提升了中国在世界上的地位和影响，极大地增进了社会凝聚力和民族自信心，成为中华民族伟大复兴的强大动力。在一系列思想理论体系基础上凝练出来的"三个倡导"，其直接作用就是要主导、引领多元、多样、多变的价值观，形成价值观领域的"核心"，为坚持和发展中国特色社会主义凝心聚力、强基固本，体现其作为社会意识形态的"黏合剂"和社会"水泥"功能。

（二）增强党的执政权威，提升党的执政能力

在现代政党政治中，政党具有令民众信服的权威是取得执政地位的前提。一般而言，执政党的权威主要有政治权威和理性权威两种类型②。政治权威是指执政党具有的强制要求民众服从统治和听从信仰的能力，以国家专政性质为基础和后盾，具有强制性，是一种"非理性"能力；理性权威是指执政党具有让民众自觉服从统治和听从信仰的能力，往往建立在执政党主张的意识形态理论本身的科学性和由演绎意识形态理论的科学文化代码构成的科学理论体系基础上，是一种理性的说服力。所以，"政党执政的基础，从根本上说，来自政党的权威，来自人们由于对政党的信赖而产生的自愿的服从。这种权威和对权威的服从，首先建立在一套思想理念和信仰体系之上。它为社会成员提供某种价值取向，为人们对政党的支持

---

① 贝尔. 资本主义文化矛盾 [M]. 赵一凡，蒲隆，任晓晋，译. 北京：三联书店，1989：107.

② 刘明君，郑来春，陈少岚. 多元文化冲突与主流意识形态建构 [M]. 北京：中国社会科学出版社，2008：54-57.

和服从提供理论依据和伦理依据。这套思想理念和信仰体系，就是我们通常所说的意识形态"①。

对于执政党而言，树立政治权威是建立和维持其政治统治的必要手段，但保持和巩固其长期执政地位，仅仅依靠政治权威是不够的，必须要树立其理性权威，即民众对执政党自觉自愿的认可和接受。因此，执政党应构建一套反映客观真理的科学理论体系，借助于具有自身"文化代码"的文化形式，使反映时代要求和源于民众利益需要的意识形态话语体系在内容上贴近群众，在形式上为民众所喜闻乐见，使意识形态宣扬的价值理念渗透到民众的内心之中，并外化于行。为此，执政党的意识形态必须以满足人民群众的物质文化生活需要为出发点，目标体系具有合理性，实施路径具有正确性和有效性，才能获得民众自觉自愿的支持和拥护。

中国共产党在运用马克思主义解决中国革命、改革和建设的问题的过程中，适应时代要求和人民群众的需要，相继创立了具有自身"文化符号"的理论体系——毛泽东思想、邓小平理论、"三个代表"重要思想、科学发展观和习近平新时代中国特色社会主义思想。毛泽东思想以"什么是马克思主义，怎样运用马克思主义"为主题，开创了马克思主义中国化历史进程，建立了新中国及社会主义制度，为建设中国特色社会主义提供了理论基础、物质准备和制度前提。邓小平理论以"什么是社会主义，怎样建设社会主义"为主题，开创了中国特色社会主义道路，找到了一条适合中国国情的社会主义建设道路。"三个代表"重要思想以"建设什么样的党，怎样建设党"为主题，成功地把中国特色社会主义推向了21世纪。科学发展观以"实现什么样的发展，怎样发展"为主题，推动了中国特色社会主义的进一步发展。进入新时代，习近平新时代中国特色社会主义思想以"新时代坚持和发展什么样的中国特色社会主义、怎样坚持和发展中国特色社会主义""建设什么样的社会主义现代化强国、怎样建设社会主义现代化强国""建设什么样的长期执政的马克思主义政党、怎样建设长期执政的马克思主义政党"为主题，构建了丰富的科学理论体系，实现了马克思主义中国化时代化新的飞跃。实践证明，这一系列理论体系是实现中国从"站起来"到"富起来"再到"强起来"的正确理论，是党的政治权威和理论权威的思想根基，也是构建社会主义核心价值体系和社会主

---

① 王长江. 中国政治文明视野下的党的执政能力建设 [M]. 上海：上海人民出版社，2005：150.

义核心价值观的重要内容。

（三）增强党的执政合法性，提升民众认同

合法性作为现代政治研究中的重要范畴，是任何执政者都必须面对的一个根本问题。"合法性"围绕着民众与当政者的关系，是民众对当政者统治地位的确认和服从。"合法性意味着接受这个权力体制及权力支持者，并给予肯定的评价。"① 因此，任何成功、稳定的统治，都必定是具有合法性的。"任何统治都企图唤起并维持对它的'合法性'的信仰。"② 任何一个执政党为了获取执政地位，都必须寻找和证明其执政合法性，并得到绝大多数民众的认同，从而取得合法的执政资格。同样，"任何一种政治系统，如果它不抓合法性，那么，它就不可能永久地保持住群众（对它所持有的）忠诚心，这也就是说，就无法永久地保持住它的成员们紧紧地跟它前进"③。这表明，一旦失去合法性，执政就变得不可能。

从人类历史发展来看，执政合法性来源有不同的基础。"在一个传统的社会中，合法性可能取决于统治者的世袭地位，取决于在制订和执行法律时遵守某些宗教习俗，以及取决于这些决策的范围和内容。在一个现代的民主政治体系中，当权者的合法性将取决于他们在竞争性的选举中是否获胜，取决于他们在制订法律时是否遵守规定的宪法程序。"④ 显然，西方学者以西方民主政治为范本，只承认选举制民主对执政合法性的制度规定。而在我国，根据制度性规定，通过协商民主的方式对执政者进行选择和确认，这也是人民当家作主享有民主政治的体现。

中国共产党能够执政 70 多年，具有广泛而深厚的合法性基础。这既是历史的选择，也得益于党执政的合法性绩效，以及通过意识形态建构而获得的合法性论证。2015 年 9 月，王岐山在参加"2015 年中国共产党与世界对话会"时说："中国共产党的合法性源自历史，是人心向背决定的，是人民的选择。"⑤ 这是因为中国共产党领导人民开展革命斗争，建立了新中

---

① 基恩. 公共生活与晚期资本主义 [M]. 马音，刘利圭，丁耀琳，译. 北京：社会科学文献出版社，1999：284.

② 韦伯. 经济与社会：上卷 [M]. 林荣远，译. 北京：商务印书馆，1997：239.

③ 哈贝马斯. 重建历史唯物主义 [M]. 郭官义，译. 北京：社会科学文献出版社，2000：264.

④ 阿尔蒙德，鲍威尔. 比较政治学：体系、过程和政策 [M]. 曹沛霖，郑世平，公婷，等译. 上海：上海译文出版社，1987：36.

⑤ 王岐山会见出席"2015 中国共产党与世界对话会"外方代表 [EB/OL]. (2015-09-09) [2016-10-15]. http://news.xinhuanet.com/politics/2015-09/09/c_1116513917.htm.

国，这是中国共产党执政合法性的逻辑起点，是历史的选择，也是人民的选择。中国共产党自执政以来，带领人民推进社会主义建设，实行改革开放，极大地促进了社会生产力的发展，提高了人民生活水平，也提升了国际地位和世界影响，中国共产党以令世人瞩目的执政绩效维护了其执政合法性。同时，中国共产党高举中国特色社会主义伟大旗帜，形成中国特色社会主义理论、制度、道路等，从历史与现实、理论与实践多角度论证了中国社会发展道路的必然性，提出共同富裕、民主法治、文明和谐等执政理念，通过宣传教育等手段将社会理想目标内化为民众的政治认同，从而为党的执政合法性提供理论上的制高点，并在不断巩固党的执政合法性进程中构建和丰富社会主义核心价值观建设的价值目标。

二、维护人民根本利益，提升人民群众的主体性

人民群众是历史主体、实践主体、价值主体，是价值的创造者，也是价值的享有者、实践标准的评价者[①]。社会主义核心价值观源于人民群众的根本利益，反映了人民群众对美好生活的向往，因此，应以社会主义核心价值观建设满足人民需要，提升人民群众作为价值主体的自主性；社会主义核心价值观是社会主导意识形态，是人民群众价值共识的"最大公约数"，因此，应以社会主义核心价值观建设主导社会意识，提升人民群众作为认识主体的自觉性；社会主义核心价值观建设以培育担当民族复兴重任的时代新人为目标，因此，应以社会主义核心价值观建设促进人的自由全面发展，提升人民群众作为实践主体的创造性。

（一）满足人民需要，提升人民群众的自主性

所谓自主，就是自己为自己做主，表明主体能够摆脱束缚，对自我的活动具有支配和控制的权利和能力。自主性是主体的一种基本属性，是主体性的基础，是自觉性和能动性的前提。主体对自主性的追求源于"为我"的主体需要，主体需要越满足，其自主性就越充分。主体需要决定了价值观内涵，所以，搞清楚人民群众的需要，并在此基础上构建社会主义核心价值观内涵，就能有效发挥人民群众作为价值主体的自主性。这也是理解党的十八大报告明确提出"三个倡导"之后，真正搞清楚"社会主义核心价值观为什么是这样而不是那样"，甚至如何进一步凝练社会主义核

---

① 袁银传，郭强，杨业华，等. 培育和践行社会主义核心价值观研究 [M]. 北京：人民出版社，2019：340.

心价值观的问题中，存在的构建社会主义核心价值观的方法论问题的关键。这就是确立人民群众的价值主体地位，始终围绕着"人民要怎么样"来建构，而不是围绕着"要人民怎么样"来建构①，真正体现人民本位的价值取向。

马克思说，"凡是有某种关系存在的地方，这种关系都是为我而存在的"②。人作为主体和客体发生相互关系，其目的都是指向自我，都是为我的。主体的为我性就是人的主体需要。"在现实世界中，个人有许多需要"，人的需要被认为是人的本质属性。一切历史的起点和首要前提是满足人类自身生存和生活需要的吃穿住行，即进行物质生产资料的生产；紧接着第二个需要就是生产的重复和新的需求。人的各种实践活动都是在一定的需要的驱动下进行的，需要成为人的生命内驱动力，也是主体作用于对象客体的出发点和历史起点，是主体性生长和发挥的动力源。主体需要是在维系主体的生命、追求自我发展的能动社会实践中生成和发展的，既不是人的随心所欲，也不是在客观面前无所作为；既不能脱离自然界，也不能单独离开社会而存在，它是客观性与主观性、自然性与社会性的辩证统一。

主体为满足自我需要，实现主体的内在尺度，就需要通过主体的积极活动或活动的结果来完成。作为一个活动主体，他在自然条件、社会条件和自我条件的掌控下，通过独立行使和支配自己的活动，成为活动的主人，具有独立而自主的自我意识、自我判断的能力，对客体具有主宰性，从而自由地应对客体，开展活动。随着活动范围的扩大，主体不断增强思维、认识、判断、实践等能力，他就能够把更多更广的客体置于自己的控制之下，不仅满足自我需要，也能使自己的活动或活动结果在人与人之间进行交换，超越主体自身自给自足的局限性，丰富人的主体性内涵，彰显人的类本质。"这一切表明：每个人作为人超出了他自己的特殊需要等等，他们是作为人彼此发生关系的；他们都意识到他们共同的类的本质"③。

价值作为一种主体性现象，是以主体的需要为尺度而形成的，并随着主体需要的变化而变化的一种现象。同样，价值观就本质而言，是思维和

---

① 陈新汉，邱仁富. 坚持核心价值体系的人民主体性：关于克服社会主义核心价值体系边缘化危机的思考 [M]. 上海：东方出版中心，2011：89.

② 马克思，恩格斯. 马克思恩格斯选集：第一卷 [M]. 北京：人民出版社，2012：161.

③ 马克思，恩格斯. 马克思恩格斯全集：第三十卷 [M]. 北京：人民出版社，1995：197.

精神领域的东西，是现实的价值关系运动的反映和产物，因而也就是现实发展着的需要关系的反映和产物①。社会主义核心价值观体现了全社会崇尚和倡导的价值目标、价值准则和价值取向，从最深层次科学地回答了"什么是社会主义，怎样建设社会主义"这一根本问题，反映了当前广大人民群众需要体系的结构形态和发展趋向，是人民群众对生存、享受和发展等合理需要的观念性重现。其中，国家层面的"富强、民主、文明、和谐"，反映了自近代以来人民群众渴望实现国家发展的价值目标；社会层面的"自由、平等、公正、法治"，源自人民群众对社会关系和社会秩序发展的价值追求；个人层面的"爱国、敬业、诚信、友善"，表明了人民群众对自我发展和自我实现的价值取向。广大人民群众正是基于这样的核心价值，团结一心、共同奋斗，以极大的自主性创造了伟大成就。人民群众的美好生活需要还会不断丰富社会主义核心价值观的内涵，社会主义核心价值观的生动实践也会指引着人民群众不断调整自身的需要体系，使满足人民需要的社会主义核心价值观沿着中国特色社会主义道路实现更高程度的丰富和发展。

（二）主导社会意识形态，提升人民群众的自觉性

"在社会历史领域内进行活动的，是具有意识的、经过思虑或凭激情行动的、追求某种目的的人；任何事情的发生都不是没有自觉的意图，没有预期的目的的。"② 自我意识是主体性的突出标志。作为主体的人在自我意识、对象意识中，进行有目的、有计划的活动，并在诸多现实可能性中进行判断、选择、发展。社会主义核心价值观作为一种社会意识，正是通过对人民群众进行价值引导，提升人民大众的自我意识，发挥人民群众作为认知主体的自觉性。

人正是从把自己同自然界区别开始，逐渐意识到自身作为主体同客体之间的区别，并具有越来越清晰的对象意识和自我意识。人具备这种意识不是一蹴而就的，而是一个从自发到自觉的不断理性化的发展过程。作为人的主体性的更本质性的自觉性，就是对自发性的辩证否定。当主体从无意识或潜意识状态进入有意识或显意识状态时，人就有了明确的自我意识和对象意识，这就是一种自觉意识。当人的自觉意识不仅是对于对象的意

---

① 赵伟. 人的需要：社会主义核心价值观认同的现实根基：培育践行社会主义核心价值观的路径探索 [J]. 社会主义研究，2014（5）：36-41.

② 马克思，恩格斯. 马克思恩格斯选集：第四卷 [M]. 北京：人民出版社，2012：253.

识，而且是对于主体自身的意识时，主体就有了自我意识，人也就成了自觉的意识主体。所以，黑格尔说，自我意识"是意识返回到自身、是在它的对方中意识到它自身"①。自我意识是人对于自身作为主体同客体的关系的自觉意识，因而是主体自觉性的基本标志。

在自我意识的基础上，自觉性的更高要求是理性的自觉。《现代汉语辞海》对"自觉性"的解释是"自己有所认识而觉悟"②。因为感性认识是对事物外在表象的认识，不是对事物内在本质的把握，只有理性认识才是对事物本质和规律的认识。所以，"自觉性"不仅体现在感性认知层面对事物和现象有全面系统深刻的认识，还体现为在理性层面能一定程度地认识事物和现象的本质规律，并能在感性认识转变为理性认识的基础上，激发实践的内生动力，为实践做准备。这种通过"认识论转向"所确立的主体性，澄清了"我能认识什么"这一问题域，构成一切知识成为可能的逻辑依据，同时还构成价值规范的基础。"自觉性"通过"认知主体"理性能力的发挥，将实现"对自然的统治"，并把人从自然的支配中解放出来，也能控制社会生活中一直统治着人的客观的异己力量，超越社会生活的冲突和矛盾，追求人世间的"真善美"，实现终极的和谐与完善。

马克思主义中国化最新成果、中国特色社会主义共同理想、以爱国主义为核心的民族精神和以改革创新为核心的时代精神以及社会主义荣辱观，源于改革开放和现代化建设的实践，体现了人民群众的根本利益和愿望，整合了社会各阶层的共同价值诉求。因而与之紧密相关的社会主义核心价值观可以说是社会主义意识形态的本质体现，是全国各族人民团结奋斗的共同思想基础，应该成为引领各种社会思潮、推进各个层面文化建设的核心内容③。党的十九大报告指出，"必须坚持马克思主义，牢固树立共产主义远大理想和中国特色社会主义共同理想，培育和践行社会主义核心价值观"④。在当代中国，无论是社会主义核心价值体系还是社会主义核心价值观，都是对中国特色社会主义建设实践的理论总结和概括，既保持了社会主义意识形态的本质特征，又关联着人们日常生活的道德情操和伦理

---

① 黑格尔. 精神现象学：上卷 [M]. 贺麟，王玖兴，译. 北京：商务印书馆，2011：113.
② 范庆华. 现代汉语辞海 [M]. 哈尔滨：黑龙江人民出版社，2002：1414.
③ 陈锡喜. 关于社会主义意识形态的整合与建构的思考 [J]. 思想理论教育，2008 (5)：27-32.
④ 习近平. 习近平谈治国理政：第三卷 [M]. 北京：外文出版社，2020：18.

规范；既代表了最广大人民的根本利益，同时又有其广泛而坚实的思想文化基础；既传承着中华民族的优秀文化和民族精神，又具有时代的内涵和时代精神。二者作为当代中国的核心价值和公共价值的反映和建构，是具有指导和导向意义的先进价值观。坚持马克思主义，树立远大理想和共同理想为培育和践行社会主义核心价值观奠定了社会主义基调。充分体现出社会主义核心价值观在整合社会意识、促进人民群众的"认识转向"上应该发挥的主导性功能，有助于提升人民群众作为认识主体的自觉性。

所谓价值观主导，是指核心价值观在一个社会占主导或统治地位，对社会其他价值观的发展方向和基本走向具有引导或规范作用。当多样化的价值取向、价值标准充斥着人们的生活时，不同的价值评判标准对一个人人生观、价值观的选择至关重要，直接关系到其思想观念的形成、行为方式的选择、价值标准的判断，并进而影响到群体乃至整个社会的价值理念、价值取向和价值标准。因此，我们不能放弃应有的主体立场和责任意识，任凭人民群众对多元文化思潮盲目选择和接受。这可能会削弱主流意识形态在文化领域的主导权与话语权，造成人们思想观念的混乱无主，给不良思想与国外敌对势力以可乘之机，导致思想文化领域出现严重的分化、西化、腐化等问题。构建社会主义核心价值观，就需要有效整合社会意识，从价值观多元到价值观主导、从价值分歧到价值整合、从价值冲突到价值共识，寻求最大公约数，以社会主义核心价值观引领社会思潮。

（三）培育时代新人，提升人民群众的创造性

在马克思看来，人的主体性不仅仅是"我思故我在"的思辨活动，更重要的是在自发与自觉的矛盾中认识和改变世界，发挥人的能动性和创造性，实现人的自由发展的价值目标。建设社会主义核心价值观，不仅要满足主体需要，整合主体意识，还要提升主体能力，培育时代新人，增强人民群众的价值自觉与价值自信。

能动是主体作用于客体时的活动。人是既能思想又能行动的存在，思想和行动都体现着人作为主体的能动性。正如毛泽东所说，"思想等等是主观的东西，做或行动是主观见之于客观的东西，都是人类特殊的能动性。这种能动性，我们名之曰'自觉的能动性'，是人之所以区别于物的特点"①。能动性无疑是人的主体性最重要的内涵和最鲜明的表现。人的活

①　毛泽东. 毛泽东选集：第二卷 [M]. 北京：人民出版社，1991：477.

动从潜能到效能、从静止到运动、从消极到积极、从被动到主动，以及从感觉到思想、从思想到行动、从行动到完成、从完成到完善等，都体现着人所特有的能动性①。这种"努力把事情做好"的价值追求也是人不断超越自我的创造性体现。

实践作为人类改造和征服自然的能动和创造性活动，是人与自然之间体力、智力和能量的交换过程。马克思、恩格斯在《德意志意识形态》中就把主体的实践称为"自主活动"，表明活动主体因此成为自然界的主人、社会的主人和自我的主人，在实现自主、自觉的主体的同时，也成为自由的主体。所以，自为的主体是自由的，自由的主体是自为的。"所有'自为的'对象化都体现了人的自由，并表达了人性在给定时代所达到的自由的程度。"② 如果说自主侧重于主体指向客体时的状态，即在对客体的能动的、有效的作用中表现出人的高度的主体性，是外向的、客体化的，最终将在客观对象中实现自己；那么自由则侧重于从主体本质在客体中对象化反观主体自身的状态，即在被主体改造了的客体对主体力量的确证中体现人的主体性，是内向的、主体化的，结果将达到主体对于自己价值实现的心理体验。主体在实践中通过澄明"我能做什么"这一问题域，表明了人在客观世界的中心地位，显示了人类征服自然和改造自然的能力，但工具理性的"技术性的实践"并非人改造世界的价值追求，以自由为核心的价值论意义的实践活动的主体性，即"实践主体"的理性与自由才是人与社会生活的价值源泉和目的。在这个意义上，自由自觉的活动就是人的类本质。

人民群众作为社会主义核心价值观的主体，是社会主义核心价值观实现的承担者和推动者，必须具备实现社会主义核心价值观的主体能力，包括认知能力（对社会主义核心价值观进行判断、鉴别、选择的能力）和实践能力（实践、实现社会主义核心价值观的能力）等③，提升对社会主义核心价值观的价值自觉。"所谓价值自觉，则是克服受本能支配，受非理性支配的倾向，从科学的理性思维出发，正确认识价值的本质，把追求眼前价值与确立正确而远大的价值追求结合起来。"④ 社会主义核心价值观因

① 郭湛. 主体性哲学：人的存在及其意义 [M]. 修订版. 北京：中国人民大学出版社，2010：48.

② 赫勒. 日常生活 [M]. 衣俊卿，译. 重庆：重庆出版社，1990：128.

③ 王学俭. 社会主义价值论纲 [M]. 北京：人民出版社，2016：320.

④ 王玉樑. 21世纪价值哲学：从自发到自觉 [M]. 北京：人民出版社，2006：1.

人民而存在，也需要为人民而实现。人民群众要从科学思维出发，正确认识社会主义的核心价值所在，充分认识到社会主义核心价值观作为社会主义先进文化的核心内容和重要组成部分，是对传统文化的创造性转化，科学借鉴和吸收了世界文明成果，融合了传统文化与现代文化、民族文化与世界文化中的精华，从而具有强盛的生命力和巨大的影响力[①]；正确认识社会主义核心价值观的本质并在此基础上做出正确的价值判断和价值选择，内化于心，外化于行，自觉担当起实现社会主义核心价值观的责任与使命，并在提升对自身的发展及其与外部推动作用的关系的价值判断和鉴别的能力，以及提升对外部世界的推动作用的把握的过程中，在提升不断自我更新建构的能力的基础上[②]，能动地驾驭外部世界对其才能实际发展的推动作用，从而不断提高自身全面发展的能力，成为堪当民族复兴大任的时代新人。

总而言之，在推进社会主义核心价值观建设中坚持人民本位，发挥人民主体性，能够为推动经济社会发展和历史进步提供强大动力。人民群众的自觉性标志着他们对自身主体地位的自我反思、自我确证、自我提升。这种自觉性主要表现为人民群众基于国家主人翁意识、强烈民族自尊心和责任感而产生的积极进取精神和实干精神；人民群众的自主性是人民的自我实践、自我管理、自我教育、自我发展以及依靠自己的力量主宰自己的命运；人民群众的创造性是他们在把握规律的基础上，根据主体自身需要与客体的内在属性，在实践活动进行的突破和创新，它是人民主体性发挥的最高表现形式，充分体现了人民群众的首创精神。发挥人民主体性，是我国社会主义建设的重要目标。在革命战争年代，毛泽东始终高扬人民主体性，积极发动革命群众的主体性作用，为革命最终胜利和建立新中国提供了根本的力量支撑。在社会主义建设时期，党带领广大人民群众，发扬实干和进取精神，为中国特色社会主义发展奠定了物质基础。自改革开放以来，以邓小平同志、江泽民同志、胡锦涛同志为主要代表的中国共产党人，提倡解放思想、实事求是、与时俱进、求真务实，尊重人民实践创造、发挥人民首创精神，注重激发人民主体性，实行家庭联产承包责任制、建立经济特区、推进市场化改革等，为推动我国改革开放打下群众基

---

① 顾海良，张艳之，靳诺，等. 学习贯彻习近平总书记重要讲话精神大力培育和践行社会主义核心价值观 [J]. 思想理论教育导刊，2014 (7)：4-23.

② 张继良. 实现人的全面发展的主体条件 [J]. 教育理论与实践，1988 (5)：62-63.

础。进入新时代，以习近平同志为核心的党中央把"坚持人民主体地位"作为基本方略，践行以人民为中心的发展思想，把人民群众对美好生活的向往作为党的奋斗目标，实施共建共享发展理念，全面从严治党、全面依法治国，强调人民不仅是追梦主体、创造主体，更是价值主体、权力主体，充分彰显了人民作为新时代中国特色社会主义实践者、建构者、享有者和主人翁的主体性①。

三、坚持马克思主义意识形态建设的根本方向

体现党的领导意志与人民利益相统一的社会主义意识形态，是社会主义制度的观念反映，由于"共产主义革命就是同传统的所有制关系实行最彻底的决裂；毫不奇怪，它在自己的发展进程中要同传统的观念实行最彻底的决裂"②。区别于阶级社会的意识形态，特别是资本主义社会的意识形态，马克思主义是社会主义意识形态的理论基础。坚持马克思主义意识形态建设，体现了党性和人民性的辩证统一，"党性寓于人民性之中，没有脱离人民性的党性，也没有脱离党性的人民性"③。我国意识形态建设的根本方向，就是要深化社会主义核心价值体系建设。

（一）坚持马克思主义在意识形态中的指导地位

坚持马克思主义在意识形态中的指导地位，是党的领导制度的根本体现，贯穿了我国社会主义的制度体系，从根本上决定了党的全面领导效能的发挥。毛泽东说："领导我们事业的核心力量是中国共产党。指导我们思想的理论基础是马克思列宁主义。"④ 马克思主义是我们立党立国的根本指导思想，是中国共产党人的"真经"。任何时候、任何情况下，坚持以马克思主义为指导，不能有丝毫含糊，必须旗帜鲜明、毫不动摇。坚持马克思主义在意识形态中的指导地位，是马克思主义的理论品质决定的，是历史和人民的选择，具有历史必然性。

马克思主义是科学的世界观与方法论，以历史唯物主义和辩证唯物主

---

① 刘欢，孟轲. 人民主体性：习近平新时代中国特色社会主义思想的理论旨归 [J]. 思想政治教育研究，2019，35（4）：7-13.

② 马克思，恩格斯. 马克思恩格斯选集：第一卷 [M]. 北京：人民出版社，2012：421.

③ 人民日报理论部. 深入领会习近平总书记重要讲话精神：下 [M]. 北京：人民出版社，2014：559.

④ 中共中央文献研究室. 毛泽东年谱（一九四九—一九七六）：第二卷 [M]. 北京：中央文献出版社，2013：283.

义揭示了人类社会发展规律，指明了人类社会的发展方向。马克思和恩格斯所创立的科学社会主义，是资本主义制度瓦解后，代表广大无产阶级和人民群众根本利益，更平等、更自由、更和谐的美好社会制度。恩格斯曾指出：在马克思和他的著作中，最适合用来表述"未来的社会主义纪元的基本思想"的一句话，就是《共产党宣言》中的"每个人的自由发展是一切人的自由发展的条件"。科学社会主义的这一核心价值是建立在马克思对人类社会发展规律的客观分析的基础上的价值追求，是合目的性和合规律性的统一。中国特色社会主义是科学社会主义理论逻辑与我国社会历史逻辑的统一，社会主义核心价值观是科学社会主义价值原理的具体运用。

马克思主义是代表人民利益的学说。当资产阶级学者竭力宣扬抽象的"永恒思想"，试图抹杀其理论的阶级性，马克思却毫不忌讳地宣称自己的学说具有的阶级性，并公开表明科学社会主义是要争取实现没有"阶级和阶级对立"的社会。"共产主义不是一种单纯的工人阶级的党派性学说，而是一种最终目的在于把连同资本家在内的整个社会从现存关系的狭小范围中解放出来的理论。"① 除此以外，共产主义社会还表现为，物质财富极大丰富、人的精神境界极大提高和人的自由全面发展，是人的需要得到满足的理想状态，而这一切要建立在生产力极大发展的基础之上，必须经过漫长的奋斗过程才能实现。社会主义社会作为共产主义社会的第一阶段，虽然在内容和层次上不可能完全满足这些要求，但以此为方向，为之而努力，是社会主义的价值目标。

历史和人民选择了马克思主义。马克思主义一经传入中国，就成为中国共产党人坚定的思想信仰。中国共产党在坚持把马克思主义基本原理和中国实际相结合的过程中，取得了革命、建设和改革的伟大胜利，中国人民实现了从站起来到富起来、强起来的伟大飞跃。中国特色社会主义的伟大成就证实了马克思主义的科学性和真理性，它的人民性和实践性得到了充分贯彻，开放性和时代性得到了充分彰显。马克思主义"为中国革命、建设、改革提供了强大思想武器，使中国这个古老的东方大国创造了人类历史上前所未有的发展奇迹"②。历史和实践证明了"马克思主义行"。

我国宪法规定，马克思主义是我们立党立国的根本指导思想，是社会主义意识形态的旗帜和灵魂。"坚持和巩固马克思主义指导地位，是党和

---

① 马克思，恩格斯. 马克思恩格斯文集：第一卷 [M]. 北京：人民出版社，2009：370.

② 习近平. 在纪念马克思诞辰200周年大会上的讲话 [M]. 北京：人民出版社，2018：14.

人民团结一致、始终沿着正确方向前进的根本思想保证。"① 坚持马克思主义的根本指导地位，必须旗帜鲜明地反对"马克思主义过时论"，抵制各种反马克思主义、非马克思主义的错误思想肆意传播，坚信马克思主义是"为共产主义远大理想奠定坚实的基础"② 的科学理论。并且，党领导人民必须不断推进马克思主义中国化、时代化和大众化。"在坚持马克思主义基本原理的基础上大力推进理论创新，在新的历史条件下继续解决党的理论建设和理论指导问题"③，也以党所领导的事业统一思想、凝聚人心，坚定马克思主义信仰。

（二）坚定中国特色社会主义共同理想

理想是对未来事物的美好想象和希望，是以一定信念和信仰为基础的价值目标体系，是指导和推动人的实践活动的精神力量。社会主义正是人们对美好社会的理想和追求。因为社会主义是为了大多数人的利益。社会主义要满足大多数人的生存和发展、物质与精神等方面的利益要求。"过去的一切运动都是少数人的，或者为少数人谋利益的运动。无产阶级的运动是绝大多数人的，为绝大多数人谋利益的独立的运动。"④ 在社会主义500 多年的历史长河中，不管是在理论学说、实践运动还是在社会制度方面，以及深层次的价值观方面，社会主义都已经证实了其价值和意义。

只有社会主义才能救中国，只有中国特色社会主义才能发展中国。中国特色社会主义是马克思主义基本原理同中国具体实际相结合的产物，是改革开放以来我国社会发展的全部理论和实践的主题。中国特色社会主义共同理想是社会主义核心价值体系的理论主题。中国特色社会主义共同理想，就是在中国共产党的领导下，坚持和发展中国特色社会主义，实现中华民族伟大复兴。民族复兴，意味着中华民族实现了从站起来到富起来、强起来的发展成就，意味着国家富强、人民幸福。正是在中国共产党的领导下，中国人民选择了社会主义方向，开创了社会主义道路，创建了社会主义制度，从而保证了中国最广大人民群众的根本利益，奠定了中国特色

① 中共中央文献研究室. 十七大以来重要文献选编：上 [M]. 北京：中央文献出版社，2009：796.

② 侯惠勤. 五大认同：党的十八大以来我国意识形态工作的历史性进展 [N]. 光明日报，2017-09-27 (14).

③ 侯惠勤. 五大认同：党的十八大以来我国意识形态工作的历史性进展 [N]. 光明日报，2017-09-27 (14).

④ 马克思，恩格斯. 马克思恩格斯选集：第一卷 [M]. 北京：人民出版社，2012：411.

社会主义共同理想的社会基础。

坚持中国特色社会主义共同理想是我国社会主义建设成就的根本保证。当世界社会主义出现东欧剧变、苏联解体的挫折时，西方学者极力鼓吹"历史终结论""社会主义失败论"，质疑"社会主义还行不行"。中国共产党在众声喧哗中，"不畏浮云遮望眼""我自岿然不动"，坚持中国特色社会主义道路、完善中国特色社会主义制度、发展中国特色社会主义理论、丰富中国特色社会主义文化，综合国力与日俱增，人民生活水平不断提高。中国特色社会主义的伟大实践让那些论调彻底破产，让各种疑虑日渐消散。中国特色社会主义道路越走越宽广，不仅让科学社会主义旗帜在中国大地上高高飘扬，也给广大发展中国家提供了现代化方案。习近平总书记指出，"中国特色社会主义是不是好，要看事实，要看中国人民的判断，而不是看那些戴着有色眼镜的人的主观臆断。中国共产党人和中国人民完全有信心为人类对更好社会制度的探索提供中国方案"①。

坚持中国特色社会主义共同理想，要始终坚持中国特色社会主义道路、中国特色社会主义理论体系、中国特色社会主义制度。"正确处理最广大人民根本利益、现阶段群众共同利益、不同群体特殊利益的关系，切实把人民利益维护好、实现好、发展好"②，才能确保人民群众共享中国特色社会主义的发展成果。要始终坚持党的领导。党的领导是中国特色社会主义最本质的特征。中国共产党的宗旨是全心全意为人民服务。邓小平说："我们共产党人的最高理想是实现共产主义，在不同历史阶段又有代表那个阶段最广大人民利益的奋斗纲领。"③

（三）筑牢全民族共同的精神道德基础

以爱国主义为核心的民族精神是民族共同的精神支柱，以改革创新为核心的时代精神是推动时代发展的精神动力。社会主义荣辱观是全社会遵循的道德观念，是体现民族特质和顺应时代潮流的思想观念、行为方式、价值取向、精神风貌和社会风尚的总和④，构成了社会主义意识形态建设的精神道德基础。

---

① 习近平. 习近平谈治国理政：第二卷 [M]. 北京：外文出版社，2017：37.

② 习近平. 全面贯彻落实党的十八大精神要突出抓好六个方面工作 [J]. 求是，2013（1）：3-7.

③ 邓小平. 邓小平文选：第三卷 [M]. 北京：人民出版社，1993：190.

④ 韩迎春，刘灵. 推进"民族精神"与"时代精神"融合发展 [J]. 中南民族大学学报（人文社会科学版），2019，39（5）：128-133.

民族精神是特定民族在历史发展中形成的最主要的价值观念、思维方式、理想追求，是该民族每个阶段的时代精神的积淀；时代精神是特定时代的社会精神生活在社会意识中的反映，表现该时代的精神气质和社会风貌。民族精神和时代精神相融合，共同反映价值主体的精神轨迹。人民群众是社会主义价值主体，这要求我们继续葆有民族精神血脉，即以爱国主义为核心的，团结统一、爱好和平、勤劳勇敢、自强不息的民族精神；又必须与时俱进，富含体现时代要求与时代特征的时代精神，包括革命时期的井冈山精神、长征精神、延安精神、红岩精神、西柏坡精神等，建设时期的"两弹一星"精神、抗洪救灾精神、载人航天精神以及新时代的科学家精神、探月精神、脱贫攻坚精神，等等。

　　以爱国主义为核心的民族精神和以改革创新为核心的时代精神是社会主义核心价值体系的思想精髓，是马克思主义与时俱进的思想源泉，是推进中国特色社会主义伟大事业的精神动力，也是开展社会主义荣辱观教育的重要内容和主导精神。在当代，中华民族历史性地肩负起了发展社会主义的重任，取得了丰硕的物质文明成果和精神文明成果，开辟了民族复兴的新征程。以爱国主义为核心的民族精神和以改革创新为核心的时代精神，共同彰显了人民群众的尊严，反映了人民群众的追求，展示了人民群众的能力，是支撑中华民族实现伟大复兴梦想的精神力量。

　　社会主义荣辱观是社会主义核心价值体系的道德基础。道德属于意识形态范畴，一定的道德总与一定的阶级联系在一起。虽然某些道德观念能够反映各阶级共同的利益和要求，从而为他们所共有，但是从总体上和根本上说，"道德始终是阶级的道德；它或者为统治阶级的统治和利益辩护，或者当被压迫阶级变得足够强大时，代表被压迫者对这个统治的反抗和他们的未来利益"①。社会主义荣辱观的内容，突出表现了人民群众的道德愿望，具有历史进步性。以"八荣八耻"为主要内容的社会主义荣辱观鲜明地指出了在社会主义市场经济条件下，全体社会成员应当坚持和提倡什么、反对和抵制什么，为全社会提供了判断行为得失、做出道德选择、确定价值取向的价值准则和行为规范。"以热爱祖国为荣，以危害祖国为耻"，表现了人民群众的国家观，体现了炽热的爱国情怀和英雄气概。"以服务人民为荣，以背离人民为耻"，表现了人民群众的人民观。人民群众

---

① 马克思，恩格斯. 马克思恩格斯选集：第三卷［M］. 北京：人民出版社，2012：471.

是物质文明、政治文明和精神文明的创造者，是历史进步的决定力量。"以崇尚科学为荣，以愚昧无知为耻"，表现了人民群众重视科学、发展科学的科学观。"以辛勤劳动为荣，以好逸恶劳为耻"，表现了人民群众爱劳动、勤于劳动的劳动观。"以团结互助为荣，以损人利己为耻"，表现了人民群众的集体观。集体主义是社会主义社会处理人与人之间关系的基本准则。"以诚实守信为荣，以见利忘义为耻"，表现了人民群众"见利思义"的义利观。"以遵纪守法为荣，以违法乱纪为耻"，表现了人民群众自觉维护社会秩序的法纪观。"以艰苦奋斗为荣，以骄奢淫逸为耻"，表现了人民群众艰苦奋斗的生活观。践行社会主义荣辱观，有助于培育社会主义公民。

第三节　中国特色社会主义文化建设的理论方针

价值观是文化的核心和灵魂。任何文化中都包含和体现着一定的价值观，有什么样的价值观就有什么样的文化，一个社会的核心价值观决定着该社会文化的性质和发展方向。同时，文化对价值观也有重要影响，它是价值观借以表现自己的重要载体。任何核心价值观的形成和内化，都需要相应的社会文化来涵育与滋养。社会主义核心价值观建设作为一项文化实践活动，"其形成和发展从属于文化发展规律"①。党的十九大报告指出，"培育和践行社会主义核心价值观，不断增强意识形态领域主导权和话语权，推动中华优秀传统文化创造性转化、创新性发展，继承革命文化，发展社会主义先进文化"②。这为社会主义核心价值观建设遵循文化发展规律指明了基本方向。

一、坚持社会主义先进文化的根本方向

所谓先进文化，是指"能够引领社会发展潮流，体现时代精神，代表国家发展方向和人民群众根本利益，能够推动人类社会进步的文化"③。先

---

① 侯惠勤. 在社会主义核心价值观的概括上如何取得共识？[J]. 红旗文稿，2012（8）：9-13.

② 习近平. 决胜全面建成小康社会 夺取新时代中国特色社会主义伟大胜利：在中国共产党第十九次全国代表大会上的报告 [M]. 北京：人民出版社，2017：23.

③ 张国宏. 中国特色社会主义文化发展道路的内涵解析 [J]. 思想理论教育导刊，2012（7）：33-37.

进文化是国家和民族独立的重要基石，是综合国力的重要标志，是引领国家和民族的精神动力。党领导人民在长期的革命斗争和社会主义建设中，以中华民族最深沉的精神追求和独特的精神标识，萃取和融合了中华优秀传统文化和红色革命文化，构筑了以共产主义远大理想和中国特色社会主义共同理想、社会主义核心价值体系和社会主义核心价值观为主要内容的社会主义先进文化。社会主义先进文化符合人类社会发展方向，能够促进社会生产力发展、社会进步和人的解放，既是我国社会主义经济、政治在观念形态上的反映，又是对当代中国经济和政治的发展具有巨大促进作用的文化形态，能够不断满足人民日益增长的美好生活需要。党的十九届四中全会指出，"发展社会主义先进文化、广泛凝聚人民精神力量，是国家治理体系和治理能力现代化的深厚支撑"①。

在当代中国，发展社会主义先进文化就是"以马克思主义为指导，以培育有理想、有道德、有文化、有纪律的公民为目标，发展面向现代化、面向世界、面向未来的，民族的科学的大众的社会主义文化"②。社会主义核心价值观是社会主义文化的精髓，"代表了中国先进文化的前进方向"，"先进文化建设是以各种形式实践社会主义核心价值观内含着的各种先进价值理念"③。社会主义先进文化与社会主义核心价值观的相互关系决定了社会主义核心价值观建设必须坚持先进文化的根本方向，确立马克思主义的指导思想地位，把培育"四有"公民作为个人层面的目标，以"三个面向"开阔建设视野，把"民族的、科学的、大众的"作为建设方向。从根本上做到在建设社会主义先进文化的进程中，培育与践行社会主义核心价值观。

二、坚持以革命文化涵育社会主义核心价值观

革命文化是中国共产党带领人民群众共同开创的一种文化，萌芽于五四运动前后，发端于中国共产党成立以后蓬勃发展的伟大工人运动和农民运动，是在新民主主义革命、社会主义革命和建设、改革开放和社会主义

① 中国共产党第十九届中央委员会第四次全体会议文件汇编 [M]. 北京：人民出版社，2019：42.
② 江泽民. 全面建设小康社会，开创中国特色社会主义事业新局面：在中国共产党第十六次全国代表大会的报告 [M]. 北京：人民出版社，2002：28.
③ 郑海祥，王永贵. 正确认识社会主义核心价值观与先进文化建设的关系 [J]. 思想理论教育，2011 (23)：8-12.

现代化建设的过程中形成的内涵丰富、标识独特、意蕴深远的优秀文化形态。革命文化的这一独特形态充分彰显了中华优秀传统文化的赓续和革命战争年代民族精神的升华，蕴含着积极进取的理想信念、价值取向、家国情怀和人文精神，是全党走好新时代长征路的宝贵精神财富，也是涵育社会主义核心价值观的优质载体。因此在实践中，我们必须深刻认识革命文化的时代价值，追寻革命记忆，传递革命精神，利用各种接地气、易吸收的鲜活载体发挥革命文化对社会主义核心价值观的促进作用。

革命文化是我国独特的文化形态，孕育于中国共产党为中国人民谋幸福、为中华民族谋复兴的初心，是党领导人民在革命的具体实践中逐渐形成的物质和非物质文化，如革命遗物、遗址等，红船精神、井冈山精神、长征精神、延安精神、西柏坡精神等革命精神。我们应以革命文化的优秀基因和价值内涵滋养社会主义核心价值观，通过组织群众参观和瞻仰革命纪念馆和举办党的纪念活动等，进行红色教育。这能够强化人们对国家、民族、文化、发展道路的政治认同，进而提升他们爱党爱国、崇尚自由公正、敬业奉献、团结进取、自强不息的道德自觉，促使人们从尊重历史的理性角度，在情感和心理上对社会主义核心价值观的价值追求产生高度共鸣和认同[1]。通过弘扬革命文化，浸润革命精神，人们能够理解、接受和认同革命文化蕴含的正能量，涵养社会主义核心价值观内含的道德准则和精神品格。诚如习近平总书记所言，"中国革命历史是最好的营养剂。多重温这些伟大历史，心中就会增加很多正能量"[2]。

三、促进优秀传统文化的创造性转化和创新性发展

习近平总书记曾指出，"我们提倡的社会主义核心价值观，就充分体现了对中华优秀传统文化的传承和升华"[3]。社会主义核心价值观源于对历史文化传统的继承与发展，中华优秀传统文化是社会主义核心价值观建设的精神沃土，不断地为其输送"原料和养分"。因此，在弘扬中华优秀传统文化过程中，"深入挖掘中华优秀传统文化蕴含的思想观念、人文精神、

---

① 田旭明. 革命文化：涵育社会主义核心价值观不可或缺的重要载体 [J]. 思想理论教育导刊，2018 (8)：84-88.

② 李斌. 党面临的"赶考"远未结束：习近平总书记再访西柏坡侧记 [N]. 光明日报，2013-07-14 (1).

③ 习近平. 习近平谈治国理政 [M]. 北京：外文出版社，2014：171.

道德规范，结合时代要求继承创新"①，为培育与践行社会主义核心价值观提供怡情养志、涵育文明的重要作用。

中华优秀传统文化博大精深，积淀着中华民族最深沉的精神追求、最根本的精神基因和民族独特的精神标识。中华优秀传统文化重视伦理与道德，包含"尚和合""求大同""重民本""和而不同"等价值理念，注重"用既往的公认的价值标准、行为规则，从内部塑造人的心灵，使人无论何时何地、有无外力的监督和约束，都能自然主动顺从规范为人做事，实现自己的价值"②。这有助于培养人们高尚的人格素养、实现人与自然的和谐、保持国家和社会的和谐安定。当代中国的发展也离不开传统文化的根基，重民本、守诚信、崇正义、尚和合、讲孝道、天人合一等思想观念仍然规制着当代中国社会走向，影响着社会主义核心价值观建设的方向与发展。深厚的文化传统对人民群众的"以文化人"的过程是民族抹不去的"印记"，而传统文化带来的价值认同和民族认同也是整个社会的"公共记忆"，这些都会主导当代中国社会走向，成为社会主义核心价值观建设的文化根基。

"培育和弘扬社会主义核心价值观必须立足中华优秀传统文化。"③ 我们要对优秀传统文化进行创造性转化和创新性发展，推进社会主义核心价值观建设的文化传承、文化转换和文化创新。文化传承是指在传承中发展"传统文化中的那些具有中华民族自身特色的、影响过整个社会的并对未来社会发展起促进作用的、值得时代继承和发展的具有生命力与潜在影响力的积极的思想成分"④，古为今用。文化转换和文化创新是指通过挖掘、整理、提炼、阐发传统文化的价值观念，赋予其新的时代内涵，转换成反映当代国家发展、社会安定、人格素养的价值观念、知识系统。例如，"尚和合"的传统价值观，不仅仅是强调人与自然、人与社会、人与人的和谐，也可以用来强调不同国家之间的和睦相处。"爱国"不再是"忠君"，服从本朝本代统治者，而是热爱自己的国家和人民。

---

① 习近平.决胜全面建成小康社会 夺取新时代中国特色社会主义伟大胜利：在中国共产党第十九次全国代表大会上的报告 [M].北京：人民出版社，2017：42.

② 季明.核心价值概论 [M].北京：人民日报出版社，2013：146.

③ 习近平.把培育和弘扬社会主义核心价值观作为凝魂聚气强基固本的基础工程 [N].人民日报，2014-02-26 (1).

④ 李惠城.马克思主义视域下中国优秀传统文化的传承困境研究 [D].福州：福建师范大学，2014：145.

总之,"对历史文化特别是先人传承下来的价值理念和道德规范"①,要进行创造性转化和创新性应用,"作出通俗易懂的当代表达……使之与中国特色社会主义相适应,让优秀传统文化在新的时代条件下不断发扬光大"②。这样,传统文化也就成为社会主义核心价值观建设的重要思想资源。

四、吸收与借鉴西方优秀文化

在全球化背景下,各种不同文化之间交融、交流、交锋,西方资本主义文化强烈冲击着我国文化和价值观建设。为了避免各种扭曲化的思想产生消极影响,以及"社会主义核心价值观具有充分的开放包容性,它……是对外部有益文化的吸收借鉴"③,社会主义核心价值观建设需要积极借鉴人类文明中特别是西方优秀文化中具有普遍意义的优秀思想成果和价值观念。社会主义核心价值观源于或传承着全人类共同价值理想,也作为全人类共同价值理想的一种历史实现方式,以全人类共同价值理想为重要的"基础材料"。因此,凡属全人类共同价值的东西,都可以被吸收、容纳到社会主义核心价值观中来。

西方优秀文化是一个复杂的系统,资本主义价值观是其文化体系的核心。资本主义价值观中的民主、自由、平等、公正、法治等思想,反映了人类社会发展共性,是人类共同追求的价值目标,推动了人类文明发展进程,是值得吸收和借鉴的。高扬"自由、民主、人权、博爱"等核心价值,美国的《独立宣言》、法国的《人权宣言》、英国的《人民宪章》都宣扬:人生来是自由的,权利是平等的;国家的主权在于人民,私有财产神圣不可侵犯等。启蒙思想家肯定了人的主体地位,强调人是目的而非手段,个人尊严的最高价值等;倡导用人权否定神权、以理性代替信仰,主张一切活动都应按照理性的原则来进行,从而为市场经济发展建立了良好的秩序环境,极大地促进了西方资本主义经济发展。列宁就曾指出,"资本主义和封建主义相比,是在'自由''平等''民主''文明'的道路上

---

① 习近平. 在中共中央政治局第十三次集体学习时的讲话 [N]. 人民日报,2014-02-26 (1).

② 中共中央办公厅印发《关于培育和践行社会主义核心价值观的意见》[J]. 党建,2014 (1):9-12.

③ 王忠武. 社会主义核心价值观的建构 [J]. 中国特色社会主义研究,2015 (4):66-72.

向前迈进了具有世界历史意义的一步"①。

社会主义核心价值观正是在对资本主义社会价值、思想文化和社会制度做出批判继承的基础上产生的。当"平等不存在，自由就没有了意义，博爱也就荡然无存"②时，西方民主、自由、人权、法治等核心价值观就"愈发下降为唯心的词句、有意识的幻想和有目的的虚伪"了。在科学社会主义指导下的社会主义理论、运动、制度，在历史实践的过程中也演化出了更加真实的自由、平等、公平、法治等核心价值观。中国特色社会主义在坚持和发展科学社会主义的过程中，不断赋予科学社会主义以价值性的内容和诉求，逐步凸显了具有生产先进性、人民主体性、社会公正性、发展科学性、存在自由性和关系和谐性等显著标志的社会主义核心价值观，不仅实现了中国自身发展，也带动了其他社会主义国家发展，彰显了制度优势。

和中国特色社会主义一样，当代其他社会主义国家，如越南、老挝、朝鲜和古巴，都在不断探索适合本国国情的社会主义建设道路，并在社会主义建设中践行社会主义价值观，包括对繁荣富强的探索、民主法治的追寻、对公正平等的向往和对公有制的坚守，等等。亚非拉地区的社会主义派别，也都在进行对社会主义价值观的探索和实践，包括繁荣富强、公正平等和和平主义等。社会主义核心价值观建设的不断丰富和发展，在应对文化冲突的挑战中，强化了本国国民的文化认同，增强了本国文化的生存能力，拓展了本国文化发展空间，提升了民族文化的繁荣自信③。就此意义而言，我国社会主义核心价值观建设也为其他发展中国家提供了中国经验。

---

① 列宁. 列宁专题文集：论资本主义 [M]. 北京：人民出版社，2009：248.
② 孙杰. 当代中国社会主义核心价值观研究 [D]. 北京：中共中央党校，2014：78.
③ 陈顺伟. 国家治理视阈中的社会主义核心价值观建设研究 [M]. 北京：人民出版社，2019：169.

第三章 社会主义核心价值观建设的发展历程

　　从理论上讲，社会主义核心价值观建设具有合规律性和合目的性的历史"应然"。但正如李德顺教授所言："一般说来，任何价值观念，都一定是其主体头脑中'应然'系统的主观表达，这是不成问题的；但是，任何'应然'都必须以一定的'实然'为根据，才能构成真实有效的价值观念，否则就是一套空想甚至幻觉。这里的'实然'，简单地说，就是指主体及其价值体系发生发展的客观历史，就是其实践的过程和经验。"① 社会主义核心价值观所代表的价值理念，自中国共产党成立以来，就成为引领党领导人民进行革命、建设与改革的主导价值思想，并在党百年发展历史进程中得到生动实践，成为中国特色社会主义理论、制度、道路和文化的价值基底。纵览党的百年历史进程，在新民主主义革命以及社会主义革命和建设时期，党带领人民群众初步探索了社会主义核心价值观建设，在革命和建设实践中提炼和形成了一系列社会主义核心价值，也把这些核心价值融入了建立新国家、建设新制度的伟大革命和建设实践中；在改革开放和社会主义现代化建设新时期，党带领人民进一步丰富和发展社会主义的核心价值，明确提出了社会主义核心价值体系和社会主义核心价值观，并在坚持和发展中国特色社会主义中彰显了社会主义核心价值；在中国特色社会主义新时代，党带领人民培育和践行社会主义核心价值观，开拓和创新了社会主义核心价值观建设的新阶段和新境界。梳理党的百年核心价值观建设的历史进程，有助于更好地推进新时代社会主义核心价值观建设。

---

① 李德顺. 表述社会主义核心价值观的几点思考 [J]. 决策与信息，2011（12）：18-19.

第一节　新民主主义革命以及社会主义革命和建设时期的初步探索

中国共产党自成立伊始，就把"为中国人民谋幸福、为中华民族谋复兴"作为初心与使命，把实现共产主义作为目标。为了建立一个"富强、民主、独立"的新中国，毛泽东把中国古已有之的"人"与"民"结合在一起，用"人民"指代了社会中的绝大多数人，并依据马克思主义唯物史观深刻分析了人民群众的历史作用，确立了人民群众在革命和建设中的主体地位，凝练出"为人民服务""人民民主""共同富裕"等社会主义的价值理念。在这些价值理念的引领下，党领导人民进行了革命斗争、建立新国家、建设新制度、建设社会主义等伟大实践，也因此带来了全社会意识形态领域的根本变化。

一、初步探索的理论成果

社会主义核心价值观遵循马克思主义价值思想的根本原则，是建立在马克思主义对未来社会的发展规律和社会理想之上的价值思想。中国共产党在运用马克思主义指导思想解决中国实际问题的过程中，必须要结合本国国情实际和文化传统，提炼和确立具有中国特色的社会主义核心价值观。以毛泽东为代表的共产党人把马克思主义的价值追求与党的具体历史任务相结合，把对共产主义的追求与争取民族独立、人民解放结合起来，提炼出"为人民服务""人民民主""共同富裕"等价值理念，是开创社会主义核心价值观建设的标志性成果。

（一）确立"为人民服务"为党的根本宗旨

"为人民服务"是毛泽东等领导人探索出的社会主义价值理念的精髓。马克思主义认为，无产阶级政党没有自己的特殊利益，是无产阶级和广大劳动群众根本利益的代表。毛泽东结合中国革命的实际，把唯物史观关于人民群众创造历史的基本原理和中国实际相结合，把"为人民服务"确立为党的根本宗旨。他指出："全心全意地为人民服务，一刻也不脱离群众；一切从人民的利益出发，而不是从个人或小集团的利益出发；向人民负责和向党的领导机关负责的一致性；这些就是我们的出发点。"① 1944 年，毛泽东在为张思德举行的追悼大会上做了《为人民服务》的著名演讲，第一次从理论上深刻阐明了为人民服务的思想。1945 年党的七大，"中国共产党人必须具有全心全意为中国人民服务的精神"被写入了党章，成为党弘扬和践行社会主义核心价值观的根本要求。

全心全意为人民服务，本质上要求党自觉担当起代表和实现最广大人民群众根本利益的历史责任，形成党的群众观点和群众路线，这贯穿于党领导人民开展革命斗争的历史过程。党的一大就明确提出"要把工人、农民和士兵组织起来"，有了"依靠群众"的观念；党的二大通过的《关于共产党的组织章程决议案》提出了"党的一切运动都必须深入到广大的群众里面去"。1928 年 11 月，李立三根据党的六大精神，在同浙江地区负责人的一次谈话中使用了"群众路线"一词。1929 年 9 月，由陈毅起草、周恩来审定的《中共中央给红军第四军前委的指示信》中三次提到了"群众路线"。毛泽东指出，"有无群众观点是我们同国民党的根本区别，群众观点是共产党员革命的出发点与归宿。从群众中来，到群众中去，想问题从群众出发就好办"②。他认为，在中国，"谁要是想撇开中国的无产阶级、农民阶级和其他小资产阶级，就一定不能解决中华民族的命运，一定不能解决中国的任何问题"③。党的七大第一次明确了党的群众路线的基本内容和基本要求，主要包括了一切为了人民群众、一切向群众负责、相信群众自己解放自己、向人民群众学习四个方面的观点。这标志着党把马克思主义的价值追求凝练为自己的核心价值观——全心全意为人民服务，并转化为党的工作路线④。

确立"为人民服务"为党的根本宗旨后，毛泽东做出了"人民群众是社会主义价值主体、创造主体和享受主体"的判断，把党的路线和方针建立在依靠人民群众、服务人民群众的思想基础上，充分体现了人民群众的主体地位；提出了以人民群众根本利益为我国社会主义的价值取向，明确了党和国家的政策出发点就是不断满足人民群众日益增长的物质文化需

---

① 毛泽东. 毛泽东选集：第三卷 [M]. 北京：人民出版社，1991：1094-1095.
② 毛泽东. 毛泽东文集：第三卷 [M]. 北京：人民出版社，1996：71.
③ 毛泽东. 毛泽东选集：第二卷 [M]. 北京：人民出版社，1991：649.
④ 袁银传，郭强，杨业华，等. 培育和践行社会主义核心价值观研究 [M]. 北京：人民出版社，2019：98.

要，要把最广大人民群众的最大利益作为价值评价标准；坚持和发展马克思主义"人的全面发展思想"，提出了人的劳动能力的概念和个性自由发展的理论，强调提高全民素质、培育社会主义接班人。这一价值理念集中体现了党的阶级性质、宗旨及历史使命，是党推进社会主义核心价值观建设最本质的内容。

（二）确立了"人民民主""共同富裕"的价值目标

马克思主义认为，在共产主义社会，无产阶级将"上升为统治阶级，争得民主"，每一个人将实现"自由而全面的发展"。中国共产党以马克思主义为指导思想，提出了消灭阶级、确立人民民主、实现共同富裕等奋斗目标。1921 年 7 月通过的《中国共产党第一个纲领》指出，"（1）革命军队必须与无产阶级一起推翻资本家阶级的政权，必须支援工人阶级，直到社会的阶级区分消除为止；（2）承认无产阶级专政，直到阶级斗争结束，即直到消灭社会的阶级区分；（3）消灭资本家私有制，没收机器、土地、厂房和半成品等生产资料，归社会公有"①。1922 年党的二大进一步明确了党实现共产主义的最高纲领和推翻"三座大山"的最低纲领，指明中国革命的目标是建立一个政治自由、经济繁荣、文化先进的新民主主义的中国。后来，毛泽东在《新民主主义论》中，谈到民主革命胜利后要建立的新中国时也指出，"把一个政治上受压迫、经济上受剥削的中国，变为一个政治上自由和经济上繁荣的中国"②。1945 年，毛泽东在党的七大上所做的《论联合政府》的报告中，再次把民主革命胜利后要建立的新民主主义中国概括为"独立、自由、民主、统一和富强的新中国"。

为了建立一个人民民主的新中国，在中国共产党成立以后，中国共产党人就不断深入认识"人民民主"的深刻内涵，探索"人民民主"的实现形式和实现途径。在第一次国内革命时期，中国共产党帮助工人和农民组织工会、农会，在各根据地建立苏维埃政权，实行工农兵代表大会制度。在抗日战争时期，中国共产党团结各民主党派和人民团体批评国民党的"一党专政"，要求民主建国，并在陕甘宁边区和各抗日根据地实行普选制和竞选制，创造了票选法、圈选法和投豆法等多种民主选举方法，在保证政治参与广泛性的基础上建立"三三制"的民主政权。解放战争时期，各

---

① 《中国共产党章程汇编》编写组. 中国共产党章程汇编：从一大到十七大 [M]. 北京：中共中央党校出版社，2007：3.

② 毛泽东. 毛泽东选集：第二卷 [M]. 北京：人民出版社，1991：663.

解放区建立民主联合政府，实行人民代表大会制度。1949年，毛泽东在《论人民民主专政》中系统论述了新中国政权的性质、各阶级在国家中的地位及其相互关系，阐明了人民民主专政的基本职能及其最近与将来的主要任务，并且对"人民民主"的价值追求和制度设计做了完整的论述，构成了革命胜利后指导我国建立人民民主专政国家制度的基本思想。这些理论和实践探索彰显了党对实现无产阶级和劳动人民掌握政权、共同管理和建设新国家的价值追求。

在毛泽东看来，搞社会主义还必须要实现全体人民共同富裕。他说"我们就得领导农民走社会主义道路，使农民群众共同富裕起来，穷的要富裕，所有农民都要富裕"①。1955年10月，毛泽东在《在资本主义工商业社会主义改造座谈会上的讲话》中指出："我们的目标是要使我国比现在大为发展，大为富、大为强。……现在我们实行这么一种制度，这么一种计划，是可以一年一年走向更富更强的，一年一年可以看到更富更强些。而这个富，是共同的富，这个强，是共同的强，大家都有份，也包括地主阶级。地主过了几年之后，就有了选举权，他就不叫地主了，叫农民了。"② 在探索共同富裕的建设路径上，毛泽东看到了在经济文化落后国家建设社会主义时发展生产力的重要性，提出把发展生产力与最大限度地满足人民日益增长的物质和文化生活需要结合起来的正确思想。经过毛泽东审定的《中国共产党第八次全国代表大会关于政治报告的决议》中指出，我们国内的主要矛盾"已经是人民对于经济文化迅速发展的需要同当前经济文化不能满足人民需要的状况之间的矛盾"，"党和全国人民的当前的主要任务，就是要集中力量来解决这个矛盾，把我国尽快地从落后的农业国变为先进的工业国"③。准确判断主要矛盾是制定正确方针路线的基本前提，为党中央在党的十一届三中全会以后制定正确的路线、方针、政策提供了理论依据，是推动我国经济社会发展的基本经验，也为中国共产党推进社会主义核心价值观建设奠定了物质基础。

二、初步探索的伟大实践

中国共产党成立后，以毛泽东为主要代表的共产党人围绕着社会主义

---

① 毛泽东. 毛泽东著作专题摘编：上 [M]. 北京：中央文献出版社，2003：838.
② 毛泽东. 毛泽东文集：第六卷 [M]. 北京：人民出版社，1999：495-496.
③ 谢春涛，王海光. 中国共产党历程：第二卷 [M]. 郑州：河南人民出版社，2001：255.

价值观进行了民主革命、社会主义革命和社会主义建设的伟大实践，制定了适合中国国情的民主革命道路，取得了新民主主义革命的胜利，建立了人民当家作主的新中国，让人民群众"站起来"了；建立了社会主义基本制度，推进了人民民主、人民富裕的社会主义建设，取得了历史性成就。

（一）实现了人民解放，建立了新中国

党领导人民进行新民主主义革命，就是要致力于改变不平等、不合理的社会现实，建立一个"人人平等"的新中国。当苏联十月革命取得胜利，建立了第一个社会主义国家时，毛泽东就说："十月革命一声炮响，给我们送来了马克思列宁主义。十月革命帮助了全世界的也帮助了中国的先进分子，用无产阶级的宇宙观作为观察国家命运的工具，重新考虑自己的问题。走俄国人的路——这就是结论。"① 从此，中国共产党走上了为建立一个崭新的社会主义国家和制度的发展道路。

为了建立一个"人人平等"的新社会，在认清新民主主义革命时期国情的基础上，我们党提出了新民主主义革命总路线，即无产阶级领导的，人民大众的，反对帝国主义、封建主义和官僚资本主义的革命路线。这一总路线反映了中国革命的基本规律，指明了中国革命的对象、动力、领导力量，是新民主主义革命的指导路线。新民主主义革命总路线进一步展开，构成新民主主义的基本纲领，即新民主主义政治、经济和文化三大纲领。新民主主义的政治纲领，是推翻帝国主义和封建主义的统治，建立一个无产阶级领导的、以工农联盟为基础的、各阶级联合专政的新民主主义的共和国。新民主主义的经济纲领，是没收封建地主阶级的土地归农民所有，没收官僚资产阶级的垄断资本归新民主主义的国家所有，保护民族工商业。新民主主义的文化纲领，是无产阶级领导的人民大众的反帝反封建的文化，即民族的科学的大众的文化。新民主主义的政治纲领、经济纲领和文化纲领相结合的结果，就是建立新民主主义的共和国，这也是新民主主义革命的奋斗目标。随着新民主主义社会中社会主义因素的逐渐增加，中国必然走向社会主义革命和建立社会主义制度，这是中国民主革命的上下两篇。毛主席说："只有上篇做好，下篇才能做好。坚决地领导民主革命，是争取社会主义胜利的条件。我们是为着社会主义而斗争，这是和任何革命的三民主义者不相同的。现在的努力是朝着将来的大目标的，失掉这个大目

---

① 毛泽东. 毛泽东选集：第四卷 [M]. 北京：人民出版社，1991：1471.

标，就不是共产党员了。然而放松今日的努力，也就不是共产党员。"①

在新民主主义革命时期，党始终为广大人民根本利益而奋斗，坚持社会主义的价值理想；依靠广大人民开展革命斗争，最终建立新中国。新民主主义革命时期，毛泽东在分析了国际国内的形势后指出，"中国革命的终极的前途，不是资本主义的，而是社会主义和共产主义的"②。为了建立社会主义，中国民主革命的目标是要领导人民群众建立一个政治自由、经济繁荣、文化文明先进的新民主主义的中国。1940 年，毛泽东在《新民主主义论》中，谈到民主革命胜利后要建立的新民主主义的中国时指出："我们不但要把一个政治上受压迫、经济上受剥削的中国，变为一个政治上自由和经济上繁荣的中国，而且要把一个被旧文化统治因而愚昧落后的中国，变为一个被新文化统治因而文明先进的中国。一句话，我们要建立一个新中国。"③ 为了建立人民大众的新中国，毛泽东坚持"人民群众是改造自然和改造社会的实践主体，是社会的物质财富和精神财富的创造者，是社会变革的决定性力量"的基本原理，并把它运用于指导中国革命的实践，发动人民群众变革的伟大动力，提出了"人民战争"的思想，"只有动员群众才能进行战争，只有依靠群众才能进行战争"，取得了革命斗争的胜利，建立了人民当家作主的新中国。

（二）建立了人民当家作主的新制度

1949 年新中国成立，标志着我国进入了从新民主主义向社会主义转变的时期。党在这一时期的主要任务是通过对农业、手工业和对资本主义工商业的社会主义改造，"迅速地恢复和发展生产，对付国外的帝国主义，使中国稳步地由农业国转变为工业国，把中国建设成一个伟大的社会主义国家"④。围绕这一历史任务，从 1949 年到 1952 年年底，"党在这一阶段的主要任务是继续完成新民主主义革命，在全国范围内建立新民主主义的政治制度和经济制度，即在政治上建立各级人民政权，健全人民民主专政的国家制度，在经济上接收帝国主义在华资产，没收官僚资本企业归国家所有，完成全国土地改革"⑤。从 1953 年到 1956 年，"党及时提出了逐步

---

① 毛泽东. 毛泽东选集：第一卷 [M]. 北京：人民出版社，1991：276.

② 毛泽东. 毛泽东选集：第二卷 [M]. 北京：人民出版社，1991：650.

③ 毛泽东. 毛泽东选集：第二卷 [M]. 北京：人民出版社，1991：663.

④ 毛泽东. 毛泽东选集：第四卷 [M]. 北京：人民出版社，1991：1437.

⑤ 中共中央党校科学社会主义教研室《社会主义思想史》编写组. 社会主义思想史：下 [M]. 北京：中共中央党校出版社，1988：351.

实现国家的社会主义工业化，逐步实现对农业、对手工业和对资本主义工商业的社会主义改造的过渡时期总路线。并根据过渡时期总路线的要求，制定了发展国民经济的第一个五年计划，领导全国人民开展了有计划的经济建设和全面的社会主义改造"①。到 1956 年年底，我国进入了社会主义建设时期。

社会主义改造的实质就是用社会主义价值观、价值原则对新民主主义社会进行改造②。因此，在经济上，毛泽东把社会主义工业化与社会主义改造并举，试图在逐步改变生产关系的同时解放和发展生产力，使人民尽快摆脱贫穷，实现共同富裕。毛泽东在《关于农业合作化问题》的报告中明确指出，"在逐步地实现社会主义工业化和逐步地实现对于手工业、对于资本主义工商业的社会主义改造的同时，逐步地实现对于整个农业的社会主义的改造，即实行合作化，在农村中消灭富农经济制度和个体经济制度，使全体农村人民共同富裕起来"③。毛泽东的共同富裕思想，是以强调改造私有制为制度前提的。他把合作化作为实现共同富裕的重要途径，并且认为合作化不但能够带来生产力的迅速提高和社会财富的迅速增长，以及农民的共同富裕，而且能够消除私有观念，有利于将来向共产主义社会过渡。

在政治上，我国实行人民民主专政。人民民主专政理论是在中国革命的长期实践中逐步形成和发展起来的，是马克思列宁主义无产阶级专政理论在中国的创造性运用和发展。所谓"人民民主专政"，就是在人民内部实行民主和对反动派实行专政的辩证统一。在新民主主义社会，"人民是什么？在中国，在现阶段，是工人阶级，农民阶级，城市小资产阶级和民族资产阶级。这些阶级在工人阶级和共产党的领导之下，团结起来，组成自己的国家，选举自己的政府，向着帝国主义的走狗即地主阶级和官僚资产阶级以及代表这些阶级的国民党反动派及其帮凶们实行专政"④。人民概念的广泛性，有利于在实践中保障广大人民的民主权利和促进人民民主政治建设。1954 年 9 月，第一届全国人民代表大会的召开和《中华人民共和

---

① 中共中央党校科学社会主义教研室《社会主义思想史》编写组. 社会主义思想史：下[M]. 北京：中共中央党校出版社，1988：352.
② 张学森. 核心价值观的历史演进与当代构建 [M]. 北京：人民出版社，2014：161.
③ 毛泽东. 毛泽东文集：第六卷 [M]. 北京：人民出版社，1999：437.
④ 毛泽东. 毛泽东选集：第四卷 [M]. 北京：人民出版社，1991：1475.

国宪法》的制定及颁布施行，为各族人民参与国家政治生活提供了必要条件和保证，为逐步健全和完善我国社会主义民主政治制度奠定了坚实的基础，成为我国社会主义民主政治建设的里程碑。这部宪法明确规定了我国人民民主专政的国体和人民代表大会的政体、人民代表大会制度这一根本政治制度、中国共产党领导的多党合作和政治协商制度、民族区域自治制度等基本制度，表明我国由一个新民主主义国家转变为社会主义国家。新民主主义革命的胜利、社会主义基本制度的建立，"为当代中国一切发展进步奠定了根本政治前提和制度基础，实现了中华民族由近代不断衰落到根本扭转命运、持续走向繁荣富强的伟大飞跃"①。

（三）全面推进社会主义建设

社会主义基本制度建立后，如何在中国这样一个经济文化比较落后的大国建设和巩固社会主义，成为摆在以毛泽东同志为核心的党的第一代中央领导集体面前的一道崭新难题。1956 年毛泽东在《论十大关系》的报告中，明确提出了我国社会主义建设必须要把马克思主义与中国实际"第二次结合"，探索适合本国情况的社会主义道路。《论十大关系》和《关于正确处理人民内部矛盾的问题》的报告奠定了党探索中国社会主义建设道路的良好开端和理论基础。在此基础上，党的八大就我国的政治、经济、文化建设提出了一系列方针。

在经济建设上，要正确处理重工业和轻工业、农业的关系，沿海工业和内地工业的关系，国家、生产单位和生产者个人的关系，以及中央和地方的关系，调动一切积极因素为社会主义事业服务，高速发展国民经济，实现社会主义工业化和现代化的目标，以造福于人民，消灭剥削和缩小贫富差距，最终实现共同富裕。通过实行生产资料公有制、按劳分配和计划经济的社会主义基本经济制度，保证个人占有和利用生产资料的平等，从根本上消灭不平等。走适合我国情况的工业化道路，以农业为基础、用多发展轻工业和农业的办法促进重工业的发展，因为"没有工业，便没有巩固的国防，便没有人民的福利，便没有国家的富强"②。

在政治建设上，要正确处理汉族与少数民族的关系、党与非党的关系、革命和反革命的关系，坚持把党的领导和发展社会主义民主政治相统

①　习近平. 决胜全面建成小康社会 夺取新时代中国特色社会主义伟大胜利：在中国共产党第十九次全国代表大会上的报告 [M]. 北京：人民出版社，2017：14.

②　毛泽东. 毛泽东选集：第三卷 [M]. 北京：人民出版社，1991：1080.

一，实现人民当家作主。毛泽东提出"党领导一切"的思想，他指出："工、农、商、学、兵、政、党这七个方面，党是领导一切的。党要领导工业、农业、商业、文化教育、军队和政府。"① 同时，毛泽东进一步提出了党的建设问题，他指出："中国的改革和建设靠我们来领导。如果我们把作风整顿好了，我们在工作中间就会更加主动，我们的本事就会更大，工作就会做得更好。"② 党的八大提出，要扩大社会主义民主，开展反对官僚主义的斗争，加强党对国家机关的领导和监督，加强人民群众对国家机关的监督，制定比较完备的法律，健全社会主义法制。"我们的目标，是想造成一个又有集中又有民主，又有纪律又有自由，又有统一意志、又有个人心情舒畅、生动活泼，那样一种政治局面，以利于社会主义革命和社会主义建设"③。

在思想文化建设上，要正确处理是非关系、中外关系等，用社会主义舆论工具对全社会进行马克思主义理论的宣传和教育，使马克思主义占领思想阵地，重视和培养有社会主义觉悟的、有文化的劳动者和共产主义事业接班人。毛泽东重视思想政治工作，强调思想政治工作是完成经济工作和技术工作的保证，"不注意思想和政治，成天忙于事务，那会成为迷失方向的经济家和技术家，很危险"，"只要我们的思想工作和政治工作稍为一放松，经济工作和技术工作就一定会走到邪路上去"④。毛泽东提出通过发展教育来促进人的劳动能力和自由个性的发展。马克思、恩格斯指出，科学社会主义的价值目标就是实现人的全面而自由的发展。因此，毛泽东在设计社会主义目标模式时，将培养和造就全面发展的时代新人的内在机制赋予了这个模式，试图通过这个理想的社会模式的塑造，逐步培养出全面自由发展的社会主义时代新人，最终实现社会主义的终极价值。

三、初步探索的历史意义

由于这一时期核心价值观建设的根本目的是宣传和传播马克思主义，用共产主义理想和信念开展革命斗争和建设一个新国家；因此，在推进核

---

① 毛泽东. 毛泽东文集：第八卷 [M]. 北京：人民出版社，1999：305.
② 毛泽东. 毛泽东文集：第七卷 [M]. 北京：人民出版社，1999：275.
③ 中共中央文献研究室. 建国以来重要文献选编：第十五册 [M]. 北京：中央文献出版社，1997：50.
④ 毛泽东. 毛泽东著作选读：下册 [M]. 北京：人民出版社，1986：803.

心价值观建设落实落细层面，我们党创造性地在党内和党外开展了马克思主义教育和价值观教育，通过整风运动肃清党内和人民军队中的非无产阶级的价值观念，对领导干部、工人队伍、青年学生等进行多种形式的马克思主义理论教育，通过树立英雄模范、典型人物等方式进行示范引导。在新民主主义革命时期，有面对死亡坚守秘密的刘胡兰、为人民利益而死的张思德、无私奉献的白求恩、不畏艰难开垦南泥湾的三五九旅等。在社会主义革命和建设时期，有先进模范集体大寨、"南京路上好八连"等，先进模范个人雷锋、王进喜、焦裕禄等。此外，当时还宣传了钢铁劳模孟泰的勤俭节约、爱厂如家的"孟泰精神"，鞍钢北部机修厂工人王崇伦的责任心和他不断钻研、虚心学习和助人为乐的精神，农民先进典型李顺达的勤奋创业的精神，等等。他们的先进事迹和精神品格直接引发了全国人民学习先进人物和英雄模范的热潮，一次次掀起爱国主义劳动竞赛活动，并使广大人民在学习活动中确立了爱国、敬业、奉献等价值取向。

当然，由于客观上在经济文化落后的国家建设社会主义存在艰巨性、长期性，也由于主观上对社会主义理解的片面性，以及过多关切中国生产力发展、现代化的独特道路的价值意义，以毛泽东同志为核心的党的第一代中央领导集体在一定程度上没有处理好社会主义目的与手段、价值理想与现实途径之间的关系问题，从而比较教条地对待马克思和恩格斯关于未来社会的设想，把社会主义核心价值制度化、模式化；或者夸大了一些手段（如阶级斗争）对实现社会主义价值的作用，犯了"左"的错误。对于他们所犯的错误，我们都可以理解为"好心为了人民而急于求成"所犯下的错误。但这也警示我们，在推进社会主义核心价值观建设时，既要坚持重视人民群众根本利益，也要遵循事物发展规律，把合目的性与合规律性有机统一。

第二节　改革开放和社会主义现代化建设新时期的丰富与发展

在改革开放和社会主义现代化建设新时期，面对人民的期待，如何找到一条适合中国这样经济文化比较落后的国家建设社会主义的正确道路，如何推进改革开放实现国家富强、人民富裕的历史任务，成为一个问题。

以邓小平同志、江泽民同志、胡锦涛同志为主要代表的中国共产党人接续奋斗，围绕"中国特色社会主义"这个重大命题，解放思想、实事求是、与时俱进、求真务实，接力探索社会主义核心价值观建设，既坚持马克思主义价值思想的科学内涵，继承毛泽东思想中的社会主义价值理论，又大胆突破传统社会主义的思想观念和价值认识，开拓性地提出了一系列中国特色社会主义核心价值。他们引领着中国改革开放的伟大历史进程，实现了整个国家、社会和人民面貌的历史性变化。特别是社会主义核心价值体系的提出，标志着社会主义核心价值观建设进入了新的阶段。

一、丰富和发展社会主义核心价值观建设的理论成果

改革开放以来，党中央开创和发展了中国特色社会主义价值观念，为开创和发展中国特色社会主义奠定了价值基础。其中，以邓小平同志为主要代表的中国共产党人着重围绕"什么是社会主义、怎样建设社会主义"的基本问题，重新思考社会主义的价值和手段的相互关系，形成了包含社会主义的价值主体、价值目标、价值尺度等的社会主义价值思想；以江泽民同志为主要代表的中国共产党人形成了包含价值取向、价值理想等的社会主义价值思想；以胡锦涛同志为主要代表的中国共产党人形成了包含价值实现路径等的社会主义价值思想。这些构成了新时期党探索和发展社会主义核心价值观建设的理论成果。

（一）以邓小平同志为主要代表的中国共产党人的社会主义价值思想

为了冲破"左"的教条对社会主义建设的束缚，以邓小平同志为核心的党的第二代中央领导集体纠正了长期以来对社会主义的一些错误认识，从本质和价值层面开拓了对社会主义的认识，形成了以人民群众为价值主体、以共同富裕为价值目标、以"三个有利于"为价值尺度的社会主义价值思想，体现了党在新时期建设社会主义核心价值观的科学性、实践性、人民性等特征。

邓小平说自己是个马克思主义者。在社会主义价值观建设的探索过程中，邓小平始终坚持马克思主义价值思想的根本原则。依据马克思主义价值思想，社会主义是一种价值客体，其价值主体则是无产阶级和广大劳动人民。邓小平继承和发展了马克思主义的价值主体论，把人民群众作为中国特色社会主义的价值主体。邓小平所说的"我们党提出的各项重大任务，

没有一项不是依靠广大人民的艰苦努力来完成的"①，表明了人民群众的价值创造主体地位。邓小平强调指出，我国坚持和发展社会主义，就是为了改善人民生活、提高人民文化水平，这凸显人民群众的价值享受主体地位。而当"他反复强调，要把人民拥护不拥护、赞成不赞成、高兴不高兴、答应不答应作为制定方针政策和作出决断的出发点和归宿"② 时，人民群众的价值评价主体地位也得到了确立。

改革开放前，由于对社会主义的本质认识不清楚，很多人对社会主义追求的价值目标的认识存在偏差。在邓小平看来，社会主义的价值目标是共同富裕。他指出，"社会主义的特点不是穷，而是富，但这种富是人民共同富裕"③；"我们坚持走社会主义道路，根本目标是实现共同富裕"④；"社会主义最大的优越性就是共同富裕，这是体现社会主义本质的一个东西"⑤；"社会主义的本质，是解放生产力，发展生产力，消灭剥削，消除两极分化，最终达到共同富裕"⑥。为了实现共同富裕，邓小平不仅规划了"三步走"的发展战略，也开创出一条"先富带后富，最终达到共同富裕"的发展途径，这推动我国经济社会长期稳定发展并逐步实现人民生活水平整体提升。正是有了近几十年的发展基础，习近平总书记在党的二十大报告中提出把"全体人民共同富裕取得更为明显的实质性进展"作为目标。

遵循上述价值主体和价值目标，就必须确立相应的价值尺度和评价标准。这样的价值尺度和标准，是根据价值主体的客观需要和利益，为实现价值目标而制定的判断和评价是非的标准。在不断推进我国改革开放的实践中，邓小平确立了"三个有利于"的价值尺度与评价标准。所谓"三个有利于"，是指"判断的标准，应该主要看是否有利于发展社会主义社会的生产力，是否有利于增强社会主义国家的综合国力，是否有利于提高人民的生活水平"⑦。"三个有利于"作为一个价值评价的体系，发展生产力是物质前提，增强综合国力是中间环节，提高人民生活水平是最终目的。"三个有利于"归根结底也是以人民群众的根本利益为价值尺度，是把人

① 邓小平. 邓小平文选：第三卷 [M]. 北京：人民出版社，1993：4.
② 习近平. 习近平谈治国理政：第二卷 [M]. 北京：外文出版社，2017：5.
③ 邓小平. 邓小平文选：第三卷 [M]. 北京：人民出版社，1993：265.
④ 邓小平. 邓小平文选：第三卷 [M]. 北京：人民出版社，1993：155.
⑤ 邓小平. 邓小平文选：第三卷 [M]. 北京：人民出版社，1993：364.
⑥ 邓小平. 邓小平文选：第三卷 [M]. 北京：人民出版社，1993：373.
⑦ 邓小平. 邓小平文选：第三卷 [M]. 北京：人民出版社，1993：372.

民群众作为中国特色社会主义价值主体的根本体现。

（二）以江泽民同志为主要代表的中国共产党人的社会主义价值思想

以江泽民同志为主要代表的中国共产党人所创立的思想理论体系中，虽然没有直接使用"社会主义核心价值体系"和"社会主义核心价值观"的概念，但在毛泽东和邓小平对社会主义价值观建设探索的基础上，强调坚持"三个代表"重要思想，提出了人民利益至上、注重社会主义道德建设和人的全面发展等价值思想，体现了重视在发展先进生产力、发展先进文化和代表最广大人民根本利益中推进社会主义核心价值观建设的鲜明特征。

代表先进生产力和先进文化，归根到底是为了代表最广大人民根本利益，这充分彰显了社会主义价值观中的人民主体地位，即以人民为价值主体和评价主体，确立了人民利益至上的价值取向。江泽民多次强调，"党的一切工作，必须以最广大人民的根本利益为最高标准"①，"都是为了不断实现好、维护好和发展好最广大人民的利益"②。代表最广大人民的根本利益，就要全面建设小康社会，建设富强、民主、文明的社会主义现代化国家，在物质文明、政治文明和精神文明中促进人的自由全面发展。江泽民在《庆祝建党八十周年大会的讲话》中强调："我们建设有中国特色社会主义的各项事业，我们进行的一切工作，既要着眼于人民现实的物质文化生活需要，同时又要着眼于促进人民素质的提高，也就是要努力促进人的全面发展。"③ 这就突出了社会主义核心价值观建设的根本目标——人的自由全面发展。

坚持"三个代表"重要思想，做到"立党为公、执政为民"，这体现了马克思主义政党的价值观，是与马列主义的政党学说以及毛泽东和邓小平的党建理论中关于党的性质、宗旨和任务的论述一脉相承的；又是在新的历史条件下对党的价值观建设理论的重大发展。其中，代表先进生产力的发展要求指明了党的价值观建设的物质基础和富裕取向；代表先进文化的前进方向指明了党的价值观建设的精神条件和文明取向。这两个代表要求党的价值观建设必须坚持科学原则，做到"合规律性"；代表最广大人

---

① 江泽民. 论"三个代表"［M］. 北京：中央文献出版社，2001：162.

② 江泽民. 论"三个代表"［M］. 北京：中央文献出版社，2001：161.

③ 江泽民. 在庆祝中国共产党成立八十周年大会上的讲话（2001 年 7 月 1 日）［M］. 北京：人民出版社，2001：42-43.

民的根本利益指明了党的价值观建设的群众基础和民主取向，体现了党的价值观建设必须坚持的价值原则，做到了"合目的性"。

总之，贯彻"三个代表"重要思想，表明以江泽民同志为主要代表的中国共产党人在社会主义价值认识上正确反映了历史客体的客观规律和历史主体的价值追求，体现了创造历史活动的科学原则和价值原则的有机统一，把社会主义核心价值观建设推进到了一个新阶段。

（三）以胡锦涛同志为主要代表的中国共产党人的社会主义价值思想

以胡锦涛同志为主要代表的中国共产党人创立了科学发展观。科学发展观"坚持以人为本，树立全面、协调、可持续的发展观，促进经济社会和人的全面发展"①，集中回答了"为谁发展""怎样发展""发展目标"的根本问题，丰富了马克思主义发展观，坚持了人民主体地位的社会主义核心价值，构成中国特色社会主义核心价值观建设的重要内容。以科学发展观指导社会主义核心价值观建设，充分体现了实践基础上价值理性和科学理性的有机统一。一方面，"以人为本"的发展观把人民群众作为推动发展的主体和基本力量，把满足人民群众的物质文化需要作为发展的根本出发点和落脚点，从最广大人民的根本利益出发谋发展、促发展，揭示了历史唯物主义关于人民是历史发展主体和人的全面发展的观点，体现了在回答"为谁发展"这一问题上的价值理性；另一方面，"全面协调可持续"的发展观坚持以经济建设为中心，全面推进经济建设、政治建设、文化建设、社会建设和生态文明建设，实现经济发展和社会全面进步，体现了唯物辩证法关于事物之间普遍联系、辩证统一的基本原理，体现了在回答"怎样发展"这一问题上的科学理性。

进入 21 世纪，我国经济社会发展更加注重人的发展，我们党围绕贯彻落实科学发展观，坚持以人为本的价值取向，推行全面协调可持续发展的价值理念，确立构建人与自然、人与社会、人与人以及人与自我的和谐社会的价值目标。构建和谐社会，凸显了社会主义"公平正义"的核心价值。公平正义是实现社会和谐的前提，只有坚持在公平正义的原则下，才能使不同利益社会成员各尽所能、各得其所、和谐相处；只有在社会生活的各个方面，如劳动就业、收入分配、文化教育、社会保障、民主权利、公共服务、市场竞争等领域实现公平正义，才能使广大民众认同与支持社

---

① 中共中央文献研究室. 十六大以来重要文献选编：上 [M]. 北京：中央文献出版社，2005：465.

会发展的各项政策措施，有效整合社会各种资源，推动社会的持续健康发展。公平正义作为社会主义的本质属性和内在要求，是中国特色社会主义的突出优势，也是确保逐步实现共同富裕的价值基础。

为夯实构建和谐社会的思想基础和价值共识，党的十六届六中全会提出了建设社会主义核心价值体系，确立了以马克思主义指导思想为灵魂、中国特色社会主义共同理想为主题、以爱国主义为核心的民族精神和以改革创新为核心的时代精神为精髓、社会主义荣辱观为基础的基本内容。社会主义核心价值体系集中体现了党所倡导的基本理念、思想观念和价值追求，反映了广大人民群众的价值取向和价值准则，是社会主义价值观念之集大成者，构成了社会主义意识形态的本质内容，决定着中国特色社会主义的发展方向。正是在建设社会主义核心价值体系的基础上，党的十八大凝练出了社会主义核心价值观。

二、丰富和发展社会主义核心价值观建设的重大实践

改革开放和社会主义现代化建设新时期，在以邓小平同志为主要代表的中国共产党人的社会主义价值思想的指引下，我们党打破了对社会主义的僵化认知和错误判断，形成了社会主义本质理论，明确了社会主义的根本任务，开启了我国改革开放的伟大历史进程。在以江泽民同志为主要代表的中国共产党人的社会主义价值思想的指引下，世纪之交的中国经受住了国际大气候和国内小气候的考验，成功地把中国特色社会主义推向了21世纪。在以胡锦涛同志为主要代表的中国共产党人的社会主义价值思想的指引下，党中央统筹国际国内、经济社会、人与自然等方面的发展，发展了中国特色社会主义。这一时期，党带领人民丰富和发展了社会主义核心价值观建设的重大实践，既开创了中国特色社会主义，又接续做好了"中国特色社会主义"这篇大文章，使中国特色社会主义发展取得了"两大奇迹"，中国人民富起来了。

（一）改革开放之初成功开创了中国特色社会主义

新时期，如何做到在坚持科学社会主义的价值理想和目标下，在科学理性与价值理性相统一的原则下，开创有中国特色的社会主义道路？邓小平在总结社会主义建设的历史经验和教训的基础上，特别是结合改革开放以来我国的实践经验，遵循社会主义价值思想，在对"什么是社会主义"的问答中折射出社会主义价值理想的追求，在对"怎样建设社会主义"的

探索中建构起中国特色社会主义核心价值观，成功开创了中国特色社会主义。

在回答"什么是社会主义"的问题时，我们党把社会主义核心价值观融入社会主义的本质规定中，把"三个有利于"的价值目标置于首位来界定社会主义。立足于人民群众的根本利益，邓小平强调，"贫穷不是社会主义，发展太慢也不是社会主义。否则社会主义有什么优越性呢?"① 但"如果仅仅是少数人富有，那就会落到资本主义去了"。1992年，邓小平明确提出，社会主义的本质是"解放生产力，发展生产力，消灭剥削，消除两极分化，最终达到共同富裕"②。在他看来，社会主义的优越性首先体现在生产力的发展上。"没有这一条，再吹牛也没有用。"③ 其次，社会主义优越性绝不仅仅表现在经济上，还要在发展更高的生产力基础上建设优于资本主义的经济、政治、文化，全面体现出社会主义的优越性。"政治上创造比资本主义国家的民主更高更切实的民主。"④ 邓小平指出："我们的制度是人民代表大会制度，共产党领导下的人民民主制度，不能搞西方那一套。社会主义国家有个最大的优越性，就是干一件事情，一下决心，一做出决议，就立即执行，不受牵扯。……这方面是我们的优势，我们要保持这个优势，保证社会主义的优越性。"⑤ 最后，社会主义还应该有高度发展的社会主义精神文明。社会主义精神文明不仅是社会主义的重要特征，也是社会主义制度优越性的重要表现。"不加强精神文明的建设，物质文明的建设也要受破坏，走弯路。光靠物质条件，我们的革命和建设都不可能胜利。"⑥ "社会主义本质论"坚持了生产力和生产关系、经济基础和上层建筑相互作用的基本原理，反映了人民的利益和时代的要求，彰显了社会主义核心价值观，为创立中国特色社会主义奠定了理论基础。

在回答"怎样建设社会主义"时，我们党同样参考了"三个有利于"的精神。邓小平多次强调，"搞社会主义，一定要使生产力发展"，"只有不断发展社会生产力，国家才能一步步富强起来，人民生活才能一步步改

---

① 邓小平. 邓小平文选：第三卷 [M]. 北京：人民出版社，1993：255.
② 邓小平. 邓小平文选：第三卷 [M]. 北京：人民出版社，1993：373.
③ 邓小平. 邓小平文选：第二卷 [M]. 北京：人民出版社，1993：251.
④ 邓小平. 邓小平文选：第二卷 [M]. 北京：人民出版社，1994：322.
⑤ 邓小平. 邓小平文选：第三卷 [M]. 北京：人民出版社，1993：240.
⑥ 邓小平. 邓小平文选：第三卷 [M]. 北京：人民出版社，1993：144.

善"①。为此，党的十一届三中全会重新确立了解放思想、实事求是的思想路线，明确了把党和国家工作重点转移到社会主义现代化建设上来，实行改革开放的政策。改革开放四十多年的成就有力地证明了，把发展生产力作为社会主义的根本任务，确立"一个中心，两个基本点"的基本路线，才能"使人民的物质生活好一些，使人民的文化生活、精神面貌好一些"②。党的十九大、党的二十大进一步提出了把我国建设成为"富强民主文明和谐美丽的社会主义现代化强国"。这不仅把我国社会主义建设推进到了"五位一体"，而且将"现代化国家"提升为"现代化强国"，充实和完善了党的基本路线的丰富内涵，更是顺应了人民群众对美好生活的向往，提升了社会主义初级阶段的奋斗目标。

这一时期，以邓小平同志为核心的党的第二代中央领导集体围绕社会主义价值思想，在对"什么是社会主义"的历史拷问中折射出科学社会主义价值理想的追求；在对"如何建设社会主义"的现实探索中，"一方面使价值观置于一个科学的现实的基地之上，即建构起以唯物史观为基础的科学的社会主义价值观；另一方面又使唯物主义历史观的内容向价值观提升，建构起以价值观为背景的历史观"③，从而使党在新的历史条件下恢复和重建了科学理性与价值理性相统一的社会主义核心价值观。在社会主义价值思想的指引下，党对"什么是社会主义，怎样建设社会主义"这一问题的回答，把目的价值与手段价值高度结合，在理解社会主义的思路上恢复了马克思和恩格斯的传统，矫正了斯大林对社会主义实证化、制度化的理解，克服了上一代中央领导集体在理解社会主义价值问题上的主观性，使社会主义核心价值观建设与我国改革开放的历史巨变同频共振。

（二）世纪之交稳步发展了中国特色社会主义

世纪之交，我国贯彻"三个代表"重要思想，一是"代表中国先进生产力的发展要求……通过发展生产力不断提高人民群众的生活水平"④。这揭示了建设社会主义核心价值观必须以发展经济、建设社会主义物质文明为基础。"人类社会的发展，就是先进生产力不断取代落后生产力的历史

① 邓小平. 邓小平文选：第三卷 [M]. 北京：人民出版社，1993：328.
② 邓小平. 邓小平文选：第二卷 [M]. 北京：人民出版社，1994：128.
③ 郁建兴，朱旭红. 社会主义价值学导论 [M]. 杭州：浙江人民出版社，1997：224.
④ 江泽民. 江泽民文选：第三卷 [M]. 北京：人民出版社，2006：272-273.

进程。社会主义现代化必须建立在发达生产力的基础上。"① 中国共产党历来重视解放和发展生产力，把生产力的发展、经济的发展当作实现社会主义价值理想的物质基础。我们党不仅要发展生产力，而且要代表中国先进生产力的发展要求。发展先进生产力，大力推进科技进步和创新，不断用先进科技改造和提高国民经济，努力实现我国生产力的跨越发展，这是我们党代表中国先进生产力发展要求所必须履行的重要职责。当代中国所面临的国际经济环境，以及美国对中国挥舞的贸易大棒，更加警示我们要大力发展先进生产力，不能在核心技术和关键领域受制于人。促进先进生产力的发展，还要使生产关系和上层建筑的各个方面不断体现出先进生产力的发展要求。因此，发展先进生产力不仅仅是生产力自身范围之内的事，而且涉及经济、政治、文化等方面，包括政党、政府、外交、教育、军事等社会主义建设的各个领域。只有通过发展生产力，建立和完善社会主义市场经济，建设社会主义政治文明，实施依法治国和以德治国方略，加强和改善党的领导，才能不断完善社会主义的生产关系和上层建筑，不断打破体制和制度的束缚，推动社会全面进步，促进人的全面发展，充分体现社会主义制度的优越性。

二是"始终代表中国先进文化的前进方向……促进全民族思想道德素质和科学文化素质的不断提高，为我国经济发展和社会进步提供精神动力和智力支持"②。这揭示了建设社会主义核心价值观需要发展社会主义文化、创造精神价值、建设社会主义精神文明，以拓展社会主义核心价值观的丰富内涵。发展社会主义先进文化，就是要建设社会主义精神文明，"就是以马克思主义为指导，以培育有理想、有道德、有文化、有纪律的公民为目标，发展面向现代化、面向世界、面向未来的，民族的科学的大众的社会主义文化"③。"努力提高全民族的思想道德素质和教育科学文化水平；坚持为人民服务、为社会主义服务的方向和百花齐放、百家争鸣的方针，重在建设，繁荣学术和文艺。建设立足中国现实、继承历史文化优秀传统、吸取外国文化有益成果的社会主义精神文明。"④ 发展先进文化，建设精神文明，要着眼于"人的全面发展"。"我们建设有中国特色社会主

---

① 江泽民. 江泽民文选：第三卷 [M]. 北京：人民出版社，2006：274.
② 江泽民. 江泽民文选：第三卷 [M]. 北京：人民出版社，2006：276.
③ 江泽民. 江泽民文选：第二卷 [M]. 北京：人民出版社，2006：537.
④ 江泽民. 江泽民文选：第二卷 [M]. 北京：人民出版社，2006：18.

义的各项事业，我们进行的一切工作，既要着眼于人民现实的物质文化生活需要，同时又要着眼于促进人民素质的提高，也就是要努力促进人的全面发展。这是马克思主义关于建设社会主义新社会的本质要求。我们要在发展社会主义社会物质文明和精神文明的基础上，不断推进人的全面发展。"① 这一论断不仅继承了马克思主义关于人的全面发展学说的精神实质，又从中国特色社会主义的伟大实践出发，把促进人的全面发展与实现我国社会主义初级阶段的现代化目标联系起来，为建构中国特色社会主义核心价值开辟了广阔的空间、指明了正确的方向。

三是"始终代表中国最广大人民的根本利益……在社会不断发展进步的基础上，使人民群众不断获得切实的经济、政治、文化利益"②。实现最广大人民的根本利益，是中国共产党的根本宗旨，也是马克思主义群众观和价值原则、价值取向的根本所在。"不断发展先进生产力和先进文化，归根到底都是为了满足人民群众日益增长的物质文化生活需要，不断实现最广大人民的根本利益。"③ 通过总结国内外政党，特别是苏联及东欧各国共产党失去执政地位的惨痛教训，我们党把坚持马克思主义人民主体价值观放在"立党为公、执政为民"的基点之上，努力做到"任何时候我们都必须坚持尊重社会发展规律与尊重人民历史主体地位的一致性，坚持为崇高理想奋斗与为最广大人民谋利益的一致性，坚持完成党的各项工作与实现人民利益的一致性"④。实践中，人民群众的根本利益成为党解决和处理各种社会矛盾的根本价值尺度、制定路线方针政策的根本依据。在"三个代表"重要思想的指引下，国家更加繁荣富强，人民的生活更加幸福美好，中国特色社会主义进一步显示出巨大的优越性。

（三）21世纪接续发展了中国特色社会主义

21世纪，落实科学发展观，必须要凸显"以人为本"的价值取向。胡锦涛指出："我们提出以人为本的根本含义，就是坚持全心全意为人民服务，立党为公、执政为民，始终把最广大人民的根本利益作为党和国家工作的根本出发点和落脚点……坚持发展为了人民、发展依靠人民、发展成

---

① 江泽民. 江泽民文选：第三卷 [M]. 北京：人民出版社，2006：294.
② 江泽民. 在庆祝中国共产党成立八十周年大会上的讲话 [M]. 北京：人民出版社，2001：21.
③ 江泽民. 江泽民文选：第三卷 [M]. 北京：人民出版社，2006：281.
④ 江泽民. 江泽民文选：第三卷 [M]. 北京：人民出版社，2006：279.

果由人民共享"①。以人为本的科学发展观，回答了"为谁发展"的问题，明确了发展的价值目的；回答了"靠谁发展"的问题，明确了发展的根本动力；"发展成果由人民共享"则明确了发展的最终归宿。坚持发展为了人民，就要顺应各族人民过上更好生活的期待，把发展的目的真正落实到满足人民需要、实现人民利益上，在经济社会发展的各个环节、各项工作中都体现和保障人民群众的利益，包括经济、政治、文化和社会利益等，促进人的自由全面发展，造福人民，保障幸福。坚持发展依靠人民，就要尊重人民的主体地位和首创精神，密切联系群众，始终相信群众，紧紧依靠群众，最充分地调动人民群众的积极性、主动性、创造性，最大限度地集中全社会全民族的智慧和力量，最广泛地动员和组织亿万群众投身中国特色社会主义伟大事业。坚持发展成果由人民共享，就是要把改革发展取得的各方面成果，体现在不断提高人民的生活质量和健康水平上，体现在不断提高人民的思想道德素质和科学文化素质上，体现在充分保障人民享有的经济、政治、文化、社会等各方面的权益上，使发展成果更多、更公平地惠及全体人民，朝着共同富裕方向稳步前进。

落实科学发展观，必须彰显"全面、协调、可持续"的价值理念。所谓全面发展是指发展要有全面性、整体性，不仅经济要发展，其他各个方面也都要发展。要按照中国特色社会主义事业总体布局，正确认识和把握经济建设、政治建设、文化建设、社会建设、生态文明建设的相互联系，以经济建设为中心和基础，以政治建设为方向和保障，以文化建设为灵魂和血脉，以社会建设为支撑和归宿，以生态文明建设为根基和条件，共同构筑起中国特色社会主义事业的全局。所谓协调发展是指发展要有协调性、均衡性，各个方面、各个环节的发展要相互适应、相互促进，坚持"五个统筹"。统筹城乡发展，就要逐步缩小城乡发展差距，实现农村经济社会全面发展；统筹区域发展，就要形成东中西部相互促进、优势互补、共同发展的新格局；统筹经济社会发展，就要更加注重社会发展，把加快经济发展与促进社会进步结合起来；统筹人与自然和谐发展，就要处理好经济建设、人口增长与资源利用、生态环境保护的关系，推动整个社会走上生产发展、生活富裕、生态良好的文明发展道路；统筹国内发展和对外

---

① 中共中央文献研究室. 十七大以来重要文献选编：上 [M]. 北京：中央文献出版社，2009：107.

开放，就要处理好国内发展和国际环境的关系，努力实现国内改革发展和对外开放相协调。所谓可持续发展，是指发展要有持久性、连续性，不仅当前要发展，而且要保证长远发展，走生产发展、生活富裕、生态良好的文明发展道路；就是要坚持以生产发展为基础，以生活富裕为目的，以生态良好为条件，努力实现社会经济系统和自然生态系统的良性循环，确保人们在享有现代物质文明成果的同时，又能保持和享有良好的生态文明成果。

落实科学发展观，必须构建社会主义和谐社会的价值目标。胡锦涛指出，"我们要构建的社会主义和谐社会，是经济建设、政治建设、文化建设、社会建设协调发展的社会，是人与人、人与社会、人与自然整体和谐的社会"①。民主法治，就是要让社会主义民主得到充分发扬，依法治国基本方略得到切实落实，各方面积极因素得到广泛调动。公平正义，就是社会各方面的利益关系得到妥善协调，人民内部矛盾和其他社会矛盾得到正确处理，社会公平和正义得到切实维护和实现。诚信友爱，就是全社会互帮互助、诚实守信，全体人民平等友爱、融洽相处。充满活力，就是能够使一切有利于社会进步的创造愿望得到尊重，创造活动得到支持，创造才能得到发挥，创造成果得到肯定。安定有序，就是社会组织机制健全，社会管理完善，社会秩序良好，人民群众安居乐业，社会保持安定团结。人与自然和谐相处，就是生产发展，生活富裕，生态良好。构建社会主义和谐社会，我们既要从"大社会"着眼，把和谐社会建设落实到包括经济建设、政治建设、文化建设、社会建设、生态文明建设和党的建设等在内的党和国家的全部工作之中；又要从"小社会"着手，以解决人民群众最关心最直接最现实的利益问题为重点，着力发展社会事业、促进社会公平正义、建设和谐文化、完善社会管理、增强社会创造活力，走共同富裕道路，实现人与人、人与社会、人与自然整体和谐的美好社会。

三、丰富和发展社会主义核心价值观建设的积极成效

新时期，随着改革开放的深入和市场经济体制的建立，我国经济社会结构发生深刻改变，社会领域价值观日益多样化。为了有效抵御部分西方国家对我国进行的价值观渗透，我们党立足于对核心价值观的规律性认

---

① 中共中央文献研究室. 十六大以来重要文献选编：下 [M]. 北京：中央文献出版社，2008：675.

识，不断创新社会主义核心价值的话语表达，明确提出了社会主义核心价值体系这一标识性概念，并与时俱进地在理想信念、精神文明和思想道德等层面开展了针对性建设，为改革开放奠定了社会思想道德基础并形成价值共识。

一是始终强调和坚持共产主义理想信念和党的优良传统。"文化大革命"结束后，面对社会上"散布形形色色的资产阶级和其他剥削阶级腐朽没落的思想，散布对于社会主义、共产主义事业和对于共产党领导的不信任情绪"① 的情况，邓小平明确提出了四项基本原则。面对苏联解体、东欧剧变造成人们思想上的混乱，邓小平强调马克思主义是科学，相信世界上信仰马克思主义的人会越来越多，要教育青少年"一定要树立共产主义的远大理想"。

二是建设社会主义精神文明。1986 年党的十二届六中全会通过的《中共中央关于社会主义精神文明建设指导方针的决议》明确指出，"社会主义精神文明建设的根本任务，是适应社会主义现代化建设的需要，培育有理想、有道德、有文化、有纪律的社会主义公民，提高整个中华民族的思想道德素质和科学文化素质"② 。邓小平还强调社会主义物质文明和精神文明必须"两手抓，两手都要硬"。

三是广泛开展公民道德建设。为了提高公民道德水平，1982 年第五届全国人民代表大会第五次会议通过了《中华人民共和国宪法》。其中，第二十四条把"爱祖国、爱人民、爱劳动、爱科学、爱社会主义"调整为公民道德要求。后来，多家单位联合发布《关于开展文明礼貌活动的倡议》，号召全国人民特别是青少年开展"五讲四美三热爱"活动。1994 年 8 月，中共中央印发中宣部拟定的《爱国主义教育实施纲要》，论述了进行爱国主义教育的重要意义，提出了进行爱国主义教育的基本原则、主要内容、重点对象以及一系列具体措施，为在全社会广泛开展爱国主义教育活动提供了科学的指导。1985 年，全国人大常委会作出了开展全国普法教育的决议，以帮助广大人民树立法治观念，培育广大民众的法治意识。

四是明确提出了"建设社会主义核心价值体系"的重大命题和战略任务。2006 年 10 月，在党的十六届六中全会上通过的《中共中央关于构建

---

① 邓小平. 邓小平文选：第三卷 [M]. 北京：人民出版社，1993：40.
② 中共中央文献研究室. 十二大以来重要文献选编：下 [M]. 北京：人民出版社，1988：1176.

社会主义和谐社会若干重大问题的决定》，第一次明确提出了"建设社会主义核心价值体系"，指明了社会主义核心价值体系的构成及其在中国整体社会价值体系中的核心地位和主导作用，即"马克思主义指导思想，中国特色社会主义共同理想，以爱国主义为核心的民族精神和以改革创新为核心的时代精神，社会主义荣辱观，构成社会主义核心价值体系的基本内容"①，全面彰显了科学社会主义价值追求的内在要求及其在当代中国的转化。2011 年党的十七届六中全会指出，社会主义核心价值体系是"兴国之魂"，建设社会主义核心价值体系是推动文化大发展大繁荣的根本任务。

这一时期，在推进精神文明建设和价值观建设的进程中，全国各条战线涌现出了大批先进个人和群体。蒋筑英、罗健夫、朱伯儒、孔繁森、李素丽、李国安、邹延龄等英模人物，以及全国文明单位济南交警大队、全国学雷锋活动示范点徐州市"下水道四班"等先进集体，分别代表着不同行业的职业道德要求，也体现着爱祖国、爱集体、先公后私、助人为乐、劳动致富的社会主义价值观。党中央授予他们多种荣誉称号，并采用多种方式号召、推动全国人民向他们学习，从而提高了整个社会的精神风貌，引领了全社会的价值观念。

第三节　中国特色社会主义新时代的开拓与创新

党的十八大提出了以"三个倡导"为主要内容的社会主义核心价值观。"三个倡导"作为党推进社会主义核心价值观建设的创新性成果，是习近平新时代中国特色社会主义思想的价值内核，指引我们党深刻认识新时代要"坚持和发展什么样的中国特色社会主义、怎样坚持和发展中国特色社会主义"的根本问题，是新时代坚持和发展中国特色社会主义的价值引领。

一、"三个倡导"：社会主义核心价值观建设的创新性成果

自党的十六届六中全会提出社会主义核心价值体系后，为满足经济社会发展需要，党中央凝练建构起更加符合时代诉求、体现中国精神、反映我国社会主义价值本质的社会主义核心价值观。党的十八大提出，倡导富

---

① 中共中央文献研究室. 十六大以来重要文献选编：下 [M]. 北京：人民出版社，2008：661.

强、民主、文明、和谐，倡导自由、平等、公正、法治，倡导爱国、敬业、诚信、友善，积极培育和践行社会主义核心价值观。这构成了社会主义核心价值观的基本内容。

作为当代中国社会的主导价值观，社会主义核心价值观是当代中国精神的集中体现，表达了全体人民共同的价值追求。其既是现代化国家的价值内核、和谐社会的共同理想，又是中华民族共同的精神家园。就内容而言，社会主义核心价值观既有优秀传统文化的历史底蕴，也有社会主义革命文化和先进文化的精神元素，还充分吸取了世界文明的先进成果；既彰显了我国兼容并蓄的大国风范，坚持了勇于担当的正义之气，又坚守了关心人类和平的发展之道。就战略意义而言，社会主义核心价值观建设是以习近平同志为核心的党中央立足于时代，为坚持和发展中国特色社会主义、实现中华民族伟大复兴提出的重大战略，总体上反映了中国特色社会主义的经济、社会发展要求和广大人民的价值诉求，对内有利于铸牢中华民族共同体意识，对外有利于提升国家形象[①]。

二、新时代开拓与创新社会主义核心价值观建设的生动实践

以习近平同志为核心的党中央，既推动社会主义核心价值观建设的理论发展，也重视和加强社会主义核心价值观建设的实践举措，明确提出了要把"三个倡导"融入经济社会的全面发展中，确立以人民为中心的发展思想，构筑伟大民族复兴中国梦的价值目标，把社会主义核心价值观建设融入"四个全面"战略布局，推进"三德"实践等，还强调要在落细、落小、落实中深化社会主义核心价值观建设。

（一）确立以人民为中心的发展思想

党的十八大以来，习近平总书记在系列重要讲话中反复强调以人民为中心的发展思想；党的十九大把"坚持以人民为中心"确立为新时代中国特色社会主义的基本方略；党的二十大把"坚持人民至上"确立为习近平新时代中国特色社会主义思想的世界观和方法论。这充分体现了我们党始终坚持"发展为了人民、发展依靠人民、发展成果由人民共享"的价值理念，坚持人民立场和人民至上的政治情怀，始终保持为中国人民谋幸福、为中华民族谋复兴的初心和使命。

---

① 孟轲. 社会主义核心价值观的大众认同问题研究 [M]. 北京：人民出版社，2018：1.

1. 发展为了人民

发展为了人民，是以人民为中心的发展思想的直接体现，是对发展目的的回答。以人民为中心的发展思想从价值观层面上讲，就是要以人民群众为价值主体，树立人民利益至上的价值取向，为人民的幸福生活而努力奋斗。习近平总书记在接受俄罗斯电视台专访时说："中国共产党坚持执政为民，人民对美好生活的向往就是我们的奋斗目标。我的执政理念，概括起来说就是：为人民服务，担当起该担当的责任。"① 习近平总书记对于自己担任一个大国领袖的定位是：我将无我，不负人民。习近平总书记在第十二届全国人民代表大会第一次会议上，面对近 3 000 名人大代表，庄严提出："我们要随时随刻倾听人民呼声、回应人民期待，保证人民平等参与、平等发展权利，维护社会公平正义，在学有所教、劳有所得、病有所医、老有所养、住有所居上持续取得新进展，不断实现好、维护好、发展好最广大人民根本利益，使发展成果更多更公平惠及全体人民。"② 党的十九大报告指出，要坚持以人民为中心的发展思想，不断促进人的全面发展、全体人民共同富裕。

"为谁"发展，指明了我们党执政为民的根本方向。发展为了人民，就是要重民生、为人民谋福祉、提高人民的生活水平和质量、促进人的全面发展，实现好、维护好、发展好最广大人民根本利益。进入新时代，人们对美好生活的需求不断提高，不仅对物质文化生活提出了更高要求，而且在民主、法治、公平、正义、安全、环境等方面的要求也在日益增长。为深刻把握人民群众的所思、所想、所盼，满足人民日益增长的美好生活需要，实现人民对美好生活的向往，提高人民群众的幸福感、满意感、获得感，习近平总书记提出："我们要依法保障全体公民享有广泛的权利，保障公民的人身权、财产权、基本政治权利等各项权利不受侵犯，保证公民的经济、文化、社会等各方面权利得到落实，努力维护最广大人民根本利益，保障人民群众对美好生活的向往和追求。"③ 为此，他对政法工作者说，"保障人民安居乐业是政法工作的根本目标。政法机关和广大干警要把人民群众的事当作自己的事，把人民群众的小事当作自己的大事，从让人民群众满意的事情做起，从人民群众不满意的问题改起，为人民群众安

① 习近平. 习近平谈治国理政 [M]. 北京：外文出版社，2014：101.
② 习近平. 习近平谈治国理政 [M]. 北京：外文出版社，2014：41.
③ 习近平. 习近平谈治国理政 [M]. 北京：外文出版社，2014：141.

居乐业提供有力法律保障"①。

2. 发展依靠人民

人民群众是历史的主体、社会物质财富和精神财富的创造者、社会变革的决定性力量。中国共产党人历来尊重人民群众作为主体的历史地位和社会地位，将实现人民群众的主体地位作为一以贯之的执政理念和执着追求②。在当代，发展依靠人民，就是要坚持人民主体地位，即坚持人民群众是先进生产力和先进文化的创造主体、改革开放的主体、依法治国的主体；尊重人民首创精神，发挥人民民主监督的作用，把人民当家作主的权利落实到国家政治生活和社会生活之中。

坚持人民主体地位，解决"靠谁"发展的问题，从世界观层面体现了习近平新时代中国特色社会主义思想中所树立的"为人民服务"的责任意识。习近平在党的十八届一中全会当选中共中央总书记后会见中外记者时说："我们一定要始终与人民心心相印、与人民同甘共苦、与人民团结奋斗，夙夜在公，勤勉工作，努力向历史、向人民交出一份合格的答卷"③。在主持第十八届中央政治局第一次集体学习时，习近平总书记告诫与会同志："一个政党，一个政权，其前途和命运最终取决于人心向背。如果我们脱离群众、失去人民拥护和支持，最终也会走向失败。"④ 在党的群众路线教育实践活动工作会议上，习近平总书记讲道："能否保持党同人民群众的血肉联系，决定着党的事业的成败。"⑤ 习近平总书记语重心长地告诫大家："人心向背关系党的生死存亡。党只有始终与人民心连心、同呼吸、共命运，始终依靠人民推动历史前进，才能做到哪怕'黑云压城城欲摧'，'我自岿然不动'，安如泰山、坚如磐石。"⑥ 在党的十九大报告中，习近平总书记再次强调："人民是历史的创造者，是决定党和国家前途命运的根本力量。必须坚持人民主体地位，坚持立党为公、执政为民，践行全心全意为人民服务的根本宗旨，把党的群众路线贯彻到治国理政全部活动之中，把人民对美好生活的向往作为奋斗目标，依靠人民创造历史伟业。"⑦

---

① 习近平. 习近平谈治国理政 [M]. 北京：外文出版社，2014：148.

② 郭广银. 习近平关于人民主体地位的思想 [J]. 中共中央党校学报，2014 (5)：19-22.

③ 习近平. 习近平谈治国理政 [M]. 北京：外文出版社，2014：5.

④ 习近平. 习近平谈治国理政 [M]. 北京：外文出版社，2014：15-16.

⑤ 习近平. 习近平谈治国理政 [M]. 北京：外文出版社，2014：367.

⑥ 习近平. 习近平谈治国理政 [M]. 北京：外文出版社，2014：368.

⑦ 习近平. 决胜全面建成小康社会 夺取新时代中国特色社会主义伟大胜利：在中国共产党第十九次全国代表大会上的报告 [M]. 北京：人民出版社，2017：21.

为践行发展依靠人民的思想，适应经济社会发展新要求，我国实施了大力推进"大众创业、万众创新"的政策措施，强调通过营造公平竞争的创业环境，弘扬"敢为人先、追求创新、百折不挠"的创业精神，厚植创新文化，不断增强创业创新意识，使有梦想、有意愿、有能力的科技人员、高校毕业生、农民工、退役军人、失业人员等各类市场创业主体"如鱼得水"，让14亿多人口、9亿多劳动力转化为人力资本，让千千万万创业者活跃起来，汇聚成经济社会发展的巨大动能。"幸福都是奋斗出来的"成为习近平总书记对千万创业者的殷切寄语。

　　3. 发展成果由人民共享

　　发展成果由人民共享，这是对发展趋向问题的阐释①。人民是社会主义发展的主体和动力，也理应是享有社会主义发展成果的主体。发展成果由人民共享，就是使发展的成果惠及全体人民，逐步实现共同富裕。习近平总书记多次强调："我们追求的发展是造福人民的发展，我们追求的富裕是全体人民共同富裕。"在习近平总书记的发展理念中，"共同富裕"与"共享发展"的内涵和要求是一致的。"共享发展"是"共同富裕"的价值理念和理论抽象，"共同富裕"是"共享发展"的实践逻辑和政策体现②。

　　习近平总书记指出，"让广大人民群众共享改革发展成果，是社会主义的本质要求"。其内涵包括四个方面。一是全民共享，是指人人享有、各得其所；二是全面共享，是指全民共享国家经济、政治、文化、社会、生态文明等建设成果，全面保障人民在各方面的合法权益；三是共建共享，是指人人参与、共同享有；四是渐进共享，是指共享发展有一个从低到高、从不均衡到均衡的过程。要在具体实践中实现共享发展，就要不断发展社会生产力，做大"蛋糕"，并且通过公共服务的普惠性、均等化，提高公共服务共享水平，分好"蛋糕"，收入分配更合理的实质是解决社会公平正义问题。要促进社会公平正义，就要实现全体人民共同迈入全面小康社会，"坚持把实现人民对美好生活的向往作为现代化建设的出发点和落脚点，着力维护和促进社会公平正义，着力促进全体人民共同富裕，坚决

---

①　汪信砚. 深入理解以人民为中心的发展思想 [N]. 人民日报，2017-11-24 (7).
②　李纪才. 人民共享发展成果：学习习近平总书记关于共享发展的重要论述 [N]. 学习时报，2016-08-04 (2).

防止两极分化"①。

正是为了让人民群众共享发展成果，适应不同发展阶段的变化，党领导人民实施了脱贫攻坚工程，全面建成小康社会，以中国式现代化全面推进中华民族伟大复兴。为了扶贫，习近平总书记走遍了中国绝大部分最贫困的地区，零距离体察民生疾苦。为了全面建成小康社会，无数干部群众为实现党的第一个百年奋斗目标洒汗水、流泪水，献心血、献生命。当前，党带领全国人民开启了现代化新征程，为实现下一个百年奋斗目标踔厉奋发、勇毅前行，中国式现代化进入不可逆转的新阶段。

（二）构筑中国梦的价值目标

中国梦的本质是国家富强、民族振兴、人民幸福。社会主义核心价值观指明了国家、社会和公民三个层面的价值目标，是中国梦的精神内核与价值支撑，实现中国梦与建设社会主义核心价值观具有内在一致性。

实现中华民族伟大复兴的中国梦，是中华民族在近代以来的现代化进程中，实现从一个后发国家赶上或超过先进发达国家，使中华民族屹立于世界民族之林的宏伟目标。虽然目标很清晰，但寻梦之路不易走通。习近平总书记曾用诗句"雄关漫道真如铁"进行诠释。鸦片战争以后，面对帝国主义的入侵，中华民族绝不屈服，各个社会阶级的仁人志士不断奋起抗争。历经上下求索、千辛万苦，中华民族终于在中国共产党的正确领导下，找到了适合中国国情的道路，开启了民族复兴的发展道路——中国特色社会主义道路。党的十八大报告指出："中国特色社会主义道路，就是在中国共产党领导下，立足基本国情，以经济建设为中心，坚持四项基本原则，坚持改革开放，解放和发展社会生产力，建设社会主义市场经济、社会主义民主政治、社会主义先进文化、社会主义和谐社会、社会主义生态文明，促进人的全面发展，逐步实现全体人民共同富裕，建设富强民主文明和谐的社会主义现代化国家。"② 中国特色社会主义道路实质就是党领导人民为实现现代化所开创的独特道路。

中国特色社会主义道路既不同于传统的社会主义现代化道路，也不同于资本主义现代化道路，是适合中国国情而又符合人民期待的一条新路。为了实现现代化，国际社会极力向中国推销"西方模式"的现代化道路。

---

① 习近平.高举中国特色社会主义伟大旗帜 为全面建设社会主义现代化国家而团结奋斗：在中国共产党第二十次全国代表大会上的报告 [M]. 北京：人民出版社，2022：22.

② 胡锦涛.胡锦涛文选：第三卷 [M]. 北京：人民出版社，2016：621.

"西方模式"的现代化道路依靠发动军事侵略和对外扩张，依靠残酷剥削和殖民掠夺形成原始积累。并且，资本主义制度中始终存在着私有制与社会化大生产之间不可调和的矛盾，导致了人与自然、人与社会、人与自我的不协调发展，导致社会矛盾尖锐、贫富差距悬殊、生态环境恶化。将西方社会极力鼓吹的"民主政治"，移植到其他国家，带来的并非福音而是社会的动荡和混乱。对此，英国的马丁·雅克在《当中国统治世界》一书中就说："中国绝对不会走上西方民主化的道路，只会选择一条不同于西方世界的发展模式；中国的崛起将改变的不仅仅是世界经济格局，还将彻底动摇我们的思维和生活方式。"①

寻梦难，追梦、圆梦更难。党的二十大报告确立了以中国式现代化全面推进中华民族伟大复兴的宏伟蓝图，这是党对改革开放40多年的道路探索和历史成就进行总结而确立的战略措施，也坚定了我们对中国式现代化道路的历史自信与历史自觉。即便世界处于"百年未有之大变局"，我们也始终坚持走一条适合中国国情的现代化道路。认清我国国情，就是要清楚认识到我国正处于并将长期处于社会主义初级阶段的基本国情没有变，一切都不能离开这个实际、超越这个阶段。这就决定了我们必须始终坚持党在社会主义初级阶段的基本路线、基本经验和基本方略，坚持以人民为中心的发展思想，坚持发展为了人民、发展依靠人民、发展成果由人民共享的价值导向。坚持和完善社会主义市场经济，不断解放和发展社会生产力，逐步实现全体人民共同富裕。全面推进"五位一体"总体布局，实施新发展理念，推动经济发展、政治民主、文化繁荣、社会和谐、生态良好、人的全面发展，促进全方位的社会转型，最终实现中华民族伟大复兴的宏伟目标。

为实现中华民族伟大复兴的中国梦，全面建设社会主义现代化国家，党的十八大擘画了"两个一百年"奋斗目标，即在中国共产党成立一百年时全面建成小康社会，在新中国成立一百年时建成富强民主文明和谐的社会主义现代化国家②。党的十九大提出了新的实现"两个一百年"奋斗目标的战略安排。第一个阶段，从2020年到2035年，在全面建成小康社会的基础上，再奋斗十五年，基本实现社会主义现代化；第二个阶段，从

---

① 陈金龙.中国特色社会主义道路的实质［N］.南方日报，2013-09-23（3）.
② 中共中央文献研究室.十八大以来重要文献选编：中［M］.北京：中央文献出版社，2016：237.

2035 年到 21 世纪中叶，在基本实现现代化的基础上，再奋斗十五年，把我国建成富强民主文明和谐美丽的社会主义现代化强国①。党的二十大重述了实现"两个一百年"奋斗目标的战略安排。

（三）把社会主义核心价值观建设融入"四个全面"战略布局

党的十八大以来，以习近平同志为核心的党中央深刻总结社会主义建设规律，准确把握现代化建设规律，提出了"四个全面"战略布局。"四个全面"战略布局立足于满足人民的根本利益，以鲜明的价值立场明确了当代中国发展的战略举措、战略布局、战略目标，对接了社会主义核心价值观的价值目标、价值取向和价值准则，指明了社会主义核心价值观建设的主要着力点和聚焦点。一是把社会主义核心价值观融入全面建设社会主义现代化国家新征程，增强社会主义核心价值观建设的认同基础；二是把社会主义核心价值观融入全面深化改革新举措，为社会主义核心价值观建设提供现实途径；三是把社会主义核心价值观融入全面依法治国新进程，为社会主义核心价值观建设提供法治保障；四是把社会主义核心价值观融入全面从严治党新领域，为落实社会主义核心价值观建设中的人民主体地位提供根本保障。

1. 融入全面建设社会主义现代化国家新征程

党的二十大报告指出，我国已经全面建成小康社会，实现了第一个百年奋斗目标，现在已迈上全面建设社会主义现代化国家新征程，向第二个百年奋斗目标进军。我国社会主义现代化是惠及全体人民的新型现代化，也是人口规模巨大的现代化、全体人民共同富裕的现代化、物质文明和精神文明相协调的现代化、人与自然和谐共生的现代化、走和平发展道路的现代化。建成现代化国家，意味着我国经济、政治、文化、社会、生态和人的发展等各项目标的协同演进和良性发展，整个社会呈现政治昌明、文化繁荣、社会和谐、生态良好的状态，人民群众在工作、教育、收入、住房、医疗等领域享有更多成果。全面建成现代化国家充分体现了发展内容的全面性、发展空间的均衡性、发展时间的延续性和发展方法的统筹性，体现了发展方向的目的性与人民性的统一。

正如霍尔巴赫所说："如果社会不为人们获得幸福创造条件，人们就不可能爱社会；如果社会剥夺了人类本性所需的一切福利，或者不给人们提

---

① 习近平. 决胜全面建成小康社会　夺取新时代中国特色社会主义伟大胜利：在中国共产党第十九次全国代表大会上的报告 [M]. 北京：人民出版社，2017：29.

供自我保护所需的条件，那么，人们就会怀着憎恨之心同它断绝关系，抛弃它，甚至还要危害它。"① 如果经济社会发展存在诸多不公平、不和谐的现象，如收入分配不公、贫富差距拉大、生态环境恶化、忽视弱势群体利益等，就会直接或间接地影响和阻碍人民群众建设社会主义核心价值观的积极性、主动性，弱化对社会主义核心价值观的认同。建设现代化国家，促进经济社会的发展进步，无疑为推动社会主义核心价值观建设奠定了良好基础。现代化国家建设成就充分体现了社会主义制度的优越性，生动诠释了社会主义核心价值观的内在魅力，能够增强人民群众的广泛认同，提升人民群众的价值自觉与价值自信。

2. 融入全面深化改革新举措

从价值哲学层面上讲，价值观本身是基于人作为实践主体的需要而产生的。社会主义核心价值观正是基于以人民群众为实践主体的需要而产生的。人民群众不仅有基本的物质生存需要，还有较高层次的文化娱乐享受的需要，以及政治和文化素质提升方面的发展需要等。社会主义核心价值观建设的主旨就在于最大限度地维护和满足绝大多数人民群众的共同利益。人民群众也正是出于对自身利益的有效维护和不断满足，认同和践行社会主义核心价值观。现实表明，人民群众的利益诉求越能得到有效维护和满足，他们推动社会主义核心价值观建设的主体性就越强，反之则越弱。全面深化改革正是在体制和制度变革中进行利益调整，其根本目的是维护人民群众的根本利益，是推进社会主义核心价值观建设的有效举措。

党的十八届三中全会通过的《中共中央关于全面深化改革若干重大问题的决定》（以下简称《决定》）明确指出："必须以强烈的历史使命感，最大限度集中全党全社会智慧，最大限度调动一切积极因素，敢于啃硬骨头，敢于涉险滩，以更大决心冲破思想观念的束缚、突破利益固化的藩篱，推动中国特色社会主义制度自我完善和发展。"全面深化改革立足于经济社会发展的现实基础和资源要素，着眼于进一步解放和发展社会生产力、解放和增强社会活力，有效整合社会资源，提升要素配置效率，通过对现有的体制和机制不断调整完善、优化补充，确保经济社会发展的良性运行和既定目标的科学实现，推进国家治理体系和治理能力现代化，释放改革红利，让人民群众共享改革发展成果，实现发展诉求和保障自身利益。

---

① 霍尔巴赫. 自然政治论 [M]. 陈太先，眭茂，译. 北京：商务印书馆，1994：9.

随着市场经济体制的确立和完善，尽管社会整体利益得到普遍提高，但由于人们越来越趋向于维护个人利益，原有的利益关系和利益格局被不断打破，利益分化越来越明显，矛盾也越来越尖锐，大大降低了人民群众对主导价值观的认同感，也使全社会的价值差异更加明显。因此，通过全面深化改革，制定合理的利益分配和共享的制度设计和政策措施，以有效的利益认同科学引导价值认同，是实现社会主义核心价值观建设的有效途径。例如，《决定》明确了一系列促进教育公平的改革举措：健全家庭经济困难学生资助体系，构建利用信息化手段扩大优质教育资源覆盖面的有效机制，逐步缩小区域、城乡、校际差距，使学生能够在公平的教育环境中健康成长，优化教育等资源，从而在大力促进教育公平的基础上，有效促进就业、发展机会的公平，带动整个社会的公平正义，使社会主义核心价值观落地落实。

3. 融入全面依法治国新进程

社会主义核心价值观建设的核心问题是要通过一定的方式方法，依托相应的载体与媒介，让社会主义核心价值观成为人民群众广为知晓、内心认同和自觉践行的主导价值观。可以说，社会主义核心价值观建设是"一个由'外在约束'向'内在约束'的内化过程，最终表现为社会成员的自觉行为"①，侧重于价值认同与情感的接受，属于国家德治范畴。而道德建设的"软性要求"一定程度上掣肘了价值观建设成效，因此，为了强化价值观的建设成效，推动社会主义核心价值观建设由"软性要求"向"刚性要求"转变，需要把社会主流价值和道德诉求融入法律的制定中，并以国家强制力保证其执行，用法治的手段来规范和引导价值观建设，将德治和法治相结合，以良法善治弘扬社会主义核心价值观。

中共中央强调把社会主义核心价值观融入法治建设，以法治保障和落实社会主义核心价值观建设。2013 年 12 月，中共中央印发的《关于培育和践行社会主义核心价值观的意见》明确指出："要把社会主义核心价值观贯彻到依法治国、依法执政、依法行政实践中，落实到立法、执法、司法、普法和依法治理各个方面，用法律的权威来增强人们培育和践行社会主义核心价值观的自觉性。""充分发挥法律的规范、引导、保障、促进作用，形成有利于培育和践行社会主义核心价值观的良好法治环境。"2016

① 周宏. 论加强社会主义核心价值观认同机制建设 [J]. 理论导刊, 2014（4）：60-63.

年 12 月，中共中央印发的《关于进一步把社会主义核心价值观融入法治建设的指导意见》，进一步强调指出："把社会主义核心价值观融入法治国家、法治政府、法治社会建设全过程，融入科学立法、严格执法、公正司法、全民守法各环节。""以法治体现道德理念、强化法律对道德建设的促进作用，推动社会主义核心价值观更加深入人心。"2018 年 5 月，中共中央印发的《社会主义核心价值观融入法治建设立法修法规划》强调："着力把社会主义核心价值观融入法律法规的立改废释全过程，推动社会主义核心价值观全面融入中国特色社会主义法律体系。"

这些政策措施明确了以法治手段保障社会主义核心价值观建设的基本要求和重点任务①。

一是在坚持党的领导、人民主体地位、法律面前人人平等等法治原则的基础上，塑造"深刻反映法治内在意蕴、精神制度与性格"的法治精神，并通过内化于心、外化于行的法治精神的"人格化过程"，促进全社会的法治信仰，为社会主义核心价值观制度文化的培养提供强有力的政治保障。二是把社会主义核心价值观倡导的国家价值目标、社会价值取向、公民价值准则融入建设法治国家、法治政府和法治社会全过程，通过制定和完善有利于培育与践行社会主义核心价值观的经济、政治、文化、社会、生态等各方面政策，并在具体的执行过程中发挥政策导向和利益引导机制，来引导人们对该价值观的认知和认同。"当人民群众的现实利益通过体现某种价值追求的政策得到一定程度满足时，就会对该政策中体现的价值追求产生认同倾向甚至情感，并逐渐形成稳定的信念和信仰。"② 三是把社会主义核心价值观融入科学立法、严格执法、公正司法、全民守法各环节中，这既保障了法治精神价值和功能的实现，也能从国家、社会和个人生活的不同层面深入推进社会主义核心价值观建设。科学立法，就是把社会主义核心价值观入宪入法入规，以法律体现道德理念，能够明确价值导向。例如，《中华人民共和国宪法修正案》和《中华人民共和国民法典》都明确写入"弘扬社会主义核心价值观"。严格执法、公正司法不仅有助于规范执法行为、提高司法公信力，还是对文明、和谐、公正、法治的价值观的培育与践行，而且，通过法治强化道德建设，体现了法治对经济发

---

① 张文显. 社会主义核心价值观与法治建设 [J]. 中国人大, 2019 (19)：49-54.

② 吴东华. 理论与方法：社会主义核心价值体系大众化的探索 [J]. 马克思主义研究, 2012 (11)：26-32, 159.

展、政治清明、文化昌盛、社会公正、生态良好的引领和规范作用。全民守法是指人民在理解和认同法律的基础上，树立了法治观念，增强了法治意识，遇事找法、办事依法、解决问题用法、化解矛盾靠法，这本身就是对社会主义核心价值观的弘扬①。

4. 融入全面从严治党新领域

中国共产党是中国特色社会主义事业的领导核心，在社会主义核心价值观建设领域同样发挥着核心力量的作用，是社会主义核心价值观建设的领导者、倡导者和弘扬者。党通过制定正确的制度、法律、法规等，保障社会主义核心价值观建设具有正确的政治方向；通过党所主张的社会主义核心价值观引导社会核心价值，"一方面论证着现行制度的合理性，同时提倡一定的价值观念，批判一定的价值观念，表现为思想家们和国家意识形态的某种希望或倾向，影响着人们的价值评价和价值取向"②；通过挑选高素质的党员干部到各级国家机关工作，保证社会主义核心价值观建设的顺利实施，并使党员成为社会主义核心价值观建设的一面旗帜而发挥人格示范作用。

总体而言，我们党作为一个坚持用科学理论武装、先进性特征鲜明的政党，坚持全心全意为人民服务的根本宗旨，具有崇高的革命理想和光荣的历史传统，是担当社会主义核心价值观建设的责任主体。通过党的领导和执政，把党的领导和国家的政治架构统一起来，形成全新的政治形式，为社会主义核心价值观建设提供了根本政治保障。

但是，由于党的整体队伍庞大，加之在长期执政中面临着"执政考验、改革开放考验、市场经济考验、外部环境考验"，党员干部面临着"精神懈怠的危险、能力不足的危险、脱离群众的危险、消极腐败的危险"。极少数党员干部丧失了马克思主义信仰，"不问苍生问鬼神"；不关心群众疾苦，心为物役，大搞权钱交易、官商结盟、买官卖官，存在腐败问题，数额惊人；思想作风奢靡腐化，信奉金钱至上、名利至上、享乐至上，搞形式主义、官僚主义且推崇享乐主义。这些现象严重地影响了党的先进性和政治生态，侵害了党在领导社会主义核心价值观建设中的责任主体地位。特别是腐败行径，更是直接损害了人民群众的主体地位，使党所倡导的社会主义核心价值观严重边缘化。

---

① 张文显. 社会主义核心价值观与法治建设 [J]. 中国人大, 2019 (19)：49-54.

② 马俊峰. 社会主义核心价值体系与科学发展观 [J]. 教学与研究, 2009 (3)：20-27.

因此，我们要坚持全面从严治党，强化党员干部的理想信念，始终抓住作风建设不放手，深入推进反腐败斗争。以党的执政能力建设、先进性和纯洁性建设为主线，党中央出台了"八项规定"，并深入开展党的群众路线教育实践活动、"三严三实"专题教育、"两学一做"学习教育、"不忘初心、牢记使命"主题教育、党史学习教育和学习贯彻习近平新时代中国特色社会主义思想主题教育，在提升党员党性修养的同时强化制度约束，建立科学有效的选人用人机制，发挥廉洁高效的干部监督管理机制，努力培养忠诚、干净、担当、实干的高素质执政队伍。这些教育活动严肃了党内生活，全面提升了党的建设的科学化水平，使党对社会主义核心价值观建设的领导生动体现在政治领导、思想领导和组织领导各领域，做到了以党风带民风、促社风，有效推进了社会主义核心价值观建设。

（四）推进"三德"实践

道德是以"善恶"为标准，对人们行为评判的不成文规约。道德实践的"意义在于要为社会成员提供一个新的生活价值取向，一种新的认同感。这种新的价值取向和认同感在赋予他们生活以新的意义的同时也为他们的社会行为提供一种软约束"[1]。道德实践遵从社会主导价值，社会核心价值观引领着道德实践。当习近平总书记强调"核心价值观，其实就是一种德，既是个人的德，也是一种大德，就是国家的德、社会的德。国无德不兴，人无德不立"[2] 时，就意味着社会主义核心价值观所引领的我国道德建设已经扩展为国家、社会和个人三个层面，成为国家道德、社会道德和公民道德的三位一体建设[3]。

1. 国家层面"明大德"

国家层面的"大德"是以国家为道德主体，表明中国特色社会主义国家应秉持的伦理原则和价值诉求，以及为实现这些目标应建立的制度、秩序和规范等。这样的国家大德应是中国特色社会主义国家制度优越性的体现，超越了封建专制国家、西方资本主义国家、传统社会主义国家，是为实现"富强、民主、文明、和谐、美丽"等价值目标而必须始终坚持的中国特色社会主义道路、理论、制度和文化等的根本要求。

---

① 郑永年. 通往大国之路：中国与世界秩序的重塑 [M]. 北京：东方出版社，2011：199.
② 习近平. 习近平谈治国理政 [M]. 北京：外文出版社，2014：282.
③ 郭敏. 道德引领：社会主义核心价值观的实践指向 [J]. 道德与文明，2019（1）：116-120.

2. 社会层面"守公德"

社会层面的"公德"是以社会为道德主体，表明我国社会主义制度下的市场经济所蕴含的伦理原则和价值诉求，是立足于社会主义市场经济体制的现代社会应呈现出的"自由、平等、公正、法治"的文明形态。"自由"是以社会主义基本经济制度为前提的具体自由，其不同于西方意识形态中以私有制为前提的抽象自由；"平等"是对我国计划经济范式中身份关系的历史性变革，也是对西方资本主义社会形式平等而实质不平等状态的制度性超越；"公正"体现在"逐步建立以权利公平、机会公平、规则公平为主要内容的社会公平保障体系"；"法治"代替"人治"，是国家治理体系和治理能力现代化的核心指标，引领"四个全面"战略布局齐头并进。

3. 个人层面"严私德"

个人层面"严私德"的道德主体是公民，是对公民道德选择的行为评价，体现了新时代公民道德内涵，覆盖了公民道德生活的各方面，如家庭美德、职业道德、公共道德、个人品德等。"爱国、敬业、诚信、友善"是对 2001 年《公民道德建设实施纲要》中的"爱国守法、明礼诚信、团结友善、勤俭自强、敬业奉献"的进一步提炼升华，承接了社会主义荣辱观，构成了当代中国公民的基本道德规范，体现出党和国家对于"人的现代化"问题的清醒认知与高度重视[1]。其中，"爱国"是公民最重要的道德品质，是"大德""公德"与"私德"的交汇点。习近平总书记指出："爱国，是人世间最深层、最持久的情感，是一个人立德之源、立功之本。"[2] 如今，世界上那些国家动荡而造成难民的情况，警示我们要以爱国情怀守护祖国的安宁，要用深厚的爱国情感维护祖国的安定。

三、新时代社会主义核心价值观建设的显著成效

进入新时代，在以习近平同志为核心的党中央的高度重视、系统认识和顶层设计下，全国掀起了培育和践行社会主义核心价值观的热潮，社会主义核心价值观建设进入了更为自觉、更有规划的新阶段[3]。

---

① 孔扬，姜大云.《资本论》的文明观及其对中国市民理性建构的启示 [J]. 前沿，2013 (7)：40-44.

② 习近平. 在北京大学师生座谈会上的讲话 [M]. 北京. 人民出版社，2018：11.

③ 袁银传，郭强，杨业华，等. 培育和践行社会主义核心价值观研究 [M]. 北京：人民出版社，2019：333.

一是通过多样化的传播与宣讲活动，让老百姓对社会主义核心价值观"知其然，并知其所以然"，增强了情感认同和价值认同。各职能部门重视宣传传播，通过传播理念、手段和方式的创新，依托党报党刊、电视电台、都市媒体、网络媒体实现媒体全联动、舆论全覆盖，特别是充分利用互联网的特点和功能，加强网络宣传、媒体密集宣传，将社会主义核心价值观渗透在日常形势政策宣传、成就宣传、主题宣传、典型宣传、热点引导和舆论监督中，贯穿到娱乐类、体育类节目和各类广告中，形成了全媒体宣传阵营，几乎达到了"妇孺皆知"的效果。例如，由中宣部指导，光明日报社、中国人民大学、中国伦理学会共同主办的"核心价值观百场讲坛"活动，在社会上产生了较大影响。

二是通过开展道德实践活动，提升了全社会道德水平，营造了见贤思齐、崇德向善的社会风气；在国家层面宣传和突出了英雄模范在道德实践中的作用。习近平总书记指出，"对中华民族的英雄，要心怀崇敬，浓墨重彩记录英雄、塑造英雄"①。英雄模范是指在社会历史发展中涌现出来的先进代表，他们有着崇高的人格、伟大的理想、宝贵的精神、高尚的行为。他们本身就是社会主义核心价值观人格化的体现，是广大人民群众建设社会主义核心价值观的标杆。依靠英雄模范的示范和引领作用，发挥榜样的带动效应，将社会主义核心价值观内化为人们的理想信念和行为习惯，是价值观建设的有效方法，也是一条基本规律。这些年，持续开展的时代先锋、时代楷模、全国优秀共产党员、全国道德模范、感动中国年度人物、大国工匠年度人物、中国好人榜等传统英模评选活动，以及中国数字化贡献人物、全国脱贫攻坚创新奖人物、最美奋斗者、改革开放40年百名杰出民营企业家、全国优秀县委书记、全国巾帼建功标兵、"最美人物"等新的英模评选活动，让杨善洲、张富清、黄大年、钟南山、杜富国、黄文秀等成为全国知名的英模人物甚至家喻户晓的知名人物，为社会传递朝气蓬勃的正能量起到了模范带头作用，充分发挥了党和国家功勋荣誉表彰的精神引领、典型示范作用，推动了全社会形成见贤思齐、崇尚英雄、争做先锋的良好氛围②。山东、河北等地的"道德建设名片"，江苏、安徽、江西等地的"好人文化"建设，昆山、巩义等地的"核心价值观区域化探

---

① 习近平. 在中国文联十大、中国作协九大开幕式上的讲话 [J]. 党建，2016 (12)：9.
② 习近平对党和国家功勋荣誉表彰工作作出重要指示强调：发挥功勋荣誉精神引领典型示范作用 推动全社会见贤思齐崇尚英雄争做先锋 [N]. 人民日报，2016-05-19 (1).

索"，杭州等地的"最美"推荐等活动，成为这些地方推动精神文化建设靓丽的"名片"，为社会主义核心价值观建设带来了社会活力和合力。

党的十八大以来，党中央特别强调要发挥红色文化在社会主义核心价值观建设中的作用。为凸显红色文化对人们思想观念和价值意识的作用，国家设立了"中国人民抗日战争胜利纪念日""南京大屠杀死难者国家公祭日""烈士纪念日"等重要国家纪念日，每逢纪念日举行重大纪念活动，让人们在庄重肃穆的氛围中以及历史场景的沉浸式体验中激发情感认同和价值共识，以此助推整个社会价值导向和精神动力。对于这方面的建设成效，习近平总书记在 2017 年党的十九大报告和 2018 年的全国宣传思想工作会议中都给予了高度肯定。

纵览党的百年历史，自中国共产党成立以来，"为中国人民谋幸福，为中华民族谋复兴"的初心和使命激励着一代又一代中国共产党人不断前进。中国共产党的历史就是一部以初心换得民心、靠民心赢得胜利的历史[①]。为了赢得民心，毛泽东把"为人民服务"作为党的根本宗旨，邓小平把"人民高不高兴""人民满不满意"作为检验工作的标准，江泽民提出了"始终代表中国最广大人民的根本利益"的重要思想，胡锦涛把"以人为本"作为核心理念，习近平总书记提出了"以人民为中心的发展思想"。习近平总书记在党的十九大报告中 200 多次提到"人民"一词，并强调"全党同志一定要永远与人民同呼吸、共命运、心连心"；党的二十大报告中"人民"也是高频词，还明确提出了"必须坚持人民至上"。正是党领导人民始终秉持人民本位的核心价值观建设方向，"为了实现中华民族伟大复兴的历史使命，无论是弱小还是强大，无论是顺境还是逆境，我们党都初心不改、矢志不渝，团结带领人民历经千难万险，付出巨大牺牲，敢于面对曲折，勇于修正错误，攻克了一个又一个看似不可攻克的难关，创造了一个又一个彪炳史册的人间奇迹"[②]。中国也必将在实现中华民族伟大复兴中国梦的进程中向全世界彰显社会主义核心价值观建设的磅礴力量。

[①] 宋进. "不忘初心、牢记使命"的认识逻辑 [J]. 高校马克思主义理论研究，2017 (4)：19-23.

[②] 习近平. 决胜全面建成小康社会　夺取新时代中国特色社会主义伟大胜利：在中国共产党第十九次全国代表大会上的报告 [M]. 北京：人民出版社，2017：24.

第四章 社会主义核心价值观建设的现实境遇

社会主义核心价值观的实质是中国特色社会主义价值观念，是我国占主导的社会意识形态，其建设和发展离不开中国特色社会主义新时代的社会基础。一方面，中国特色社会主义新时代的历史性变革和历史性成就为社会主义核心价值观建设奠定有利的社会基础，推动社会主义核心价值观建设取得新成效。另一方面，新时代我国发展面临更加艰巨的历史任务和更加复杂的国内国际局势，以及网络信息更加复杂难辨和意识形态领域的斗争更加艰巨等现状，这为我国社会主义核心价值观建设带来严峻的挑战。在价值观领域，目前我国总体呈现出多元价值观并存、不同价值观存在分歧和冲突、党和国家主导的社会主义核心价值观逐渐成为社会主流意识形态的基本现状。

第一节　社会主义核心价值观建设的基本背景

进入新时代，我国仍然处在社会转型的深刻变革中，传统价值观在国家意识形态层面虽已解构，但其作为价值观念依然有着影响；在我国对外开放与全球化的进程中，在全球话语体系中占有强势地位的西方资本主义价值观念在我国产生了一定影响；而以马克思主义为指导的社会主义核心价值观关乎我国社会主义的本质，必须占据国家主导意识形态地位，争取在国际国内的话语权。概括而言，新时代我国价值观领域呈现出"多元并存、分歧冲突"的基本特征。

一、新时代价值观多元并存的现状

价值观本质是价值选择、价值准则、价值目标，所以，随着社会经济成分多元化、分配方式多样化、利益需求多元化，社会价值观必然多元化。总体而言，当代中国社会有影响力的价值观念可以分为三种：一是中国传统的价值观念，二是西方传入的资本主义价值观念，三是以马克思主义为指导的社会主义价值观念。这三种不同的价值观念是影响我国社会主义核心价值观建设的文化元素。社会主义核心价值观也正是在对三种不同价值观念的传承与转化、借鉴与防范、引领与弘扬中建立起来的。

（一）对中国传统价值观的传承与转化

中国传统价值观是与中华民族的历史血脉相通的。在几千年的历史长河中，我国基本形成了以儒家思想为主体的价值观。我国传统文化其实是经历了诸子百家的综合、儒释道的综合，以及各民族优秀文化的综合而形成的文化集合，其中既包括儒家，也包括法家和道家，既包括中国本土思想也包括一定的外来思想①。所以，中国传统价值观既有以政治、伦理为本位的儒家价值观，也有讲究顺其自然、清静无为的道家价值观，还有宣扬一切皆空、人生皆苦、祈求解脱的佛教价值观，等等②。我国封建社会的漫长历史决定了中国传统价值观是建立在封建专制制度和自然经济、小农生产方式基础之上的，是以"官本位"为核心的封建主义价值观。从根本上讲，传统价值观与现代化的社会大生产、商品经济（或市场经济）以及信息化的社会基础是不相适应的。

"周虽旧邦，其命维新。"中华民族在近代面临实现现代化的历史任务，实现现代化意味着在很大程度上要摒弃传统。近代中国为了实现现代化，历经了器物、制度、思想的现代化。随着辛亥革命的胜利，封建专制制度被推翻，作为完整体系的封建传统价值观也已成为历史，特别是五四新文化运动，以"德先生"和"赛先生"为旗帜，与传统文化彻底决裂，传统文化在很大程度上被新文化取代。但是，价值观具有稳定性和相对独立性，它并没有随着封建制度的消亡而立即消失。特别是当我们利用西方现代化思想开启现代化历程，发现西式现代化所带来的负面问题却不能从

① 高德步. 中国价值的革命 [M]. 北京：人民出版社，2016：407.
② 孙伟平. 创建"中国价值"：社会主义核心价值体系研究 [M]. 北京：社会科学文献出版社，2015：106.

西方现代化思想中寻找解决方案，我们便开始重视从传统文化中获取思想创新资源。毛泽东早在 1938 年就曾指出："我们这个民族有数千年的历史，有它的特点，有它的许多珍贵品……从孔夫子到孙中山，我们应当给以总结，承继这一份珍贵的遗产。"① 社会主义核心价值观作为中华民族的价值共识和价值追求，与中国传统价值观存在着历史与逻辑相统一的密切关系，是在批判继承中国传统价值观合理因素的基础上发展起来的。

我们要传承和发展中国传统价值观，以传统价值观涵养社会主义核心价值观。习近平总书记在 2014 年"五四"青年节与北大师生的座谈会的讲话中指出，中华文明绵延数千年，有其独特的价值体系。中华优秀传统文化已经成为中华民族的基因，植根在中国人内心，潜移默化地影响着中国人的思想方式和行为方式。今天，我们提倡和弘扬社会主义核心价值观，必须从中汲取丰富营养，否则就不会有生命力和影响力。比如，中华文化强调"民惟邦本""天人合一""和而不同"；强调"天行健，君子以自强不息""大道之行也，天下为公"；强调"天下兴亡，匹夫有责"，主张以德治国、以文化人；强调"君子喻于义""君子坦荡荡""君子义以为质"；强调"言必信，行必果""人而无信，不知其可也"；强调"德不孤，必有邻""仁者爱人""与人为善""己所不欲，勿施于人""出入相友，守望相助""老吾老以及人之老，幼吾幼以及人之幼""扶贫济困""不患寡而患不均"，等等。习近平总书记指出，像这样的思想和理念，不论过去还是现在，都有其鲜明的民族特色，都有其永不褪色的时代价值。这些思想和理念，既随着时间推移和时代变迁而不断与时俱进，又有其自身的连续性和稳定性。我们生而为中国人，最根本的是我们有中国人的独特精神世界，有百姓日用而不觉的价值观。我们提倡的社会主义核心价值观，就充分体现了对中华优秀传统文化的传承和升华②。

（二）对西方资本主义价值观的借鉴与防范

自近代我国打开国门特别是改革开放以来，西方资本主义价值观以其强大的"软实力"优势，在一定程度上渗透、侵蚀我国社会，成为当代中国人价值观的组成部分。这种影响正如马克思在《共产党宣言》中所描述

---

① 毛泽东.毛泽东选集：第二卷 [M].北京：人民出版社，1991：533-534.
② 习近平.青年要自觉践行社会主义核心价值观：在北京大学生座谈会上的讲话 [N].人民日报，2014-05-05（2）.

的，"一切固定的僵化的关系以及与之相适应的素被尊崇的观念和见解都被消除了，一切新形成的关系等不到固定下来就陈旧了。一切等级的和固定的东西都烟消云散了，一切神圣的东西都被亵渎了"①。西方资本主义价值观对我国社会价值观的影响和冲击从19世纪中期开始一直延续到今天的现代化过程中。所以，有学者认为，从19世纪末以来，我们就走上了西化的道路，其中既包括物质文化的大部分，也包括一部分思想情感，思想情感中自然就包括了部分的社会价值观②。

近代中国落后挨打的现实，让国人力倡西方"民主""科学"的价值理念，大力学习西方先进的科学技术，试图学习西方的民主制度，科学与民主的价值得以确立。改革开放后，中国确立了"以经济建设为中心"和实行市场经济的发展道路，竞争和效率成为市场的核心价值。人们在市场活动中采用一切可以提高效率的竞争手段，实现利益最大化，人不仅从趋利避害的"理性人"转变为精于计算的"经济人"，甚至成为"单向度的人"。市场让一切亲情和同情都"淹没在利己主义打算的冰水之中"，"它把人的尊严变成了交换价值"，"人和人之间除了赤裸裸的利害关系，除了冷酷无情的'现金交易'，就再也没有任何别的联系了"③。"发展才是硬道理"理念中的"发展"，本应包括物的发展和人的发展，却被物化为"GDP"这一最直接的指标，GDP的增长率成为国家竞争和比拼的工具，也成为政府和官员的政绩标准。对GDP的推崇驱使我国走上了粗放式发展道路，出现了"物的世界的增值同人的世界的贬值成正比"的扭曲状况。正是为了从根本上改变这一发展现状，我国确立了"以人为本"和"以人民为中心"的社会主义核心价值观。

随着全球化带来的思想大活跃、观念大碰撞、文化大交融，西方资本主义国家把"自由、民主、人权"等价值观包装成"普世价值"向全世界推行。"普世价值"之所以形成，是资本主义国家把自己的价值观普遍化的结果，其实质是在不同国家和社会制度之间的意识形态领域斗争中争夺主导权和话语权。20世纪末，美国学者亨廷顿就曾说过，"普世文明的概念有助于为西方对其他社会的文化统治和那些社会模仿西方的实践和体制

---

① 马克思，恩格斯. 马克思恩格斯选集：第一卷 [M]. 北京：人民出版社，2012：403.

② 邹千江. 当前中国社会价值观的存在特点 [J]. 社会科学辑刊，2005 (4)：43-47.

③ 马克思，恩格斯. 马克思恩格斯选集：第一卷 [M]. 北京：人民出版社，2012：403.

的需要作辩护。普世主义是西方对付非西方社会的意识形态"①。如果按所谓"普世价值"即西方政治理念和制度模式改造中国,就会在思想上废除马克思主义的指导地位,以西方资产阶级价值观为圭臬,干扰社会主义核心价值体系建设,鼓吹指导思想的多元化;在经济制度上,为全盘私有化制造舆论,企图釜底抽薪,搞垮以公有制为主体的社会主义经济基础;在国家统一问题上,迎合西方敌对势力,支持分裂势力,站在国家统一和中华民族整体利益的对立面上②。因此,我们要抵制"普世价值"思潮的泛滥,我国必须坚持社会主义核心价值观的主导地位。

（三）社会主义核心价值观的引领与弘扬

社会主义核心价值观的实质是中国特色社会主义价值观念,既富有"中国特色",也彰显"社会主义"的本质。"中国特色",突出了其产生和发展的历史、现实和文化基础,所以社会主义核心价值观要以马克思主义、集体主义为价值取向和遵循;强调其"社会主义",突出其与西方资本主义价值观的根本区别。社会主义核心价值观形成发展于党领导的中国特色社会主义建设实践中,构成我国社会主义建设实践的价值底蕴,是我国社会主义意识形态建设的本质要求。其基本内涵融入"五位一体"的中国特色社会主义经济、政治、文化、社会和生态建设中,集中体现为中国精神、中国价值、中国力量等。

社会主义核心价值观是马克思主义价值观的中国化,充分反映出马克思主义价值观的主体性、人民性。马克思主义价值观是反映无产阶级根本利益的价值观,其价值主体是以无产阶级为"总体性概念"的最广大人民群众。社会主义核心价值观正是以人民群众为价值主体和评价主体,以人民群众的根本利益为最高的价值标准和评价标准,以不断满足人民群众日益增长的物质文化需要和对美好社会生活的需要、促进人的自由全面发展为价值目标的观念体系。社会主义核心价值观把一切为了人民,一切依靠人民,人民"拥护不拥护""赞成不赞成""高兴不高兴""答应不答应"作为价值定位和价值追求,坚持为人民服务的根本宗旨,把思想和行动落实到"全心全意为人民服务"的价值观之上。马克思、恩格斯在《共产党

---

① 亨廷顿. 文明的冲突与世界秩序的重建 [M]. 周琪,刘绯,张立平,等译. 北京:新华出版社,2010:45.

② 刘书林. "普世价值"问题出现的过程、原因及实质 [J]. 思想理论教育导刊,2008(11):62.

宣言》中指出："过去的一切运动都是少数人的或者为少数人谋利益的运动。无产阶级的运动是绝大多数人的、为绝大多数人谋利益的独立的运动。"① 毛泽东根据马克思主义的基本原理，结合中国革命和建设实际，创造性地提出了为人民服务的价值观，并把它写入党章，成为党的根本宗旨和最高行动准则。这之后，邓小平提出了"领导就是服务"的价值观，江泽民提出了"代表最广大人民群众根本利益"的价值观，胡锦涛提出了"以人为本"的价值观，习近平总书记提出了"以人民为中心"的价值观。"为人民服务"不仅是几代中国共产党人的价值观，也是体现社会主义核心价值观精髓的本质特征。

二、多元价值观建设中的分歧与冲突

新时代我国社会价值观的"多元并存"，导致了无论在社会的宏观背景下，还是在个体的精神世界中，使本不属于同一时空的中国传统价值观、西方资本主义价值观和社会主义核心价值观同时共存与新旧交替。不同价值观之间虽有一些共同点，但也存在着明显的分歧与冲突。

价值观分歧与冲突是指在多元化价值观念中存在的不同价值观念的竞争与矛盾。它是由于价值观念的方向性特征，又由于主导的核心价值标准和价值理想的缺位，在相异的价值观念多元并存的状态下，必然形成各种价值观念之间的相互摩擦以及竞争与矛盾。转型期的价值观分歧与冲突总体体现为中国传统价值观与现代价值观的分歧与冲突、计划经济价值观与市场经济价值观的冲突、中西价值观的冲突等。例如，"以个体经济为基础所形成的价值观念基本上是自我封闭、单一内向的，同现代市场经济的开放性、外向型、多元化的价值取向是根本对立的。同时，建立在血缘关系基础上的祖宗观念、家族观念、宗法权力观念、长官意志、唯我独尊等非理性价值意识同现代平等观念、民主观念、合作观念、竞争观念、法制观念也是格格不入的"②。

"'价值冲突'从表面来看是两种价值的彼此否定和相互竞争，如道德价值与利益价值的冲突，政治价值与文化价值的冲突等。可是，一种价值与另一种价值就其本身来说是不会冲突的，发生冲突的是人们的价值评价

---

① 马克思，恩格斯. 马克思恩格斯选集：第一卷 [M]. 北京：人民出版社，2012：283.
② 张军. 走出黑洞：中国当代社会失范现象批判 [M]. 北京：中国经济出版社，2000：233-234.

和价值选择。当价值观念肯定一种价值而否定另一种价值，选择一种价值而放弃另一种价值时，两种价值才会在观念中发生冲突。所以，价值冲突的实质是价值观念的冲突，在价值观念冲突之外并不存在价值的冲突。"①不同价值观分歧冲突的实质是不同价值主体或同一价值主体在价值目标、价值选择、价值取向、价值评价、价值行为等方面相互矛盾的产物和表现。依据不同价值观念所指向的主要对象，我们着重讨论几种价值观在集体与个人、道义与功利、公平与效率、和谐与竞争、人治与法治等层面的价值分歧与冲突。

（一）群己关系的价值分歧与冲突

在处理集体和个人的关系即群己关系上，中国传统价值观主张群体至上，个体缺乏自我意识，也无独立个性可言。"虽然个人之间的关系表现为较明显的人的关系，但他们只是作为具有某种规定性的个人而相互发生关系，如作为封建主和臣仆、地主和农奴等等，或作为种姓成员等等，或属于某个等级等等。"② 这是对传统自然经济条件下个体缺乏独立性而受制于等级、权威所设定的宗法关系和政治统治的状况的描述。在这样一种整体主义影响下，人的权利意识被义务观念所取代，进取意识、创造意识被奴婢式的顺从所淹没，自我和个性被权威崇拜意识、等级依附观念所窒息。

以个人主义为思想基础的资本主义价值观，破除了忽视个人价值的群体本位价值观，强调个人的自我奋斗为价值实现途径，追求个人的独立与价值、个性的自由与解放、个人的利益与幸福等，这成为激发社会活力和创造的动力之源。但个人主义片面突出个人的主体地位，强调个人利益的优先性，割裂了个人与集体、个人与社会的整体关系，无视人在现实的社会关系中获得自我的社会规定性，导致个人成了"单向度的人"。

社会主义核心价值观在汲取了计划经济尊崇"群体至上"价值观念教训的基础上，确立了现代市场经济下个性独立原则，赋予了个体在市场经济中自主经营、自负盈亏、自我约束和自我发展的市场主体地位，尊重个人利益、自由和幸福的权利，尤其重要的是对人的能力本位的确认和尊崇，促使个人在激烈的市场竞争中发挥主体性，主动地、创造性地从事各

---

① 兰久富. 社会转型与价值冲突 [J]. 北京师范大学学报（社会科学版），199（3）：97-102.

② 马克思，恩格斯. 马克思恩格斯文集：第八卷 [M]. 北京：人民出版社，2009：57.

种经济活动，从而也为自己创造更大的价值。对个人价值的充分肯定促使价值主体意识空前觉醒，每个个体被赋予更大的自主性，积极性和创造性得到挖掘，从而追求着自身的独立人格，捍卫着自己的尊严和自由，释放出自身蕴含着的各种潜能，充分体现"每个人的自由发展是一切人的自由发展的条件"的趋向。在社会主义初级阶段，市场经济在肯定个体价值的同时，由于社会生产的欠发达和制度、法律的相对滞后，出现为了谋取个人私利而损害他人和集体、国家利益的行为和现象。对财富和权力等社会资源不择手段地追求，无视他人的存在及权利，也无视个人的社会责任与公民义务，衍生出极端个人主义的观念与行为。纠偏这一价值导向，就要发挥社会主义核心价值观的引领作用。

（二）义利关系的价值分歧与冲突

在处理道义与功利的义利关系上，中国传统价值观具有重义轻利的特点。"义"被看作高尚之本而深得尊崇，"利"被视为罪恶之源而痛受贬斥。所谓"君子喻于义，小人喻于利""正其义不谋其利，明其道不计其功"。中国传统文化中的道德优先论的价值指向是超功利的，即超越行为者自身的物质利益。《论语·述而》说："不义而富且贵，于我如浮云。"后来的理学家更是主张"存天理，灭人欲"。个人的物质需要和感性欲望丧失了应有的价值和地位。

西方资本主义价值观以个人利益至上的功利主义为基本格调，边沁（Jeremy Bentham）和穆勒（John Stuart Mill）是其代表人物。边沁认为："功利原则指的就是当我们对任何一种行为表示赞成或不赞成的时候，我们是看该行为是增多还是减少当事者的幸福。"[①]穆勒也指出："承认功利为道德基础的信条，换言之，最大幸福主义主张行为的是与它增进幸福的倾向为比例，行为的非与它产生不幸的倾向为比例。"[②] 这种功利主义是从利益出发来讨论价值取向的，认为利益是价值也是道德的基础，谋取利益是一切行为的终极目的。所以，功利主义不考虑个人行为的动机和手段，认为道德价值只是人们追求功利的手段，主张伦理相对主义和道德虚无主义，这导致普遍的道德水平下降和个人主义、利己主义泛滥。

随着我国社会主义市场经济的发展，人们的生存状态发生了改变，重义轻利、知足常乐的传统观念受到了挑战，人的生存权利、幸福指数和生

---

① 边沁. 道德与立法的原理导论 [M]. 罗也明，译. 北京：商务印书馆，1987：211.
② 穆勒. 功用主义 [M]. 刘富胜，译. 北京：商务印书馆，1957：7.

活质量等问题被提了出来，个人对自身利益的合法追求得到了充分肯定，获得财富的增长成为个人和国家发展的最终目标之一。"贫穷不是社会主义""让一部分人先富起来"，这些极具震撼力的国家号召是物质利益原则深入人心的体现。人们获得了谋取正当利益的充分而自由的权利，相应的社会激励机制让个人为谋利而激发出前所未有的积极性和创造性，给社会生产力的发展注入了空前的活力。但直接经济利益的动力观念同时又在诱发着商品拜物教和金钱至上的不良思想，并渗透到普通民众与权力机构中，衍生出腐败和社会失范现象。社会转型期功利性价值观念的恶性膨胀与扭曲，功利价值与道德价值的冲突加剧，需要以社会主义核心价值观建设促进二者的辩证统一。

（三）公平与效率关系的价值分歧与冲突

在处理公平与效率的关系中，中国传统价值观重视人与人之间的长幼尊卑关系，极力维护的是封建宗法社会的特权意识和金字塔式的等级关系。所谓"君君臣臣，父父子子，长幼有序，上下有别，贵贱有等，尊卑有级"。在古代社会，不均等的利益关系与不平等的人际关系相互支持，合力维护和坚守等级社会的特权法权体系。官本位、家庭本位、崇拜祖先、崇尚权威和长官意志成为根深蒂固的价值观念，社会缺失公平与正义，人与人之间在人际关系上是不平等的，利益也是不均等的。以至于消灭等级与特权建立的"公平"被简化为"平均"，"不患寡而患不均""均贫富、等贵贱"成为大众普遍的价值心态，甚至延续至今。这样的价值观决定了封建小农经济社会的缓慢发展且无效率。

资本主义价值体系所追求的利益不像以前的社会那样，主要靠辛勤的劳动或者野蛮的战争掠夺而获得，它主要是依靠市场经济中"物竞天择、适者生存"的"自由竞争"来获取。所以，与现代市场经济一道产生的西方资本主义价值观是效率至上。正是因为追求不断提高生产效率，资产阶级重视科学技术的发展，使科学技术成为促进市场经济发展和改变社会面貌的主要力量。市场经济和科学技术的有机结合，极大地提升了资本主义社会生产效率和物质基础，当代经济发展水平居世界前列的国家多为资本主义国家可以证实这一点。同时，由于市场经济要求不同主体参与经济活动的机会均等，竞争条件均等，享有的权利和承担的义务对等，为保证资本主义生产效率，资本主义实行人格、机会、权利、义务平等原则，要求政府在不影响自由竞争的前提下在所有可能的方面实现人人平等，使所有社会成员普遍平等①。当然，这种平等只是法律上的平等，只是占有权上的平等，而不是占有量和物的平等。实际情况是广大工人处于贫困状态，只能享有出卖自己劳动力的自由和权利，资本家却占据大量资本与财富，真正享有"自由、民主、人权"等权利。

社会主义作为比资本主义更优越的社会制度，力求在追求社会公平的前提下促进社会效率。改革开放之初，邓小平反思了我国计划经济时期存在的效率低下、追求简单的绝对公平的体制弊端，确立了"效率优先，兼顾公平"的价值位序和基本原则，就是要通过改革生产关系和树立合理的公平观来改变生产力落后和人民普遍贫穷的状况。这一价值位序和基本原则被实践证明是有效的和成功的，提高了我国社会生产力和人民整体生活水平。实际上，邓小平关于社会主义本质的论断充分表明社会主义价值观涵盖公平与效率的统一，并体现了邓小平对效率与公平这一社会主义价值观的探索。其中，"解放生产力，发展生产力"着眼于"社会主义比资本主义应有更高的劳动生产率"，着眼于"广大人民群众的根本利益"，着眼于"为共产主义创造物质基础"，全面体现了社会主义的效率观和效率要求；而"消灭剥削、消除两极分化，最终达到共同富裕"则着眼于"按劳分配"，着眼于"人民当家作主"，着眼于"社会主义的最终目的"，全面体现了社会主义的公平观和公平原则②。

在社会主义初级阶段，要实施以经济建设为中心的基本路线和加快经济发展的战略任务，就必须坚持高效率和经济发展优先战略，其结果是我国经济发展取得了举世瞩目的辉煌成就，经济总量居世界第二。但我国社会仍有不公现象，贫富差距较大，人民群众对公平正义的渴望越发强烈，效率与公平之间出现了矛盾。为此，党的十八大报告明确指出，"必须坚持维护社会公平正义"，"逐步建立以权利公平、机会公平、规则公平为主要内容的社会公平保障体系，努力营造公平的社会环境，保证人民平等参与、平等发展权利"③。党的十八大关于社会主义核心价值观的基本表述中，也明确提出了社会层面"公平"的价值取向。作为社会主义核心价值

① 孙伟平. 创建"中国价值"：社会主义核心价值体系研究［M］. 北京：社会科学文献出版社，2015：121.

② 廖小平. 价值观变迁与核心价值体系的解构与建构［M］. 北京：中国社会科学出版社，2013：197-198.

③ 本书编写组. 十八大报告辅导读本［M］. 北京：人民出版社，2012：14-15.

的效率与公平及其统一，代表了人民的价值追求，也将在中国特色社会主义建设实践中成为现实。

（四）和谐与竞争关系的价值分歧与冲突

在和谐与竞争的关系上，中国传统价值观以和谐、中庸为价值取向。在人与自然的关系上，无论道家还是儒家，都强调人与自然之间的平衡与和谐。《中庸》将自然之和谐表述为："万物并育而不相害，道并行而不相悖。"道家强调"道法自然""顺物自然而无容私焉"，一切因任自然，无为而治。"和"的状态在于，万物各在其位，各有其分，各得其所。这体现为"度"，而"适度"即为"中"，"使万物无一失所者，斯天理，中而已"①，因此，也谓之"中和"。在人与人的关系上，传统价值观注重"群体本位"，崇尚秩序与团队精神，坚持"和为贵"，将重"和"作为处理人与人之间关系的重要价值取向。孟子认为"天时不如地利，地利不如人和"。孔子强调"君子和而不同，小人同而不和"。在人的身心关系上，传统价值观也力求和谐。儒释道各家都力图通过修身养性，压抑或克服各种欲望，追求内心的和谐、良心的安宁。但传统的和谐观念导致了整个社会的竞争意识缺失，人们的主体意识淡薄、缺乏权利观和责任感，满足现状、害怕革新，社会发展缓慢。

西方价值观以推崇竞争、不回避冲突为价值取向。适者生存的竞争机制是市场经济的普遍规则，也是市场经济的基本价值要求。当市场经济成为资本主义社会经济的唯一形式时，"自由竞争"也成为整个价值体系的基础和支柱。为了在竞争中实现个人利益的最大化，人们不计成本地占有自然资源、掠夺自然资源，导致人与自然的不和谐，天人相分。人们为了追求效率和收益最大化而进行无休止、无限制的竞争，使人与人之间的关系丧失了符合人性特征的和谐，到处渗透着互相利用、互相操纵的精神；人与人之间的关系完全成了两个抽象物、两个活机器之间相互斗争、相互利用的关系②。这就是马克思所说的，"人和人之间除了赤裸裸的利害关系，除了冷酷无情的'现金交易'，就再也没有任何别的联系了"③。这种以竞争为核心价值的市场经济，虽然通过竞争机制激励了市场主体，但每个个体都是以个人为中心来核算成本与收益，却将社会成本排除在外，往

---

① 河南程氏粹言卷第一//程颢，程颐.二程集：下 [M].北京：中华书局，2004：1182.
② 高德步.中国价值的革命 [M].北京：人民出版社，2016：481.
③ 马克思，恩格斯.马克思恩格斯选集：第一卷 [M].北京：人民出版社，2012：403.

往造成社会整体利益的严重损害，是人与社会之间的严重不和谐。

社会主义市场经济打破了计划经济下人们因循守旧和循规蹈矩的状态，催生了竞争意识。市场竞争的内在动因引导主体的超越性与创造性，促使人们不断地打破时空局限，对自己的生活方式和生产方式进行创造性建构。市场的竞争意识也使整个社会洋溢着自强不息、努力进取、开拓创新等时代精神。但市场经济的激烈竞争和残酷导致人际关系紧张，也同时催生了不择手段、坑蒙拐骗、官商勾结、以权谋私等现象，引导人们产生金钱至上的想法、拜金主义思想，导致人性扭曲和异化，人们身心环境恶化，社会不和谐。"构建社会主义和谐社会"的提出表明，"和谐"价值观已成为社会的主流价值观，社会成员能自觉地为构建和谐社会而共同努力，人与自然、人与人、人与社会、人的身心已基本达到和谐状态①。

（五）人治与法治关系的价值分歧与冲突

在人治与法治的关系上，中国传统价值观是"人来治国"，即"人治"。"溥天之下，莫非王土；率土之滨，莫非王臣""君要臣死，臣不得不死"，个人的权威高于法律的权威，人大于法，权大于法，个人专断与独裁逾越法律的权威。"刑不上大夫，礼不下庶人"。人治必须以权利的不平等、权力的缺少制衡以及统治者的道德优越性为前提，再加上普通老百姓根深蒂固的皇权意识、清官意识和臣民意识，使人治成为一种被普遍接受和认同的核心价值。人治的成本以及效果除了依赖于人们的道德水准外，主要视国家治理者的道德水准而定，因而，重德政和重教化的传统意识也使得人们在执法过程中重礼轻法、重德轻刑。

法律至上是近现代西方资本主义主流价值观的一项重要内容。资本主义价值体系之所以推崇法治，是因为只有法治才能维护资本主义社会的自由和民主。而且西方推崇理性主义的一个积极后果，就是他们意识到法律对于现代社会的重要性，因而形成了在法律之下治理国家的法治原则，它要求一切公共权力必须在法律范围内运行，并必须依据和服从法律②。不仅社会管理者必须在法律范围内依法进行管理，而且社会成员也必须遵守法律，以法律作为自己基本的行为准则。于是，在西方价值体系中，法律

---

① 廖小平. 价值观变迁与核心价值体系的解构和建构 [M]. 北京：中国社会科学出版社，2013：260.

② 孙伟平. 创建"中国价值"：社会主义核心价值体系研究 [M]. 北京：社会科学文献出版社，2015：121.

就由以往的统治者的工具变成了统治者本身，社会的管理者（官员）不再是统治者，而是法律这一最高统治者的执行者。资本主义国家有崇尚法治的传统，尊重宪法和法律的权威性和至上性，形成了"以法治国"的核心价值理念。但西方法治思想终归是服务于资本主义国家和意识形态的，是为资产阶级根本利益服务的，无产阶级和人民群众必须在遵行现有法治中享受有限的权利。

改革开放以来，中国不断推进政治体制改革，加强民主和法治建设，民主和法治作为社会主义核心价值观逐渐被确立，依法治国成为中国共产党领导人民治理国家的基本方略。依法治国就是依照体现人民意志和社会发展规律的法律治理国家，而不是依照个人意志和主张治理国家；要求国家的政治、经济运作、社会各方面的活动统统依照法律进行，而不受任何个人意志的干预、阻碍或破坏。《中共中央关于全面推进依法治国若干重大问题的决定》指出，全面推进依法治国，总目标是建设中国特色社会主义法治体系，建设社会主义法治国家。这是指，在中国共产党领导下，坚持中国特色社会主义制度，贯彻中国特色社会主义法治理论，形成完备的法律规范体系、高效的法治实施体系、严密的法治监督体系、有力的法治保障体系，形成完善的党内法规体系，坚持依法治国、依法执政、依法行政共同推进，坚持法治国家、法治政府、法治社会一体建设，实现科学立法、严格执法、公正司法、全民守法，促进国家治理体系和治理能力现代化。习近平总书记在党的十九大报告中指出，成立中央全面依法治国领导小组，加强对法治中国建设的统一领导。各级党组织和全体党员要带头尊法学法守法用法，任何组织和个人都不得有超越宪法及其他法律的特权，绝不允许以言代法、以权压法、逐利违法、徇私枉法。党的二十大报告把法治建设从政治建设中独立出来，强调"要坚持走中国特色社会主义法治道路，建设中国特色社会主义法治体系、建设社会主义法治国家，围绕保障和促进社会公平正义，坚持依法治国、依法执政、依法行政共同推进，坚持法治国家、法治政府、法治社会一体建设，全面推进科学立法、严格执法、公正司法、全民守法，全面推进国家各方面工作法治化"[1]。

但是，同党和国家事业发展的要求相比，同人民群众的期待相比，同推进国家治理体系和治理能力现代化的目标相比，我国法治建设还存在一

---

[1] 习近平. 高举中国特色社会主义伟大旗帜 为全面建设社会主义现代化国家而团结奋斗：在中国共产党第二十次全国代表大会上的报告 [M]. 北京：人民出版社，2022：40.

些问题，如有的法律法规未能全面反映客观规律和人民意愿，针对性、可操作性不强，立法工作中存在一定的部门化倾向、争权诿责现象；有法不依、执法不严、违法不究，执法部门权责脱节、多头执法、选择性执法，以及执法和司法不规范、不严格、不透明、不文明现象仍然存在；部分社会成员尊法学法守法用法、依法维权的意识不强，一些国家工作人员特别是领导干部依法办事观念不强、能力不足，知法犯法、以言代法、以权压法、徇私枉法现象依然存在。这些问题违背社会主义法治原则，损害人民群众利益，妨碍党和国家事业发展，必须下大气力加以解决。不可否认，人治的传统观念在今天仍然有广泛的影响，"权大于法"、"以言代法"、无视法律和权力边界等现象仍在不同程度上存在，这从另一个侧面反映了社会法治不健全的现状和传统人治价值观与现代法治价值观的冲突和碰撞。完善中国特色社会主义法治体系，是我国真正成功向现代社会转型和使社会持续发展的重要条件。我国民主法治建设任重道远，制约权力的制度设计在中国仍然需要探索，人治观念与法治观念的冲突还将在中国迈向社会主义现代化国家的实践中长期存在，我国必须在国家、社会、个人层面，在立法、司法、执法层面，努力践行"民主与法治"核心价值理念。

第二节　社会主义核心价值观建设的社会条件

社会主义核心价值观建设是为国家立魂、为社会塑形、为个人定规的战略任务，需要国家、社会和个人协同，主体和客体联动，共同推进。党的十八大以来，以习近平同志为核心的党中央的高度重视和亲自抓建设形成了强劲动力，理论界发挥优势得出的研究成果增强了建设动力，人民群众的积极响应和主动参与在全社会产生了积极成效。中国特色社会主义进入新时代则构成推动社会主义核心价值观建设的社会基础。

一、新时代：社会主义核心价值观建设的社会基础

党的十九大指出，中国特色社会主义进入了新时代。新时代的丰富内涵和深远意蕴生动彰显了社会主义核心价值观建设的理论与实践，新时代的历史性成就极大地增强了全体人民的道路自信、理论自信、制度自信和文化自信，提升了人民群众弘扬和践行社会主义核心价值观的积极性、主动性和创造性，夯实了价值观自信，为社会主义核心价值观建设奠定了有

利条件。

（一）新时代的丰富内涵生动诠释了社会主义核心价值观

中国特色社会主义新时代具有丰富的内涵。新时代是中国特色社会主义新时代，而不是别的什么新时代。从历史脉络看，新时代是党在百年历史进程中承前启后、继往开来，夺取中国特色社会主义伟大胜利的时代。以毛泽东同志为核心的党的第一代中央领导集体带领全党全国各族人民完成了新民主主义革命，进行了社会主义改造，确立了社会主义基本制度，为新的历史时期开创中国特色社会主义提供了宝贵经验、理论准备、物质基础；以邓小平同志为核心的党的第二代中央领导集体带领全党全国各族人民深刻总结我国社会主义建设正反两方面经验，科学回答了建设中国特色社会主义的一系列基本问题，做出实行改革开放的历史性决策，成功开创了中国特色社会主义；以江泽民同志为核心的党的第三代中央领导集体带领全党全国各族人民坚持党的基本理论、基本路线，开创全面改革开放新局面，推进党的建设新的伟大工程，成功把中国特色社会主义推向 21 世纪；以胡锦涛同志为总书记的党中央抓住重要战略机遇期，在全面建设小康社会进程中推进实践创新、理论创新、制度创新，贯彻落实科学发展观，成功在新的历史起点上坚持和发展了中国特色社会主义。党的十八大以来，以习近平同志为核心的党中央围绕回答"新时代坚持和发展什么样的中国特色社会主义，怎样坚持和发展中国特色社会主义"这一根本问题，提出了习近平新时代中国特色社会主义思想，为党和国家事业的全面发展奠定了更加坚实的基础。坚持和发展中国特色社会主义是改革开放以来党的理论和实践的主题，也是党始终践行社会主义核心价值观的生动体现。

从实践主题看，新时代是决胜全面建成小康社会进而全面建设社会主义现代化国家的时代。它是党带领人民历经"挨打""挨饿"，终于实现了第一个百年奋斗目标后，开启第二个百年奋斗目标的新时代。从人民性来看，新时代是全国各族人民团结奋斗、不断创造美好生活，解决了全体人民绝对贫困、逐步实现全体人民共同富裕的时代。从民族性来看，新时代是全体中华儿女勠力同心、奋力实现中华民族伟大复兴中国梦的时代。从世界性来看，新时代是我国日益走近世界舞台中央、主动承担更多国际责任、不断为人类做出更大贡献的时代。可以说，新时代的丰富内涵正是社会主义核心价值观蕴涵的价值目标、价值准则、价值取向的又一种表达。

（二）新时代的深远意义充分彰显了社会主义核心价值观

中国特色社会主义进入新时代具有深远意义，在中华人民共和国发展史、中华民族发展史、世界社会主义发展史和人类社会发展史上都具有重大意义。从中华民族复兴的历史进程看，中国特色社会主义进入新时代意味着近代以来久经磨难的中华民族迎来了从站起来、富起来到强起来的伟大飞跃，迎来了实现中华民族伟大复兴的光明前景。"今天，我们比历史上任何时期都更接近、更有信心和能力实现中华民族伟大复兴的目标。"① 要实现这一目标，就要坚持社会主义核心价值观建设，努力建设富强、民主、文明、和谐的现代国家，建设自由、平等、公正、法治的现代社会，培育爱国、敬业、诚信、友善的现代公民。中华民族伟大复兴一定要实现，也一定能够实现。

从科学社会主义发展进程看，它意味着科学社会主义在 21 世纪的中国焕发出强大生机，中国在世界上高举中国特色社会主义伟大旗帜。社会主义 500 余年，经历了从空想到科学、从理论到实践、从一国实践到多国发展、从遭遇曲折到奋起振兴的历史进程。当苏联解体、东欧剧变时，资本主义国家惊呼"历史终结"，认为社会主义作为一种社会制度和意识形态已经消亡，资本主义将成为人类社会唯一永恒的社会制度和意识形态。正是在这种绝境中，中国经过探索开创了中国特色社会主义。中国特色社会主义建设取得举世瞩目的成就，带动了其他社会主义国家发展和世界社会主义运动复兴。例如，越南将本国社会主义社会定义为"民富、国强、民主、公平、文明的社会"；朝鲜在自己的纲领中删除了"共产主义"字眼，更务实地建设现实社会主义；古巴则启动社会主义经济模式更新。欧美地区沉寂已久的左翼运动也再次兴起，此起彼伏的示威游行、大罢工和占领运动直接针对现实的资本主义制度。拉美地区一些国家宣称自己搞的是"21 世纪社会主义"，成为变革资本主义世界进程的组成部分②。科学社会主义在 21 世纪的中国焕发出强大生机活力，在世界上高举中国特色社会主义伟大旗帜③，也旗帜鲜明地展示出社会主义的价值理念。

从人类文明进程看，中国特色社会主义进入新时代意味着中国特色社

① 习近平. 习近平谈治国理政：第三卷 [M]. 北京：外文出版社，2020：12.
② 轩传树. 在世界社会主义大格局下研究中国特色社会主义 [J]. 长白学刊，2015（6）：21-26.
③ 习近平. 习近平谈治国理政：第三卷 [M]. 北京：外文出版社，2020：8.

会主义道路、理论、制度、文化不断发展，拓展了发展中国家走向现代化的途径，给世界上那些既希望加快发展又希望保持自身独立性的国家和民族提供了全新选择，为解决人类问题贡献了中国智慧和中国方案。由于17世纪的西欧率先开始了人类工业化、现代化的历史进程，其现代化模式也在实际上产生了世界性影响，并成为后发国家遵循的基本模式。所以，西方语境的现代化就是"欧化""西化"，即资本主义的现代化。这一条遵循资本逻辑的现代化道路，主要通过在经济上实行私有制和市场经济，政治上推行民主选举制度，思想和文化上主张自由、个人主义，以充分保证资本的增值保值，但它也带来了人与自然、人与社会、人与人、人与自我的社会危机，周期性经济危机成为资本主义的制度性痼疾。这些制度性弊端突出地体现在当前资本主义爆发的"总危机"中。相反，我国社会主义现代化，从邓小平同志首次提出的"中国式的现代化"发展为习近平总书记创造性地提出的"中国式现代化"，超越了资本主义的资本逻辑，是践行以人民为中心的现代化道路，是人口规模巨大、全体人民共同富裕、物质文明和精神文明相协调、人与自然和谐共生、走和平发展道路的现代化。中国式现代化也将承载着"自由、民主、富裕"等全人类共同价值不断推进和完善。

（三）新时代的伟大成就为社会主义核心价值观奠定坚实基础

党的十九大报告指出，党的十八大以来，中国共产党以巨大的政治勇气和强烈的责任担当，提出了一系列新理念新思想新战略，出台了一系列重大方针政策，推出了一系列重大举措，推进了一系列重大工作，解决了许多长期想解决而没有解决的难题，办成了许多过去想办而没有办成的大事，推动党和国家事业发生历史性变革，取得了全方位的、开创性成就。

一是"五位一体"建设取得重大成就。经济上，我国经济由高速增长阶段转向高质量发展阶段，综合国力和国际影响力显著提升，经济总量稳居世界第二位，对世界经济增长贡献率超过30%。经济结构不断优化，推动经济迈向更高发展水平。政治上，我国民主政治建设迈出重大步伐，在中国共产党领导下，更加注重推进国家治理现代化[①]。文化上，我国大力推进社会主义核心价值观建设，深入开展学习宣传道德模范活动，不断深化文化管理体制改革，提高我国文化软实力，促进社会主义文化大发展与

---

① 韩庆祥，陈曙光. 中国特色社会主义新时代的理论阐释［J］. 中国社会科学，2018（1）：5-16.

大繁荣，建设社会主义文化强国①。在社会发展方面，我国更加注重全面协调发展。惠民政策力度不断加大，养老金和农村低保标准增幅远超 GDP 增速。保障性安居工程建设扎实推进，教育事业全面发展，人民健康和医疗卫生水平大幅提高。综合交通基础设施网络日趋完善，新业态不断涌现，就业状况持续改善。在生态建设方面，建设美丽中国，逐渐建成天蓝、地绿、水清的生产生活环境。我国积极引导应对气候变化国际合作，成为全球生态文明建设的重要参与者、贡献者、引领者。

二是"四个全面"战略取得突出成就。我国全面深化改革取得重大突破。我国稳步推进全面深化改革，拓展改革广度和深度，通过了 360 多个重大改革方案，出台了 1 500 多项改革举措，夯基垒台、立柱架梁，全面深化改革的主体框架基本确立。全面依法治国实现新飞跃，中国特色社会主义法治体系日益完善，加快建设法治政府进入新阶段，司法质量、效率和公信力大幅提升，全社会法治观念明显增强。我国已经全面建成小康社会。2021 年全国居民人均可支配收入 35 128 元，比 2012 年的 16 510 元增加 18 618 元，年均实际增长 6.6%。城镇居民恩格尔系数从 2012 年的 32.0%下降至 2021 年的 28.6%，下降 3.4 个百分点。农村居民恩格尔系数从 2012 年的 35.9%下降至 2021 年的 32.7%，下降 3.2 个百分点。居民恩格尔系数的下降，标志着居民生活水平的提高②。全面从严治党成效显著，消除了党和国家内部存在的严重隐患，党内政治生活气象更新，党内政治生态明显好转，党的创造力、凝聚力、战斗力显著增强，党的团结统一更加巩固，党群关系明显改善，党在革命性锻造中更加坚强，焕发出新的强大生机活力，为党和国家事业发展提供了坚强政治保证③。

三是在外交、国际领域，由回应国际外交挑战走向更加注重积极参与全球治理，全面推进中国特色大国外交，形成全方位、多层次、立体化的外交布局，为我国发展创造了良好的外部条件。我国实施共建"一带一路"倡议，倡导构建人类命运共同体，促进全球治理体系变革，为世界和

---

① 陈红娟. 中国特色社会主义进入新时代的历史逻辑与价值意蕴 [J]. 思想理论教育，2018 (1)：19-24.

② 党的十八大以来经济社会发展成就系列报告：居民收入水平较快增长 生活质量取得显著提高 [EB/OL]. (2022-10-11) [2023-02-11]. http://www.gov.cn/xinwen/2022/10/11/content_5717716.htm.

③ 梅荣政. 中国特色社会主义进入了新时代 [J]. 思想理论教育导刊，2017 (11)：8-9，20.

第四章 社会主义核心价值观建设的现实境遇 | 135

平与发展做出重大贡献。

新时代取得的历史性成就促进了我国经济社会的历史性变革。党的十九大报告概括了全面加强党的领导、党对意识形态工作的领导、全面从严治党等九大历史性变革。这些深层次的、根本性的历史性变革，极大增强了我国的综合国力、国际影响力和人民获得感、幸福感、安全感，为党和国家事业全面发展奠定了更加坚实的基础，构成推动新时代社会主义核心价值观建设的有利条件。

二、新时代社会主义核心价值观建设的社会动力

社会主义核心价值观建设是国家工程，既需要国家层面的顶层设计以形成主导力量，也需要社会多重合力，如学者广泛开展的理论研究，增强社会动力。

（一）国家层面的"重视"形成了直接动力

我国重视社会主义核心价值观建设，党中央明确提出，"培育和践行社会主义核心价值观，是推进中国特色社会主义伟大事业、实现中华民族伟大复兴中国梦的战略任务"。党的十八大提出了"三个倡导"。其中，富强、民主、文明、和谐是国家层面的价值目标，自由、平等、公正、法治是社会层面的价值取向，爱国、敬业、诚信、友善是公民个人层面的价值准则。这与中国特色社会主义发展要求相契合，与中华优秀传统文化和人类文明优秀成果相承接，是我们党凝聚全党全社会价值共识做出的重要论断。倡导社会主义核心价值观，是我们党面对世界范围内思想文化的交流、交融、交锋，面对改革开放和发展社会主义市场经济条件下思想意识的多元、多样、多变做出的重大战略，对于巩固马克思主义在意识形态领域的指导地位，巩固全党全国人民团结奋斗的共同思想基础，促进人的全面发展、引领社会全面进步，集聚全面建设社会主义现代化国家、实现中华民族伟大复兴的强大正能量，具有重要现实意义和深远历史意义。

党的十八大以来，"核心价值观"成为一个高频热词。在一系列重要的讲话和指示中，习近平总书记反复强调社会主义核心价值观建设对于民族复兴、"两个一百年"奋斗目标的实现以及对于每一位个体的成长发展等所具有的重要意义，阐述了社会主义核心价值观的基本内涵及建设任务，向不同的群体提出弘扬和践行社会主义核心价值观的要求。在党的二十大报告中，习近平总书记再次明确指出，"以社会主义核心价值观为引

领，发展社会主义先进文化，弘扬革命文化，传承中华优秀传统文化，满足人民日益增长的精神文化需求，巩固全党全国各族人民团结奋斗的共同思想基础，不断提升国家文化软实力和中华文化影响力"①。社会主义核心价值观建设是国家政治生活中的大事，必须以国家力量来推动。

对于社会主义核心价值观，主流媒体也要大力宣传，让宣传画面随处可见。让思政课老师感受最深的是，强调培育和践行社会主义核心价值观对青少年"扣好人生第一颗扣子"有着重要作用。国家要不断加大投入、通过多种举措，落实和发挥好思想政治理论课的主阵地、主渠道作用。

(二) 理论研究的"热度"增强了社会动力

党的十六届六中全会以来，社会主义核心价值体系成为理论研究热点，学者们出版专著上百部，发表论文 2 万余篇。党的十八大以来，社会主义核心价值观的研究成为热点，学者们出版专著、教材、学习读本、辅导读物、文章汇编作品几百部，论文数以千计。国内理论界、学术界围绕社会主义核心价值观进行了深入研究，取得了众多颇具价值的研究成果。据统计，仅 2014 年，以"社会主义核心价值观"为题发表的学术论文达 2 000 余篇，出版的编著作品或专著有 10 余部。在《光明日报》理论部、《学术月刊》编辑部、中国人民大学书报资料中心联合举办的评选活动中，"社会主义核心价值观的培育和践行"入选"2014 年度中国十大学术热点"。

从党的十七大到党的十八大，凝练社会主义核心价值观成为研究热点，众多研究成果为党的十八大提出"三个倡导"提供了参考和基础。党的十八大提出"三个倡导"以来，学术界重点围绕如何理解社会主义核心价值观的基本内涵和如何培育和践行社会主义核心价值观进行了广泛研究，涌现出了大量的研究成果。党的十九大以来，学术界依据党的十九大报告和党的二十大报告明确提出"既要坚持社会主义核心价值体系，又要培育和践行社会主义核心价值观，不断增强意识形态领域主导权和话语权"，主要围绕如何把社会主义核心价值观落实落细，如何发挥社会主义核心价值观的引领作用，发挥中华优秀传统文化的涵育作用，发挥法律法规和政策的保障作用，发挥党员干部的示范作用，发挥家庭的基础作用等进行多层面、宽领域的研究，形成了众多更具理论性、系统性的研究成

① 习近平. 高举中国特色社会主义伟大旗帜 为全面建设社会主义现代化国家而团结奋斗：在中国共产党第二十次全国代表大会上的报告 [M]. 北京：人民出版社，2022：43.

果。这些研究既直面现实，指出了现实中存在的难题，也通过理论思辨、借古喻今、中西对比等研究方法，提出了有效举措。

例如，南京大学杨明教授课题组认为：从价值观的角度看，社会主义核心价值体系建设过程本质上是一个价值创生与聚合的过程，主要体现在四个方面：保持意识形态的先进性——形成维护制度体系的信仰价值观，保持理想信念的坚定性——形成巩固共同基础的理想价值观，保持精神生活的进步性——形成提升精神文明的文化价值观，保持伦理道德的引领性——形成促进社会和谐的伦理价值观。这一理论观点对推动社会主义核心价值观建设具有现实指导意义。武汉大学袁银传教授课题组完成的重大课题"培育与践行社会主义核心价值观研究"，重点研究了以下问题：习近平总书记关于培育与践行社会主义核心价值观的重要论述及其现实价值，中国共产党社会主义核心价值观建设的历史经验的科学总结，中国传统核心价值观和当代西方核心价值观建设的思想资源的批判借鉴，以及特定地区和人群培育践行社会主义核心价值观的现实状况。该课题组还提出了有效途径、载体和方法。这样的研究可谓"既顶天立地，又纵横贯通"，具有重要研究价值。而学者们对国外核心价值观建设的研究对社会主义核心价值观建设则起到了提供"他山之石"以借鉴的重要作用。例如，陈静、郝一峰认为国外建设核心价值观的经验可以总结为：严谨的法治是构建核心价值观的重要途径和保障；教育是构建核心价值观的重要辅助力量；文化与媒体等日益引领和塑造核心价值观的形成，也是核心价值观的坚强维护者；政党是国家构建核心价值体系的主要统领者；民间组织也日益成为参与社会核心价值体系建设的重要力量①。总之，众多研究成果既源于建设实践，又能很好地指导建设实践，推动社会主义核心价值观建设更进一步。

三、新时代社会主义核心价值观建设的社会成效

党的十八大以来，党中央为推动社会主义核心价值观建设做出了许多重大部署。党的十九大报告指出："文化自信是一个国家、一个民族发展中更基本、更深沉、更持久的力量。必须坚持马克思主义，牢固树立共产主义远大理想和中国特色社会主义共同理想，培育和践行社会主义核心价

---

① 陈静，郝一峰. 国外核心价值观建设路径的经验研究［J］. 黑龙江社会科学，2007（5）：13-17.

值观，不断增强意识形态领域主导权和话语权，推动中华优秀传统文化创造性转化、创新性发展，继承革命文化，发展社会主义先进文化，不忘本来、吸收外来、面向未来，更好构筑中国精神、中国价值、中国力量，为人民提供精神指引"①。这为近几年推进社会主义核心价值观建设指明了方向，社会主义核心价值观建设也因此取得了新的突破，其理论和实践更加丰富，反映了我们党在价值理念和价值实践上达到的新高度。

（一）社会主义核心价值观在人民群众的认知认同方面取得了新成效

调查表明，自党的十八大提出"三个倡导"以来，人民群众对这24字社会主义核心价值观的基本认知情况较好，认同度高，对其现实意义、理论来源、理论本质等方面持有一般化、概括性、基础性的认知认同态势。由于加深了对社会主义核心价值观的认知认同，大众也因此对马克思主义指导思想、中国特色社会主义共同理想、民族精神和时代精神、习近平新时代中国特色社会主义思想等有了更深刻的情感认同。

马克思主义指导思想、中国特色社会主义共同理想、民族精神和时代精神是社会主义核心价值体系的重要内容，是内蕴着社会主义核心价值观的价值体系。社会主义核心价值观以马克思主义为指导，其在认知认同上取得的新突破，离不开人民群众对马克思主义的认知，离不开党和国家将社会主义核心价值观建设融入马克思主义中国化、时代化、大众化进程中的做法。随着社会主义核心价值观建设落到实处，不断深入人心，马克思主义在我国意识形态中的地位愈加巩固，人民群众对"马克思主义为什么行"的理解和信仰也愈加统一和坚定。中国特色社会主义共同理想是指引全体人民团结一致共同建设中国特色社会主义的一面旗帜，是对"什么是社会主义，怎样建设社会主义"价值追求的多向度展开，是包含了社会主义理论、道路、制度、文化的统一整体。随着社会主义核心价值观建设的纵深推进，人民群众会更加坚定中国特色社会主义理想，对"社会主义为什么好"的认识和理解会更加深入和真切，有利于坚定"四个自信"。以爱国主义为核心的民族精神和以改革开放为核心的时代精神作为社会主义核心价值观的精神内涵，在社会主义核心价值观建设进程中得到生动体现并不断丰富发展，能够为坚持中国特色社会主义增强精神动力。

随着人民群众对社会主义核心价值观的认知认同程度的加深，社会主

---

① 习近平. 习近平谈治国理政：第三卷［M］. 北京：外文出版社，2020：18.

义核心价值观就具有了强大的道义力量，其昭示的前进方向就愈加契合人民群众的价值追求，对我们铸牢理想信念、坚守价值追求、聚合磅礴力量实现民族复兴具有重大意义。习近平新时代中国特色社会主义思想作为马克思主义中国化的最新成果，是党和人民实践经验和集体智慧的结晶，是中国精神的时代精华，是国家政治生活和社会生活的根本指针。坚定"四个自信"，做到"两个维护"，可以增强人民群众对习近平新时代中国特色社会主义思想的认知认同，是社会主义核心价值观建设在人民群众的认知认同上的生动体现。

（二）社会主义核心价值观的融入贯穿拓展了新领域

党的十九大报告深刻阐述了社会主义核心价值观的丰富内涵和实践要求，对培育与践行社会主义核心价值观做出了许多新的重大部署，夯实了社会主义核心价值观建设的实践基础。只有把社会主义核心价值观建设同中国特色社会主义事业和相关具体工作结合起来，把社会主义核心价值观贯穿于中国特色社会主义经济建设、政治建设、文化建设、社会建设和生态文明建设的各项具体工作中，才能有效整合社会意识，使社会系统得以正常运转、社会秩序得以有效维护，推进国家治理体系和治理能力现代化。深入推进社会主义核心价值观建设，对更好构筑中国精神、中国价值、中国力量，为新时代坚持和发展中国特色社会主义，为实现中华民族伟大复兴中国梦提供强大的精神动力和持续的道德滋养，具有十分重大的意义①。

在新时代中国特色社会主义实践中，党和国家对社会主义核心价值观建设的新载体和方式进行了诸多有益的探索，开展了形式多样、成效显著的实践活动，充分把社会主义核心价值观与各项具体工作有机融合、共同推进。例如，在具体工作中各地因地制宜，广泛开展"讲文明、树新风"创建文明城市活动；各级党政机关纷纷开展创先争优活动，有利于依法行政、公正执法、为人民服务；社会各界通过组织开展"希望工程""幸福工程""春蕾计划"等公益活动，将社会主义核心价值观同人民群众的广泛参与有机结合在一起。各地在推进社会主义核心价值观构建的过程中，依托社区的组织和资源，打造老百姓身边的"文明实践站"，不断融入各种形式的精神文明创建活动，真正展现了新时代社会主义核心价值观的丰

---

① 王非. 文化建设新风貌［M］. 北京：中国人民大学出版社，2020：41.

富内涵和重要价值。这些融入和实践让大众对社会主义核心价值观越来越内化于心、外化于行。当然，要让社会主义核心价值观成为人民群众的生活习惯，还需要寻求多样化方式和途径，不断把社会主义核心价值观建设推向纵深发展。

（三）社会主义核心价值观的引导整合取得新突破

社会主义核心价值观中的"核心"，表明它是社会的主导价值观，是社会中占主导地位或统治地位、对其他价值观的发展方向和基本走向具有引导或规范作用的价值观。主导价值观通常是官方所倡导的价值观，它对巩固统治阶级的统治、凝聚社会各种不同的价值观、维护社会稳定都有着不可忽视的作用①。社会主义核心价值观的主导价值观地位决定了它在整合社会意识中的主导功能，主要体现为在多元价值中的导向性和引领性，在价值分歧中的共识性，从而发挥社会主义核心价值观的批判与建构、规范与凝聚、维护与创新等功能。

所谓批判与建构功能，是指当人们在把价值观应用于具体生活中并进一步验证时，在反思性的检验与追问的过程中，人们可以发现价值观的合理性及其合理的程度，并在反思和批判的过程中对价值观不断修正与调整，并用以指导社会实践，从而使其社会功能得到积极意义上的发挥。所谓规范与凝聚功能，是指通过核心价值理念以理论指引、制度规范、实践观照以及精神支撑，在思想文化层面发挥独特的价值维系和价值引领的作用。所谓维护与创新功能，是指价值观在一定范围内对主体的思想和行为产生特定的控制与定向作用，使人们对某一问题的认识逐步向着特定的方向行进，保持个人发展与社会发展的同向性，也有利于个人在更好的环境中实现自身利益，自觉地为推进社会发展进步贡献智慧和力量，增强对社会正当性和合理性的维护和支撑。

要发挥社会主义核心价值观的主导性功能。改革开放以来，特别是党的十八大以来，面对多元化社会思潮，我们党在尊重多样、包容差异的基础上，弘扬社会主义核心价值体系，总结和概括出代表社会绝大多数人需要和利益的社会主义核心价值观，发挥价值引领作用，统一思想，形成社会意识形态的主旋律和主阵地。面对不同价值观的分歧与冲突，我们通过社会主义核心价值观以寻求"最大公约数"从而形成价值共识，指导特定

---

① 廖小平. 价值观变迁与核心价值体系的解构与建构 [M]. 北京：中国社会科学出版社，2013：283.

的社会共同体在社会生产过程中，通过社会交往实践对社会生活中的某一价值观念达成相对一致的共同理解和见解①。通过开展意识形态领域的伟大斗争，中国共产党强化了主流意识形态在斗争中的主导权，增强了意识形态领域的领导权、管理权、话语权，"推进马克思主义中国化时代化大众化，建设具有强大凝聚力和引领力的社会主义意识形态，使全体人民在理想信念、价值理念、道德观念上紧紧团结在一起"②。

（四）社会主义核心价值观的实践转化取得新成果

社会主义核心价值观建设最根本的目的是要把观念转化为行动，达到以人的发展促进社会和国家发展。党的十九大报告明确指出，培育和践行社会主义核心价值观，要以培育担当民族复兴大任的时代新人为着眼点。时代新人不仅要具备德、能、勤、绩方面的更高素质与主体自由，还要具有为建设社会主义物质文明、政治文明、精神文明、社会文明和生态文明埋头苦干、求实创新、善作善成的时代精神。同时，民族复兴的时代重任要求每个人拥有更强的国家和民族认同，有强烈的爱国之志和报国之心，牢固树立共产主义远大理想和中国特色社会主义共同理想，大力弘扬以爱国主义为核心的民族精神和以改革创新为核心的时代精神，而不是受西方抽象的"民主、自由"等意识所裹挟。而习近平总书记立足于新时代建设"人类命运共同体"的倡议和中国已经为此付出的行动，还需要时代新人有世界眼光、天下情怀，为全人类的更高质量、更有效率、更加公平、更可持续的发展贡献智慧与力量。

培育时代新人，关键是要以德立人、以德树人、立德树人。立德树人，强调了立德是树人的前提和基础，树人是立德的目标和追求。立德树人是新时代培育和践行社会主义核心价值观的着力点，指明了人的发展方向和目标，确立了我国人才培养方向，从深层次回答了"培养什么人"的问题。党的十九大报告强调，要"落实立德树人根本任务""培养德智体美全面发展的社会主义建设者和接班人"。"核心价值观，其实就是一种德，既是个人的德，也是一种大德，就是国家的德、社会的德。"③ 因此，以社会主义核心价值观引领立德树人，其所立之"德"，包括事关国家发展稳定的"大德"、影响社会和谐文明的"公德"及关系个人成长进步的

---

① 王玉萍，黄明理. 价值共识及其当代意义 [J]. 求实，2012 (5)：37-40.

② 习近平. 习近平谈治国理政：第三卷 [M]. 北京：外文出版社，2020：32-33.

③ 习近平. 习近平谈治国理政 [M]. 北京：外文出版社，2014：168.

"私德"①；包括坚定理想信念，"自觉做共产主义远大理想和中国特色社会主义共同理想的坚定信仰者、忠实实践者"②；要厚植爱国主义情怀，把爱党、爱国、爱家相统一；要加强品德修养，"争做社会主义道德的示范者、诚信风尚的引领者"③；要培育奋斗精神，争做"新时代追梦人"。可见，时代新人的培育与成长成为社会主义核心价值观实践转化的重要标志。

总而言之，近些年来，社会主义核心价值观建设在促进全社会共同参与、开展多种形式的实践活动，规范普及基本道德规范等方面不断取得新突破。从中共中央办公厅印发《关于培育和践行社会主义核心价值观的意见》到中央文明办印发《培育和践行社会主义核心价值观行动方案》，这些文件把三十多项任务逐项分解、明确责任，从具体事情抓起，从重点人群抓起，围绕立德树人的根本任务，把社会主义核心价值观逐渐内化为人们的精神追求，外化为人们的自觉行动。只有这样才会筑牢时代新人的理想信念，让其坚守价值追求、聚合磅礴之力，也让我们在中国特色社会主义道路上坚定自信、砥砺前行。"人民有信仰，国家有力量，民族有希望"也逐渐成为我国价值观建设成效的生动写照。

第三节　社会主义核心价值观建设的现实困境

社会主义核心价值观建设重在发挥人民主体性，推进社会主义核心价值观引领国家、社会和个人各层面以及经济政治文化社会生态等各领域的建设。但与国家的"重视"和理论研究的"热度"相比，受市场经济、传统价值观念、网络等影响和冲击，社会层面的民众参与度不够高，人民群众的主体性发挥不够充分，导致了社会主义核心价值观在实践领域没有真正落细、落小、落实。这种状况离人民群众对社会主义核心价值观"像空气一样日用而不知"的理想状态还有较大差距，成为当前我国社会主义核心价值观建设需要直面的现实困境。

---

① 戚如强. 习近平立德树人思想的理论渊源与精神实质 [J]. 马克思主义研究，2018 (7)：35-42.

② 习近平. 习近平谈治国理政：第二卷 [M]. 北京：外文出版社，2017：35.

③ 习近平. 坚持依法治国和以德治国相结合 推进国家治理体系和治理能力现代化 [N]. 人民日报，2016-12-01 (1).

一、新时代社会主义核心价值观建设面临的现实难题

新时代，我国存在"人民日益增长的美好生活需要和不平衡不充分的发展之间的矛盾"，经济社会发展存在着短板与痛点，这在一定程度上弱化了大众的价值认同和共识，社会主义核心价值观建设面临着现实难题。

（一）社会主义核心价值观建设在大众层面融入不够

自我国提出构建社会主义核心价值体系与社会主义核心价值观以来，许多学者对不同地区、不同群体进行了调查研究，从不同层面反映出社会大众在培育与践行社会主义核心价值观的实际情况。程恩富等对全国不同省份的科研机构、大中院校、工厂企业、乡村城镇、城市社区等进行了全面、深入的调研，结果表明，社会主义核心价值体系得到了较普遍的认同，但也存在一定的不均衡性；人们对民族精神和时代精神、社会主义荣辱观的认同度普遍较高，但部分人社会主义理想信念淡薄①。陈桂蓉通过对福建省城市贫困群体的实际调查，发现市场经济多元价值观的碰撞使得城市低收入群体在与物质利益直接相关的价值认知上产生某些偏移②。

和学者的调研结果相似，在 2015 年四川大学马克思主义学院中国化教研室开展的以"社会主义核心价值观"为主题的暑期实践中，汪睿同学的"社会主义核心价值观在社区的了解程度及实践情况的调研报告"表明，对于社会主义核心价值观的了解程度，14%的人表示完全了解并理解其内容，38%的人表示基本了解、看到能想起，44%的人表示好像听说过，4%的人表示完全不清楚；对于"富强民主文明和谐""自由平等公正法治""爱国敬业诚信友善"的调查，22%的人表示了解，78%的人表示不知道。而对于"您是否已经将社会主义核心价值观融入自身的价值观中，或者已经将其指导自己的言行、用于实践问题"的回答，6.45%的人表示已经融入，且已用于实践；12.9%的人表示基本融入，但是没有注意将其用于实践；80.65%的人表示平时忙，没更多注意这方面。总结这些数据，同学的感叹是："可能在生活中，大家无法具体实在地感受出到底什么是社会主义核心价值观，只是对它有所听闻，并不认为它对自己的生活有什么十分重

---

① 程恩富，郑一明，冯颜利，等. 近年社会主义核心价值体系建设情况的调查研究报告 [J]. 毛泽东邓小平理论研究，2011（2）：23-30，83.

② 陈桂蓉. 从低收入群体价值认同看核心价值体系凝聚力：以福建城市贫困群体为例 [J]. 福建行政学院学报，2009（2）：45-49.

大的影响，一些人对于社会主义核心价值观没有多大兴趣。"这样的话语也反映了一些人对社会主义核心价值观建设的真实态度。

学者对大学生培育与践行社会主义核心价值观的研究成果最多。研究结果表明，当前大学生对社会主义核心价值体系的认同度较高，但部分学生不同程度地存在认知、情感和行为等方面的认同缺失。"高校学生社会主义核心价值观的认同与践行情况调查"反映了此类状况。例如，对"你觉得社会主义核心价值观对你的人生、学习、生活有帮助吗?"的调查，选择"非常有帮助"的大学生占74.2%，选"有一点帮助"的大学生占16.3%，选"没有帮助"的大学生占6.4%，选"没有感觉到"的大学生占3.1%。对"你对诚信的看法是?"的调查，选择"大多数是讲诚信的"的大学生占25.9%，选"有人不讲诚信"的大学生占8.5%，选"讲诚信要从自我做起"的大学生占36.8%，选"整个社会建立诚信机制"的大学生占28.8%。这一调查也表明部分大学生在社会主义核心价值观的行为认同与情感认同方面存在着一定的脱节。例如，在被问及是否愿意参加志愿服务活动时，有78.7%的学生表示赞同并愿意参加，说明绝大多数学生愿意竭尽所能为社会或他人贡献自己的绵薄之力；但也有一部分学生表示不愿意参加志愿服务活动，这说明有少部分学生缺乏责任意识，需要对他们继续加强这一方面的教育。比如，对于逃课现象的看法，有73.2%的学生表示反对，但同时有58.4%的学生承认自己有过逃课经历。

研究表明，即使是被学者称为"社会主义核心价值观真诚的认同者、接受者和传播者"的知识分子群体，其中不少人也对这一主导价值观的认同持保留态度，"不同程度地存在着认知心理上的'逆反化'、认同情感上的'淡漠化'、接受方式上的'被动化'、言行选择上的'自由化'等不良倾向"[①]。

关于社会大众对当前中国社会价值观建设的心理现状，有学者认为：在关涉经济发展模式、经济管理体制、消费方式这些经济价值观的基本问题上，存在诸如"合理避税"之类涉及公众切身利益的关系问题上，社会大众的价值观与社会主义核心价值观间的距离较远，社会成员往往以自身利益为出发点，难以做到以大局利益、根本利益为重。在政治价值观上，社会大众的认识与行动、应然与实然存在差距，公众的民主、法律意识都

---

① 孟轲. 社会主义核心价值观的大众认同问题研究 [M]. 北京：人民出版社，2018：55.

很强，与社会主义核心价值观所倡导的民主法治精神吻合，但面对现实生活中的问题，他们的民主、法治、参与意识特别是行为取向便大打折扣。这表明，由于中国几千年封建专制统治对民众参与公共活动的压制以及传统儒家文化"自省""内敛"等规诫对人性的压抑，中国人的参与性特别是政治参与性被深埋在心中，而现实中还缺少主体意识的确立对参与性实现的最重要条件。社会大众在文化道德价值观上呈现多元、多层次性，有具有崇高道德理想的道德模范，也有各美其美的普通群众，也有损人利己的市井小人。在生态价值观上，社会大众的认识差距小、行动差距大，保护环境、节约资源几乎是共识，但真正落实到行动上，不同层次的社会人群差别很大，有些地方能保持整洁，有的地方却是人后一地狼藉。由于环境保护体现的是人类的长远、根本、整体利益，与经济发展等直接关系个人眼前利益的事存在一定矛盾，当环境保护需要人们牺牲个人眼前的利益时，人们做起来就要打折扣了。这表明，大众在认知、认同和践行社会主义核心价值观上存在背离。

（二）新时代社会主义核心价值观建设在实践领域落地不够

以国家层面的"富强、民主、文明、和谐"的价值目标为例，今天的中国在经济发展、政治民主、文化文明、社会和谐等方面稳步前进。但如果广大农村在统筹推进"五位一体"建设中成为短板，何来中华民族伟大复兴中国梦的实现？经济上，如果单纯以"市场化"作为推进农村现代化的路径，农村难以真正富强；政治上，20世纪80年代农村已开始基层民主选举，但农民享有的真实民主权利并不充分；文化上，市场经济冲击了淳朴的民风，一些农民在道德观念和价值取向上出现了重金、拜金主义倾向，导致农村出现不文明现象；生态上，为了追求经济利益，大量高污染行业使农村失去了青山绿水，生态环境恶化是产生"癌症村"的重要原因。今天的农村，如何真正践行社会主义核心价值观，推进农村整体发展，促进乡村人才、组织、文化、生态等全面振兴，是我国社会主义核心价值观建设的重点与难点。

综观整个社会，公共政策的不完善，一定程度上带来了人们在教育、就业、医疗、社会保障等领域的不公平，并进一步导致社会各阶层之间、地区之间、行业之间存在较大收入分配差距，"平等"在现实中未得到充分体现；当社会出现矛盾和产生纷争时，很多人想到的依然是找关系、托熟人解决问题，而不倾向于通过法律途径加以解决，这本身反映出"法治"在现实社会中的不完善；面对经济利益，市场上出现"毒大米、毒奶粉"，社会上出现"人倒了，扶还是不扶"现象，这都是"诚信"缺失的表现。

这些状况表明，一是一些人缺少对社会主义核心价值观的热情，缺乏对社会主义核心价值观的认知认同；二是社会主义核心价值观在一定程度上没有"落实"，没有真正在社会生产生活中发挥价值指引作用。这样的状况无疑与国家重视社会主义核心价值观建设的程度存在差距，也影响了党中央对社会主义核心价值观发挥对整个现代化事业健康持续发展的价值引领作用的期望的实现。

二、新时代社会主义核心价值观建设面临的现实挑战

马克思说："不是人们的意识决定人们的存在，相反，是人们的社会存在决定人们的意识。"[①] 进入新时代，中国国内发展步入"提质攻坚"的关键期，市场经济带来社会深刻转型，在国际国内环境中面临更加复杂的态势；在国际政治舞台上步入"中心区"，国际竞争的加剧使西方资本主义国家为争夺"全球意识形态"领导权与话语权，竭力输出价值观，挑战着社会主义核心价值观的主导地位。

（一）社会主义市场经济的影响

我国社会主义市场经济体制的建立，使我国经济社会发生深刻变革，并带来社会转型的深入推进。党的十六届六中全会通过的《中共中央关于构建社会主义和谐社会若干重大问题的决定》指出，"经济体制深刻变革，社会结构深刻变动，利益格局深刻调整，思想观念深刻变化"。四个深刻变革既构成整体的社会变迁，也是社会变迁中促使社会意识和价值观念发生深刻变化的基本逻辑，即经济体制的深刻变革带来社会结构的深刻变动和利益格局的深刻调整，进而带来思想观念的深刻变化。

随着社会主义市场经济体制的建立和完善，非市场经济社会下的"一种定命论的群体主义的自然主义"价值观念体系转变为"主体性意识、个体性意识、功利意识三者共同构成了市场经济存在的观念条件"。市场经济本身是一种主体经济，市场发挥资源配置决定性作用的前提条件是，市场中的一切生产和经营活动的主体成为真正意义上的社会主体和市场主

---

① 马克思，恩格斯. 马克思恩格斯选集：第二卷［M］. 北京：人民出版社，2012：2.

体，拥有更多独立性、自主性和创造性，增强了主体性意识；拥有更多设计自我、成就自我的目标和途径，追求个性解放、个人利益、个人自由，增强了个体性意识；追求效率和功利，形成了一种基于规范、规则、制度与法律的功利意识和工具理性。现代市场经济的启蒙由此带来群体与个体、中庸与竞争、功利与道德、人治与法治的价值冲突与变革。

市场经济体制改革也带来所有制结构的变化、社会分工的细化、分配制度的变化，从而使我国社会结构发生深刻变动。我国实行以公有制为主体、多种所有制经济共同发展的基本经济制度，以及以按劳分配为主体、多种分配方式并存的分配制度。科技的发达、社会分工的细化，使我国社会结构呈现出社会组织多样化、社会群体多元化、社会阶层结构多元化等典型特征，社会成员由"两个阶级、一个阶层"的基本社会结构转变为"十大阶层"。不同社会阶层和利益群体必然具有各自不同的价值观，价值主体的多元化必然带来价值主体的冲突。这种价值主体的冲突既表现为同一主体自身的价值冲突，是相互矛盾的价值观念在同一个人的行为和意识中的体现；也表现为不同主体之间在价值需求目标、需求层次、需求态度等方面的差异，从而存在不同的价值评价，产生相互对立的观念差异，引发价值观念的竞争、矛盾与对立。这种情形既可以在日常生活的琐事中反映出来，也能在国家政治、经济社会的重大事件和社会舆情中体现出来。

社会结构深刻变革会带来不同社会群体的利益关系和利益结构的深刻调整。利益是指各种资源的占有以及由此产生的各种好处，不同阶层由于占有不同的资源而形成不同的等级地位且享有不同的利益。李强认为，当前中国社会由四大利益群体构成：改革中特殊获益群体、普通获益群体、利益相对受损群体和社会底层群体。占优势的利益群体和一些强势阶层会进一步利用自己的优势地位和社会资源，确保"自利性"的利益分配格局，导致利益分化。利益分化不仅包含收入分化，还关涉权力、社会声望、知识、技能、市场机会等精神产品与社会资产。这些要素指向了人们价值取向中的价值客体，因为，不同的价值观本质上是人们利益需求的不同。而价值客体的匮乏与相关纷争也是引起价值冲突的重要原因。美国社会学家刘易斯·科塞（Lewis Coser）指出："如果价值客体是十分充裕的，那就不可能形成价值冲突；如果物质产品匮乏，那么社会的物质价值层面的冲突不可避免；如果精神产品匮乏，那么社会的精神、文化价值层面的冲突也就在所难免。在一定意义上，价值冲突的强度与客体的匮乏度成正比，这是人们对有限资源的'竞争'或'争夺'。"我国强调物质文明和精神文明的共同进步，正是要从根本上解决物质匮乏和精神匮乏的问题，为我国社会向更高层次的文明社会发展创造条件，从而避免价值冲突乃至社会冲突的发生，使社会健康发展、和谐有序。

（二）网络化社会的影响与冲击

随着互联网和信息技术的发展，网络空间日益成为人们生活工作的"虚拟空间"，是人们进行社会交往、信息流转的重要平台。"互联网+"所融入的新兴业态，更是让网络社会作为现实社会的"映像"，构成"系统世界"，吸引越来越多的人成为网民。2022年2月25日中国互联网络信息中心发布的第49次《中国互联网络发展状况统计报告》显示，截至2021年12月底，我国网民规模达10.32亿人，较2020年12月底增长4 296万人，互联网普及率达73.0%。我国网民人均每周上网时长达到28.5个小时，较2020年12月提升2.3个小时，互联网深度融入人民日常生活。网民基于社会网络和信息技术组成的社会共同体已成为一个网络化社会（network society）。

网络化社会作为一种嫁接在传统社会上的新的社会形态，一系列复杂的、相互作用的信息节点、市场、组织、知识以及个体打破了地域上的限制，各种要素自由流动，社会结构更加扁平，价值更加多元。随着各种要素的自由流动，一种新的全球化社会隐然出现①。这种数字化世界的特点有：一是开放的超时空性。由于网络技术的发展，人们只要能够分享共同的符码，就能够将其整合入新的节点，进入相应的网络平台，从而保持网络化社会的动态平衡。这就使人们超越了时空的限制与制约，拓展与伸延时空范围，保持资源、信息跨域的自由性流动，使社会更加开放。二是交互式的虚拟性。这主要是网络上的交往和互动已从过去具有实在的物质基础（如特定的场所和具体的物质形式）转变为没有物质基础（虚拟空间和虚拟金融市场等）的信息化运作，不具有真实社会的可感知、可触摸的特点，但具有功能上的"真实性"。

由于数字化世界没有时空边界，也没有明确的国家、民族界限，所以网络化社会是扁平结构的，没有绝对权力的中心。在缺乏权力的强制与服从的环境下，每一个网络主体都可以把自己当成是中心，关注的是自己的

---

① BEVIR M. Encyclopedia of governance [M]. [S.l.]: Sage Publications, 2007: 605.

权利与感受，说自己想说的话，做自己想做的事，寻求自己的满足，而不必计较别人的评价与感受。网络社会匿名交往的特点也让网络主体更容易放纵自己，率性而为，把网络当作绝对自由的领域，一些违法犯罪和违反道德的言论和行为由此滋生。所以，网络化社会的虚拟性给予了网络主体前所未有的"脱离了生物的、社会文化的决定因素而自由飘荡"的权利，同时也产生了"无实体交流的混乱"①的现象。这要求我们规范和引导网络化社会。

网络化社会带来的全新文化空间，也在世界范围内使全球多元文化和价值观之间的自由传播成为现实。不同文化的传播与交流、各种价值观的理解与交融成为常态，人们的价值选择也变得更加畅通无阻。而西方资本主义利用技术优势，"对人民的文化生活系统的渗透和控制，达到重塑被压迫人民的价值观、行为方式、社会制度和身份，使之服从帝国主义阶级的利益和目的"，正是"文化帝国主义"的表现②。在民族国家范围内，网络传播的主体在呈现真实的"草根生活"中，丰富的信息内涵给人们带来自由的氛围时，各种隐匿、压抑、边缘的亚文化会造成对社会主流文化的冲击，多样化的价值观也会加剧社会意识分化和价值冲突，增加社会共识断裂的风险。所以，习近平总书记指出："网络意识形态安全风险问题值得高度重视。网络已是当前意识形态斗争的最前沿。"③

（三）国际领域面临复杂的意识形态斗争

全球化是指地域、国家和民族从原先的封闭状态走向全球性开放状态的过程，它是世界各民族和国家在经济、政治和文化等方面的相互影响和相互作用的过程，从而形成"全球性"特征和世界一体化态势。这种全球一体化归因于工业革命以后资本主义制度的扩张、现代化和市场化的推进。马克思在《共产党宣言》中指出："资产阶级，由于一切生产工具的迅速改进，由于交通的极其便利，把一切民族甚至最野蛮的民族都卷到文明中来了。它的商品的低廉价格，是它用来摧毁一切万里长城、征服野蛮人最顽强的仇外心理的重炮。它迫使一切民族——如果它们不想灭亡的话——采用资产阶级的生产方式；它迫使它们在自己那里推行所谓的文

---

① 德里. 火焰战争 [M] //王逢振. 网络幽灵. 天津：天津社会科学院出版社，2000：3.
② 汤林森. 文化帝国主义 [M]. 上海：上海人民出版社，1999：4-5.
③ 习近平. 习近平关于社会主义文化建设论述摘编 [M]. 北京：中央文献出版社，2017：36.

明，即变成资产者。一句话，它按照自己的面貌为自己创造出一个世界。"① 所以，全球化在很大程度上是资本主义化、西方化。不同国家、民族卷入全球化进程，形成了以西方发达资本主义国家为中心，广大发展中国家处在边缘地位的"中心—边缘"结构的世界体系。发达资本主义国家在全球化进程中极力推行西方资本主义经济、政治、文化制度和意识形态。所以，"全球化话题是个实践的政治话题，也是个社会的经济话题。此外，它还是一个思想话题"。全球化的过程也就是各国社会向"法治国家、市场经济、公民社会"构成的现代社会不断推进的过程，全球化运动在推动各国内部社会转型的过程中，逐渐由物质层面转向制度、文化层面，包括政治制度、文化制度、意识形态等在全球范围内的交流和相互渗透。

　　"全球化处于现代文化的中心地位，文化实践处于全球化的中心地位。"在西方发达国家的推动下，全球化表现为"西方文明的全球化"，自由、民主、平等、人权被作为全人类的"普世价值"进行推广和宣传，这是全球化中的文化霸权。西方发达国家不仅在全世界出卖商品和货物，还将其物质生活方式、人生观和价值观作为一种通行的行为准则加以推行，赋予自己在文化上的支配地位；宣扬"人权无国界"等，强调"新干涉主义"，突出西方社会制度与基本价值观的"优越性"，攻击、责难他国不同的价值观念；通过各种现代传播手段与强大的媒体网络，以大众尤其是年轻人为捕获对象，推销改变其价值观念的生活方式、行为方式、思维方式、消费方式等，其电影、广播、电视、书籍、新闻报道等文化产品和服务，也是传播社会价值和政治观点的工具，通过"强制认同"与"引诱认同"对非西方国家进行文化和价值的渗透，希望发挥"全球意识形态"的领导权和话语权。丹尼尔·贝尔的"意识形态终结论"、弗兰西斯·福山的"历史终结论"、塞缪尔·亨廷顿的"文明冲突论"都是这些思想的反映。

　　全球化背景下文化与文明的激荡带来了相反相成的两个趋势：第一个趋势是工业文明和通俗文化的全球传播，使各国人民特别是青年的生活方式、时尚和爱好走向趋同。第二个趋势是地方和民族文化的保护和复兴，人们在全球化的压力下转而求助于自己的文化传统，强调和珍惜自己的特

---

① 马克思，恩格斯. 马克思恩格斯选集：第一卷 [M]. 北京：人民出版社，2012：404.

性和认同。纵然经济运行的整体关联性、共同利益的驱动、全球化的全方位推进这三大因素推进了文化的全球认同，并以文化认同实现了部分价值认同，但由于不同民族文化之间的差异性与多样性，全球化在强化价值认同趋势的同时，并未减弱价值分歧与冲突。这些价值冲突包括了经济价值冲突、政治价值冲突、文化价值冲突等层面。

中国的改革开放一开始就置于全球化时代的大背景下，融入全球化的历史进程之中，因而，全球化对中国社会生活的方方面面都产生了巨大而深刻的影响。中国融入了生产过程的全球化、金融市场的全球化、经济贸易的全球化等，成为世界经济一体化中的重要组成部分。全球化改变了人们的政治价值观，改变了传统的权力运行机制、政治传播方式、政治组织结构等，民主、自由、法治成为人们普遍认同的政治意识和价值取向。我国在全球化背景下的改革开放加速了中国文化与世界文化的交融，使得我们能够共享各民族的精神产品，也能促使民族文化"走出去"，消除文化发展上的"民族片面性和局限性"。当中国进入世界市场和国际体系后，国家利益的界定和价值取向也受到了国际共享的规范和价值的影响，我们不能回避全球化所带来的文化传播、文化结合、文化冲突、文化替代和文化同化。同时，中国文化与价值观具有普遍化的潜质，我们要有充分的文化自信和文化自觉，在致力于推进文化多样性建设中，为全人类做出不可替代的贡献。

第五章　社会主义核心价值观建设的主要内涵

党的十八大报告倡导的"富强、民主、文明、和谐"是国家层面的价值目标，"自由、平等、公正、法治"是社会层面的价值取向，"爱国、敬业、诚信、友善"是个人层面的价值准则。这 24 个字契合了人民群众对美好生活需要的价值追求，回答了我们要建设什么样的国家、建设什么样的社会、培育什么样的公民的重大问题，构成社会主义核心价值观建设的基本内涵。

第一节　国家层面的社会主义核心价值观建设

国家是人类社会历史发展的产物，它"以一种与全体固定成员相脱离的特殊的公共权力为前提"①，成为凌驾于社会各个组织和阶级之上的统治阶级利益的代表，是具有阶级性、政治性等特征的社会共同体。作为社会共同体的国家是不断发展变化的。在阶级对立和阶级剥削的国家，如资本主义国家，虽然实行了福利制度，但由于资本逻辑对人民主权价值观的背离，国家被"理解为物，而没有被理解为关系"，不再是"普照的光"。社会主义国家由于实行无产阶级专政的国家制度，通过建立人民主权的国家，消除了政治对人的束缚，成为人民利益的根本代表，并具有强大凝聚力、组织力和动员力。满足社会主义国家的价值定位，就需要立足于国家层面的价值目标，构建彰显人民本位的国家精神、健全坚持人民主体的国

---

① 马克思，恩格斯. 马克思恩格斯选集：第四卷 [M]. 北京：人民出版社，2012：107.

家制度、深化保障人民利益的国家治理等，建设中国式现代化国家。

一、国家层面的社会主义核心价值观建设的价值目标

国家层面的"富强、民主、文明、和谐"回答了我国"要建设一个什么样的国家"的问题，指明了国家层面社会主义核心价值观建设的价值目标。

"富强"是指国富民强。富强作为一种价值目标，是人类历史进程中不变的主题，体现了人类最基本的生存需要，推动着社会文明的发展进步。富强是勤劳勇敢的中国人千百年来不断追求的社会理想，是实现中国梦的根本。富强包含着两大主体的价值诉求：一是人民的富裕，二是国家的强盛①，人民富裕和国家强盛有机统一。实现伟大民族复兴、国家兴旺发达，为人民的富裕幸福开创道路，是中国特色社会主义的核心价值所在。

"民主"是人类普遍追求的一种价值理念，在马克思主义政治思想中居于核心位置，是中国特色社会主义政治发展的本质要求。邓小平说："没有民主就没有社会主义，就没有社会主义的现代化。"② 我们倡导的"民主"是在超越资本主义民主观念的过程中，在继承科学社会主义民主思想的基础上，建立在以生产资料公有制为主体的经济制度基础上的民主制度，体现了以人民民主为核心内容的价值追求。在实现中国梦的历史征程中，每一个中国人正以前所未有的主人翁态度，"通过各种途径和形式管理国家和社会事务、管理经济和文化事业，共同建设，共同享有，共同发展，成为国家、社会和自己命运的主人"③。

"文明"是表征人类社会发展水平的一个重要概念，是"指与思想上的保守和文化上的落后相对应的思想上的进步以及文化上的先进"。文明总是与先进并行，很多时候人们提到"文明"，重在指精神文明。文明先进、科学理性的精神生活是社会主义的重要属性，也是提高人们的生活质量和人的全面发展的重要因素。只有物质文明而没有精神文明，不但不符

---

① 郭建宁. 社会主义核心价值观基本内容释义 [M]. 北京：人民出版社，2014：37.

② 邓小平. 邓小平文选：第二卷 [M]. 北京：人民出版社，1994：168.

③ 习近平. 在首都各界纪念现行宪法公布施行30周年大会上的讲话 [M]. 北京：人民出版社，2012：7.

合人类现代社会的发展要求，而且也与社会主义及其价值系统是相背离的。

"和谐"是中华民族千百年来的一个核心理念和美好憧憬，更是国家走向复兴、实现大治的最好证明。"和谐"的价值理念既兼容了我国传统文化中的"和""大同"等理想因素，又继承了马克思主义理论中的"和解"等思想因素，更汲取了现代化过程中可持续发展、科学发展等理念，成为中国特色社会主义社会发展的价值目标。我们今天倡导的和谐社会，是"民主法治、公平正义、诚信友爱、充满活力、安定有序、人与自然和谐相处的社会"，是民主与法治相统一、公平与效率相统一、人与自然相统一的社会主义国家。

二、国家层面的社会主义核心价值观建设的主要内容

筑牢社会主义核心价值观建设的国家基础，就需要围绕着"富强、民主、文明、和谐"的现代化国家建设目标，构筑以社会主义核心价值观引领的现代国家精神，为国家层面的社会主义核心价值观建设奠定精神支柱；建设以社会主义核心价值观引领的现代国家制度体系，推进社会主义核心价值观引领的国家治理体系和治理能力建设，为国家层面的社会主义核心价值观建设提供制度保障和实现条件。

（一）构筑现代国家精神

黑格尔认为，体现集体理性的国家是一种精神。"这种精神在世界上有意识地使自身成为实在，至于在自然界中，精神只是作为它的别物，作为蛰伏精神而获得实现。只有当它现存于意识中而知道自身是实存的对象时，它才是国家。"[1] 国家作为一种特殊意义上的精神存在，是指在人格化的国家生活中，和个人生活一样，需要依存于精神的信仰，寻获"使人的社会实践变得有意识和有活力"的思想观念，形成"启发思想、改变思想之力"，又有"改造物质环境、改变社会生活，使之与自己的理想愿望相协调的力量"[2]，成为个人、民族或国家发展过程中的信仰意义和动力意义，乃至不可或缺的精神支柱。江泽民曾指出，"一个民族，一个国家，

---

① 黑格尔. 法哲学原理 [M]. 范扬, 张企泰, 译. 北京: 商务印书馆, 1991: 258.
② 卢卡奇. 历史与阶级意识 [M]. 杜章智, 任立, 燕宏远, 译. 北京: 商务印书馆, 1992: 109.

如果没有自己的精神支柱，就等于没有灵魂，就会失去凝聚力和生命力"①。因此，国家之间的区别也内在地体现为精神的差异性。

国家精神是民族国家根据自身存在的物质生活条件及发展需要而进行的创造性意识活动的结晶②。国家精神体现为国民对国家及其国格与国性的高度自觉与忠诚，也体现为国家对公民权利及义务的自觉维护及其责任。其实质是国族认同，是国家内部诸民族及其社会实体面向作为政治共同体的国家的精神集聚及其建构，反映了国民对国家制度、国家行动、社会秩序、政府管理等的认同与遵守，体现着对国家的民主法治及其现代化道路的自觉追求③。我国的国家精神既表现为以民族精神与时代精神为主要内容的精神综合体，也体现为中国特色社会主义的道路自信、理论自信、制度自信、文化自信。

中华民族在几千年的历史发展和改革开放过程中形成了表征自己文化血脉的民族精神与反映时代的时代精神。其中，以爱国主义为核心的民族精神和以改革创新为核心的时代精神在整个国家精神中处于核心地位，渗透在中华民族精神的各个领域中。"爱国主义是反映个人对祖国依赖关系的感情系统，是调整个人与祖国之间关系的行为准则体系，也是支撑民族繁荣发展的民族精神的核心。"④ 在社会主义核心价值观建设中弘扬以爱国主义为核心的民族精神，就是要激发人民群众爱党、爱国、热爱社会主义的深厚情感，以社会主义意识形态感召、引领人们为建设现代化强国而团结奋斗。弘扬以改革创新为核心的时代精神，就是要激励人民群众发挥与时俱进的精神力量，勇于突破、敢于创新，不断推进体制、制度改革，为推动中国特色社会主义伟大事业发展提供不竭动力。

构筑国家精神，要为人民群众确立与国家发展进步相适应的信仰追求。当代中国，与时代相适应、与国情相一致的中国信仰是什么？2016 年11 月 30 日，在中国文联十大、中国作协九大开幕式的重要讲话中，习近平总书记指出："文化自信，是更基础、更广泛、更深厚的自信，是更基

① 江泽民. 江泽民文选：第二卷 [M]. 北京：人民出版社，2006：230.
② 李忠军. 论社会主义核心价值观、中国精神与社会主义意识形态 [J]. 社会科学战线，2014 (3)：31-39.
③ 邹诗鹏. 民族国家构架下的国家精神 [J]. 哲学研究，2014 (7)：30-36.
④ 吴潜涛，杨峻岭. 全面理解爱国主义的科学内涵 [J]. 高校理论战线，2011 (10)：9-14.

本、更深沉、更持久的力量。"① 从"三个自信"到"四个自信",指明了中国特色社会主义理论自信是思想引领与行动指南,中国特色社会主义道路自信是实践基础与实现途径,中国特色社会主义制度自信是具体体现与根本保障,中国特色社会主义文化自信是内在要求与精神支撑。道路自信、理论自信、制度自信、文化自信是经过全党和全国各族人民长期奋斗而取得的,来源于实践、来源于人民、来源于真理,是经过长期实践检验的科学的产物,能够为全党和全国各族人民提供坚定信仰。坚定"四个自信",党和人民群众就能面对一切困难和挑战,就能坚定不移地开辟新天地、创造新奇迹。

(二)建设现代国家制度体系

国家作为共同体,虽然一开始就宣称"自己是普遍利益的代表",但即使是现代资本主义国家,也是维护统治阶级自身特殊利益的"虚幻的共同体"。所以,恩格斯说,"现代国家,不管它的形式如何,本质上都是资本主义的机器,资本家的国家,理想的总资本家"②。在资本逻辑统治全社会的情况下,广大无产阶级和劳苦大众没有真正的自由平等,"事实上,他们当然更不自由,因为他们更加屈从于物的力量"③。虽然一些资本主义国家实行了"从摇篮到坟墓"的福利制度,让大众享受了医疗、教育、养老等国家福利,但资本主义的根本矛盾始终无法解决。为实现自身解放以及人类解放,无产阶级终将领导广大人民群众通过革命,推翻资本主义国家政权,建立无产阶级专政的国家制度。在《反杜林论》中,恩格斯指出,"无产阶级将取得国家政权,并且首先把生产资料变为国家财产。但是这样一来,它就消灭了作为无产阶级的自身,消灭了一切阶级差别和阶级对立,也消灭了作为国家的国家"④。这表明,无产阶级专政的国家通过否定旧国家机器的剥削性质,并通过实行相应的国家制度真正成为代表广大人民群众利益的"自由人联合体"。

在我国,中国共产党领导人民经过28年浴血奋战,建立了新中国。我国宪法明确规定:中华人民共和国是工人阶级领导的、以工农联盟为基础

① 习近平. 在中国文联十大、中国作协九大开幕式上的讲话 [M]. 北京:人民出版社,2016:6.

② 马克思,恩格斯. 马克思恩格斯文集:第九卷 [M]. 北京:人民出版社,2009:295.

③ 马克思,恩格斯. 马克思恩格斯选集:第一卷 [M]. 北京:人民出版社,2012:200.

④ 马克思,恩格斯. 马克思恩格斯全集:第二十五卷 [M]. 北京:人民出版社,2001:409.

的人民民主专政的社会主义国家。为巩固和完善人民民主专政的国家政权，充分发挥社会主义制度优越性，中国共产党始终坚持和完善社会主义制度。以毛泽东同志为核心的党的第一代中央领导集体，在"破旧立新"的基础上，创立了现代中国的基本制度体系，如人民代表大会制、生产资料公有制、多党合作和政治协商的基本政治制度等，使党对社会主义制度的构想变为现实。这一时期的制度建设为我国改革开放奠定了制度基础；以邓小平同志为核心的党的第二代中央领导集体，把制度建设作为我国改革的重要内容，重视制度建设的重要作用。他反复强调，"制度问题更带有根本性、全局性、稳定性和长期性"；制度问题关系到"党和国家是否改变颜色，必须引起全党的高度重视"[①]。邓小平针对我国不完善、不健全的制度体制机制进行了创新性改革，开创了中国特色社会主义制度，为推动我国改革开放提供了制度保障。江泽民和胡锦涛在推进我国社会主义建设实践过程中，进一步坚持和完善中国特色社会主义制度，党的十八大报告提出了"理论、制度、道路、文化"四位一体的中国特色社会主义内涵，并强调制度对国家发展方向和国家性质的"根本保障"。

党的十八大以来，习近平总书记针对完善和发展中国特色社会主义制度体系发表了一系列重要讲话，党的十八届三中全会把全面深化改革和完善发展中国特色社会主义制度相联系，党的十九届四中全会提出了"坚持和完善中国特色社会主义制度，推进国家治理体系和治理能力现代化"，深化了人们对"什么是中国特色社会主义、怎样建设中国特色社会主义"的认识，构成习近平新时代中国特色社会主义思想的重要内容。为此，有学者称"中国进入了国家制度和国家治理现代化时代"[②]。

制度都承载着一定的价值，是价值的外化、对象化，表征着制度建构主体的理想、目标、愿望等精神世界，反映了制度主体要什么和不要什么的理性思索和道德基线。中国特色社会主义制度正是社会主义核心价值观的制度表征。为建设"富强、民主、文明、和谐"的国家，建设"自由、平等、公正、法治"的社会，培育"爱国、敬业、诚信、友善"的公民，我们要在坚持党的集中统一领导、人民当家作主和依法治国相统一的基础上，坚持和完善党的领导制度体系，提高党的执政水平，确保中国特色社

---

① 邓小平. 邓小平文选：第二卷 [M]. 北京：人民出版社，1994：333.

② 胡鞍钢，唐啸，杨竺松，等. 中国国家治理现代化 [M]. 北京：中国人民大学出版社，2014：107.

会主义制度本色；坚持和完善人民当家作主制度体系，丰富社会主义民主政治的内涵与形式；坚持和完善中国特色社会主义法治体系，推进法治中国建设；坚持和完善中国特色社会主义行政体制，构建科学有效的政府治理体系，打造人民满意的政府；坚持和完善社会主义基本经济制度，推动实现共同富裕；繁荣发展社会主义先进文化制度，提升中国精神；统筹城乡的民生保障制度，促进人民共建共享美好生活；坚持和完善共治共享的社会治理制度，建设平安中国；坚持和完善生态文明制度体系，建设美丽中国；坚持和完善党对人民军队的绝对领导制度，建设新时代人民军队；坚持和完善"一国两制"制度体系，实现祖国和平统一；坚持和完善独立自主的和平外交政策，推动构建人类命运共同体①。

（三）推进国家治理体系和治理能力建设

在坚持和完善制度建设的基础上，我们必须推进国家治理体系和治理能力建设的现代化，这也是中国特色社会主义现代化建设的必然要求。习近平总书记指出："国家治理体系是在党领导下管理国家的制度体系，包括经济、政治、文化、社会、生态文明和党的建设等各领域体制机制、法律法规安排，也就是一整套紧密相连、相互协调的国家制度；国家治理能力则是运用国家制度管理社会各方面事务的能力，包括改革发展稳定、内政外交国防、治党治国治军等各个方面。"② "国家治理体系"指明了国家治理所需的制度性框架，是为了实现国家治理的制度化、程序化、规范化；"国家治理能力"则是为了解决如何把制度优势转化为管理国家的能力的问题。"国家治理体系和治理能力是一个有机整体，相辅相成，有了好的国家治理体系才能提高治理能力，提高国家治理能力才能充分发挥国家治理体系的效能。"③ 二者共同回答了有关国家治理的三个基本问题：谁治理、如何治理、治理得怎样。构成国家治理体系的三大要素即治理主体、治理机制和治理效果④。

从加强治理主体建设层面来说，必须加强党的领导，破除官本位思想，强化治理主体的责任意识，转变党治国理政的方式。马克思在《共产党宣言》中指出："无产阶级的运动是绝大多数人的，为绝大多数人谋利

---

① 习近平. 习近平谈治国理政：第三卷 [M]. 北京：外文出版社，2020：121.
② 习近平. 习近平谈治国理政 [M]. 北京：外文出版社，2014：91.
③ 习近平. 习近平谈治国理政 [M]. 北京：外文出版社，2014：91.
④ 俞可平. 推进国家治理体系和治理能力现代化 [J]. 前线，2014（1）：5-8，13.

益的独立的运动。"① 为始终保持共产党的这一本质，毛泽东把"为人民服务"确立为中国共产党的根本宗旨。他在《为人民服务》一文中多次提到"为人民利益"，"我们的共产党和共产党所领导的八路军、新四军，是革命的队伍。我们这个队伍完全是为着解放人民的，是彻底地为人民的利益工作的"②。习近平总书记指出："国家一切权力属于人民。我们必须始终坚持人民立场，坚持人民主体地位，虚心向人民学习，倾听人民呼声，汲取人民智慧，把人民拥护不拥护、赞成不赞成、高兴不高兴、答应不答应作为衡量一切工作得失的根本标准，着力解决好人民最关心最直接最现实的利益问题，让全体中国人民和中华儿女在实现中华民族伟大复兴的历史进程中共享幸福和荣光！"③ 党的二十大报告明确把"坚持和加强党的全面领导"作为建设现代化强国和实现民族复兴的重大原则。因此，党必须抛开私利，做好全民利益的协调者、社会发展方向的引导者以及国家资源的整合者，切实成为中国特色社会主义事业的领导核心。

从健全治理机制层面，需要国家从战略上加强顶层设计，坚决破除阻碍有效治理的体制机制，推进国家治理体系和治理能力现代化。《中共中央关于全面深化改革若干重大问题的决定》指出，"以促进社会公平正义、增进人民福祉为出发点和落脚点"，"坚决破除各方面体制机制弊端"④。按照党的十九届四中全会决议要求，要做到"坚持解放思想、实事求是，坚持改革创新，突出坚持和完善支撑中国特色社会主义制度的根本制度、基本制度、重要制度，着力固根基、扬优势、补短板、强弱项，构建系统完备、科学规范、运行有效的制度体系，加强系统治理、依法治理、综合治理、源头治理，把我国制度优势更好转化为国家治理效能"⑤。

从提升治理效果层面，我们要推动全面性目标和所有领域的治理，提升治理能力和改善国家治理的实际效果。党的十九届四中全会从 13 个方面提出了"坚持和完善"制度体系、推进国家治理体系和治理能力建设，涉

① 马克思，恩格斯. 马克思恩格斯选集：第一卷 [M]. 北京：人民出版社，2012：411.

② 毛泽东. 毛泽东选集：第三卷 [M]. 北京：人民出版社，1991：1004.

③ 习近平. 在第十三届全国人民代表大会第一次会议上的讲话 [M]. 北京：人民出版社，2018：6.

④ 中共中央文献研究室. 十八大以来重要文献选编：上 [M]. 北京：中央文献出版社，2014：512.

⑤ 中国共产党第十九届中央委员会第四次全体会议文件汇编 [M]. 北京：人民出版社，2019：22.

及政治、经济、文化、社会、生态等各方面，涵盖了改革发展稳定、内政外交国防、治党治国治军各个方面，构建了系统治理、依法治理、综合治理、源头治理的治理体系，形成系统性、开创性、集成性的治理能力，堪称"中国特色社会主义制度建设新的里程碑"。在现实中，需要通过推进治理体系和治理能力现代化建设，消除职责不清、职能错位等现象，避免碎片化、短期行为、政出多门以及部门主义和地方主义的行为，加强制度的执行与落实，克服现行治理体制和公共政策的短板，实现"善治"①，实现国家层面的价值目标。

第二节　社会层面的社会主义核心价值观建设

马克思说："社会——不管其形式如何——是什么呢？是人们交互活动的产物。"② 这表明，"社会"作为相对人的个体性存在的人与人之间相互关系的总和，是伴随着人的社会生产实践产生的，体现为人们在生产过程中结成的相互关系，是建立在生产关系基础上的社会关系，区别于政治关系的"国家"和经济关系的"市场"，是人类社会分析视角下的"政府—社会—市场"中的"一维"。早期西方学者称之为"市民社会"或"公民社会"，揭示了在阶级对立的国家内"社会的本质与现状"。随着我国市场经济的建立和民主政治的推进，一些学者也以此来界定我国社会发展状态。但从社会根本性质而言，我国社会发展更趋向于构建"和谐社会"，构建与之相适应的社会公德（认识层面的要求）和社会治理体系（实践层面的要求），这就构成社会领域的社会主义核心价值观建设的基本内涵和总体要求。

一、社会层面的社会主义核心价值观建设的总体目标

社会层面的"自由、平等、公正、法治"回答了"要建设一个什么样的社会"的问题，指明了我国社会建设的总体目标。

"自由"是马克思主义的终极追求，是社会主义的价值目标，是中国特色社会主义的基本要义，是中国梦的核心意蕴。"自由"主要涉及人以

---

① 俞可平. 推进国家治理体系和治理能力现代化 [J]. 前线，2014（1）：5-8，13.

② 马克思，恩格斯. 马克思恩格斯选集：第四卷 [M]. 北京：人民出版社，2012：408.

及人在社会关系中的存在状态，是社会成员个体对自觉认识、自觉意志、自主行为的向往和追求，也是整个社会更高层面的安定有序的理想状态和追求目标。这里倡导的自由，不是少数人的、形式上的、虚伪的自由，而是绝大多数人的、实质上的、真实的自由；不是凌驾于社会利益之上的、绝对的个人自由，而是受到法律和规范制约的、权利和义务对等的自由；不是超越发展阶段和现实承受能力的自由，而是与一定的经济社会发展条件相适应的自由①。因此，这种"自由"既不同于资本主义社会虚假而带有局限性的自由，又不同于没有约束和保障的虚幻而带有臆想性的自由，它是在承认和尊重个体自由基础上的一种更加合乎理性、符合规范、遵循规律的社会秩序的自由。

"平等"是社会和谐稳定的根基，是人类社会不懈的社会价值追求，是社会主义最具魅力的价值特征。"平等"是指人人生而平等，社会成员虽然在能力、个性、需求、身份等方面有差异，但在经济、政治、文化和社会等方面的发展上应当享有平等的待遇和权利。所以，社会主义制度中的"平等"，应是权利平等、机会平等、结果平等；要求政治上尊重和保障人权，法律面前人人平等，反对等级特权，人人享有平等参与、平等发展的权利；经济上兼顾效率和公平，保证各种所有制经济依法平等使用生产要素、公平参与市场竞争、同等受到法律保护，共享改革发展的成果，走向共同富裕，努力营造公平的社会环境。习近平总书记在第十二届全国人大一次会议闭幕式上的讲话中指出："我们要随时随刻倾听人民呼声、回应人民期待，保证人民平等参与、平等发展权利，维护社会公平正义，在学有所教、劳有所得、病有所医、老有所养、住有所居上持续取得新进展，不断实现好、维护好、发展好最广大人民根本利益，使发展成果更多更公平惠及全体人民，在经济社会不断发展的基础上，朝着共同富裕方向稳步前进。"②

"公正"是指将某种得到普遍认同的原则或标准普遍地、无偏颇地适用于一切人，对社会资源进行合理的分配以给予人们各自应得的权益和结果，既包括程序公正也包括实体公正。社会主义核心价值观的公正，应该

---

① 任仲平.凝聚当代中国的价值公约数：论培育与践行社会主义核心价值观 [N].人民日报，2015-04-20 (1).

② 习近平.在第十二届全国人民代表大会第一次会议上的讲话 [N].北京：人民出版社，2013：6.

被理解为社会制度的公正。它意味着任何社会制度的安排必须满足两个原则：程序正义和实质正义①。这样的公平体现在社会主义事业各个领域和各个方面，就是要将最广大人民的根本利益作为出发点和落脚点，建设公平正义的制度，在经济发展的同时要关注民生，建立更加公平的社会权益分配体系，让社会制度最大限度地提高最不利群体的利益，促进社会公平正义，让人民群众享有更广泛、更充分的平等权利。习近平总书记指出："全面深化改革必须着眼创造更加公平正义的社会环境，不断克服各种有违公平正义的现象，使改革发展成果更多更公平惠及全体人民。如果不能给老百姓带来实实在在的利益，如果不能创造更加公平的社会环境，甚至导致更多不公平，改革就失去意义，也不可能持续。"②

"法治"是现代国家治国理政的基本方式，既是实现自由、平等、公正的制度保证，也是现代文明的核心，国家的治理体系、治理能力都与法治息息相关。"法治"一方面强调法律的至高无上性，任何人不得凌驾于法律之上，另一方面强调依靠法律的理性和权威来管理国家和社会，充分保障公民的自由和权利。建设法治中国，就是要在全社会治理中形成树立法治理念、恪守法律原则、弘扬法律精神、履行法律使命的良好局面。党的十八大报告论述全面依法治国时特别指出："党领导人民制定宪法和法律，党必须在宪法和法律范围内活动。任何组织或者个人都不得有超越宪法和法律的特权，绝不允许以言代法、以权压法、徇私枉法。"③ 坚持社会主义法治价值观，就是要坚持依法治国、依法执政、依法行政共同推进，坚持法治国家、法治政府、法治社会一体建设，将"法治中国"作为具有划时代意义的国家建设和社会建设的系统工程和制度追求，更好地保障人民群众的合法权益。

二、社会层面的社会主义核心价值观建设的主要内容

中观层面的社会是人民群众共同关系的载体，承担着协调公共事务的重要职能，其基本范围涵盖了民生领域的所有问题，是国家治理的重要协调者。因此，"社会"是连接国家和人民的重要纽带，是推进社会主义核

---

① 周瑾平. 社会主义核心价值观的政治哲学内涵研究 [J]. 伦理学研究，2014（6）：1-6.

② 习近平. 习近平关于全面深化改革论述摘编 [M]. 北京：中央文献出版社，2014：96.

③ 中共中央文献研究室. 十八大以来重要文献选编：上 [M]. 北京：中央文献出版社，2014：22.

心价值观建设的重要领域。推进社会层面的社会主义核心价值观建设，需要培育现代公共精神，创新社会治理，构建社会主义和谐社会。

（一）培育现代公共精神

存在决定意识。人的社会共同体生活方式决定了人对公共生活的观念，即对社会中存在的人与人、人与社会、人与自然之间的相互关系的理性认识、情感态度和价值取向等，这种自我意识与公共生活之间的理性认知和良性互动关系的总和构成公共精神。

公共精神的产生既是人的本性使然，更是社会发展的结果。人作为一种"类"存在物，高于其他动物的生存方式就是形成不断和外界进行物质、能量、信息交换的公共生活，弥补自身的不完满性或非自足性。在共同交往中，人特有的情感能够使人们相互间"理解他人的自我，把握他人的所思、所想、所愿、所感，并以此为前提与他人达成沟通"①，产生人与人情感上的共振、共通和共在的共识。而人的理性促使人们放弃单纯追逐自我私利的行为，寻求互惠合作的普遍利益和追求公正和善的道德价值，自愿让渡自己一部分个体权利，克制自己的行为，以建立"能够抵御外来侵略和制止相互侵害的共同权力"②，从而孕育公共精神素养。

现代公共精神是近代工业革命和启蒙运动的产物，具有现代性的精神文化特质。启蒙运动中人对自我意识的认识带来主体性解放，使人们大胆地追求自由、独立、平等、尊严、理性、质疑和批判等主体精神。工业革命带来市场经济的快速发展，自由竞争的市场经济打破了传统社会的经济运行轨道，带来了自由、平等、法治等公共性理念。市场交换的广泛和普遍发生，打破了传统社会的地域性和封闭性，催生了兼具开放性和公共性的现代社会或市民社会，而市民社会持续存在的基础是相互的需要、劳动、私人利益和私人权利等。建立在市民社会基础上的现代西方民主政治为人们参与公共政治生活提供了制度基础。法律赋予公民作为"政治人"身份享有的基本权利和义务，"它决定了公民对政治现象的价值、态度和意见，也决定了公民个体在政治舞台上的行动"③，公民在公共生活和公共交往中所展现出来的公民品质、政治的和道德的素养、参与公共事务的能力和行为都涵育了现代公共精神。

---

① 弗林斯. 舍勒的心灵 [M]. 张志平，张任之，译. 上海：上海三联书店，2006：78.

② 霍布斯. 利维坦 [M]. 黎思复，黎廷弼，译. 北京：商务印书馆，1996：128-132.

③ 普拉诺. 政治学分析辞典 [M]. 胡杰，译. 北京：中国社会科学出版社，1986：30.

随着我国市场经济的建立和政治体制改革的深入，虽然学术界对于我国是否形成公民社会有不同观点，但强调社会的公共化转型凸显公共精神的确立是学术界共识。市场经济打破了人为的限制，促成了不同人群、部门、行业和地区乃至全球性的交往和合作，改变了过去许多人"等""靠""要"的思想观念，催生了自由、平等、法治等主体性思想，为公共精神的产生准备了主体条件；政府机构的改革与精简政府职能，促成了公民自治精神，催生了众多承担社会职能的公共组织，成为民众参与政治生活、展现公共精神的重要途径和形式。民主法治的建设，贯穿于人们的政治、经济、文化、社会等领域的公共生活。"法治所代表的一种理性、有序、安全的社会生活方式，不仅是作为主体的全体人民期待享有的一种基本生活方式"[1]，也是政治文明的重要内容和基本特征，成为公民公共精神的外在体现。

公共精神作为一种实现人与人、人与社会、人与自然之间的和谐关系而形成的，与政治、经济、文化紧密关联，体现公共理性的伦理规范和道德原则，是大众在新时代建设和谐社会应具备的精神品质。当人与人之间失去了温暖和感情，国家之间充满了斗争与博弈时，构建包含"理解、参与、公道、责任"等伦理和风尚的公共精神尤为重要。因为，"文明相处需要和而不同的精神。只有在多样中相互尊重、彼此借鉴、和谐共存，这个世界才能丰富多彩、欣欣向荣"[2]。培育公共精神有助于我国开展国际性的对话和沟通，助力中国走入世界舞台中央；有助于培育公民公共意识和公共理性，提升公共政策效能，发挥公益性组织的作用和强化公益服务，促进社会和谐和提升社会凝聚力。

当代中国公共精神与社会主义核心价值观都萌发于公共生活中，构成社会主义公共文化的核心内涵，二者具有明显的契合之处。因此，应把培育公共精神作为社会主义核心价值观建设的重要依托和载体，以社会主义核心价值观引领公共精神培育。具体而言，在社会生活和公共交往实践中，以公共道德意识、公共参与、文明风范等人们更易于感知的公共精神来内化社会主义核心价值观，以公民自治、公众参与等形式践行社会主义核心价值观，并在教育中把二者结合在一起。从幼儿教育开始，培养幼儿的独立、自由、平等和民主精神；在学校教育中，培育学生的公民意识、

---

① 李德顺. 民主法治成为我们的政治文明 [J]. 学习与探索, 2013 (7): 58-61.

② 习近平. 习近平谈治国理政：第二卷 [M]. 北京：外文出版社, 2017: 524.

权利意识、责任意识等；在社会教育中，培育公民的规则意识、服务意识、协作意识等，并始终贯之以社会主义核心价值观。

（二）创新社会治理

在一些学者看来，如果说国家治理是"统治者代表人民治国理政"，因而"涉及国家的各方面社会关系和社会联系，包括政治、经济、法律、社会、文化、军事、生态建设等方面的社会联系。在特定范围和公共事务上，还涉及国际关系和全球关系，涉及人类的共同事务"①。这里的"社会"与前文所定义的"社会"相同，此处的"社会治理"是国家治理的组成部分，属于在社会领域实现治理要求和价值取向的范畴。习近平总书记在党的十九大报告中指出，"打造共建共治共享的社会治理格局"②。党的十九届四中全会提出，必须加强和创新社会治理，完善党委领导、政府负责、民主协商、社会协同、公众参与、法治保障、科技支撑的社会治理体系。这表明，社会治理是在党的领导下，由政府主导，"以实现和维护群众权利为核心，发挥多元治理主体的作用，针对国家治理中的社会问题，完善社会福利，保障改善民生，化解社会矛盾，促进社会公平，推动社会有序和谐发展的过程"③。

提出社会治理，是党顺应社会发展变化，不断总结国家和社会治理实践经验的必然要求。从经济社会发展来看，改革开放极大地促进了我国的经济增长，带来了社会活力，但社会发展明显滞后。社会贫富差距日益拉大，社会保障制度不完善、不健全，人民群众面临着"教育难、医疗难、就业难、出行难""上学贵、看病贵、房价高"等难题。社会结构也日益多元化，人民群众诉求日益多样化，各种社会组织不断涌现，民众意见凭借各种新媒体更易于传播与扩散。社会的整体变化对传统的社会管理方式提出了挑战。虽然党的十八大报告适时地提出了"要围绕构建中国特色社会主义社会管理体系，加快形成党委领导、政府负责、社会协同、公众参与、法治保障的社会管理体制"④，但这种管理主体单一（主要是各级党委

① 王浦劬. 国家治理、政府治理和社会治理的含义及其相互关系 [J]. 国家行政学院学报，2014（3）：11-17.

② 习近平. 决胜全面建成小康社会 夺取新时代中国特色社会主义伟大胜利：在中国共产党第十九次全国代表大会上的报告 [M]. 北京：人民出版社，2017：49.

③ 姜晓萍. 国家治理现代化进程中的社会治理体制创新 [J]. 中国行政管理，2014（1）：24-28.

④ 胡锦涛. 胡锦涛文选：第三卷 [M]. 北京：人民出版社，2016：640.

和政府及其职能部门），管理手段刚性（主要是以社会控制和社会稳定为目标导向）的社会管理体制已经不适应经济的市场化、政治的民主化、文化的多样化和信息的网络化等发展态势。因此，党的十八届三中全会明确提出了"紧紧围绕更好保障和改善民生、促进社会公平正义深化社会体制改革""创新社会治理体制"①，党的十九大报告则进一步提出"提高保障和改善民生水平，加强和创新社会治理""打造共建共治共享的社会治理格局"②；党的十九届四中全会提出"坚持和完善共建共治共享的社会治理制度"，打造"社会治理共同体"③。这表明，党在不断深化社会治理的理论和拓展相关实践。

社会治理的主要任务是保障和改善民生，促进社会民主法治和公平正义，增强社会发展活力，促进社会安定和谐。这一价值目标表明我国社会治理在治理主体层面，必须坚持人民主体地位，以维护人民的利益为根本，树立公民权利本位的治理理念，促使人民群众在城乡社区治理、基层公共事务中依法自我管理、自我服务、自我监督。在治理方式上，要构建公平正义的社会公共资源共享机制和利益分配机制，用法治和制度保证普通公民能平等参与现代化，构建起点公平、机会公平、过程公平、结果公平的社会治理体制。在治理效果上，在尊重个性化需求、理解诉求差异和多样化的基础上，确保公共利益的最大化，"特别是要保障宪法确认的个人自由，承认合法合理的个性化追求，让公民和社会组织充满生机活力，使社会保持动态平衡稳定状态"④。可见，实行社会治理本身就是党坚守社会主义核心价值体系，践行社会主义核心价值观的制度构建与建设实践。

推进以社会主义核心价值观引领的社会治理创新，健全共建共治共享的社会治理制度，是在坚持以人民为中心的发展思想下，发挥多元主体、社会协同效应，坚持党委的领导、政府的主导，社会组织是中坚力量，居民是社会基层治理（社区自治）的主体，形成治理主体权力的配置与制衡；健全社会治理公开制度，做到治理相关基本信息的强制披露，治理过

---

① 中共中央文献研究室. 十八大以来重要文献选编：上［M］. 北京：中央文献出版社，2014：513.

② 习近平. 决胜全面建成小康社会　夺取新时代中国特色社会主义伟大胜利：在中国共产党第十九次全国代表大会上的报告［M］. 北京：人民出版社，2017：23.

③ 中国共产党第十九届中央委员会第四次全体会议文件汇编［M］. 北京：人民出版社，2019：12.

④ 帕特南. 使民主运转起来［M］. 王列，赖海榕，译. 南昌：江西人民出版社，2001：56.

程公开，治理结果公开，形成有效的法律监督与制度监管；健全社会协商制度。党的十八届三中全会指出，"构建程序合理、环节完整的协商民主体系，拓宽国家政权机关、政协组织、党派团体、基层组织、社会组织的协商渠道；深入开展立法协商、行政协商、民主协商、参政协商、社会协商"①。社会协商将成为社会治理创新的发展方向；健全社会治理责任制度，构建法治社会，实现善治。

（三）构建社会主义和谐社会

"社会"是"人的社会关系的总和"。社会关系总和的本质决定了没有脱离社会的个人，也没有脱离个人的社会，社会与人是相互规定的。社会作为人与人相互关系的共同体，随着人类社会生产方式以及建立在其上的生产关系的发展变化而呈现出不同的历史发展阶段，表现出不同的特征。以公有制为基础的早期人类社会为原始共产主义社会，个人间相互平等，彼此依存，人与人的依赖关系使社会成为一个统一整体，其存在形式直接外化为氏族、部落等共同体。随着私有制和阶级的出现，社会的层级结构和划分领域变得复杂和繁多，有剥削者与被剥削者、压迫阶级与被压迫阶级，总体造成人与人的相互对立与排斥。而由于社会外化为人与人相互关系共同体的发生机制不同，不同社会所表征的共同体的共在性、整体性、和谐性也具有明显的个性化特征。如在我国重伦理的传统社会中，家庭是社会生活的基本单位，人们从家庭关系来看待和处理各种社会关系，把社会中的人际关系"或比之于父子之关系，或比之于兄弟之关系，情义益以重"②，并以此作为社会生活的行为准则。这就是费孝通先生笔下的中国"差序格局社会"。在《乡土中国》中，费孝通形象地把这种社会结构比喻为，在家庭关系基础上，通过血缘关系、亲情关系和熟悉关系，形成了以自己为中心的波纹般扩散开的差序格局。在他看来，我国传统差序格局有自己特殊的规则，即作为传统和经验而发生作用的"礼"，所以他也称这种社会为"礼治社会"③。这样的社会与国家是同构和一致的。

随着资本主义的建立和市场经济的发展，代表私人利益的社会从公共利益中分裂出来，形成了相对独立的市民社会。马克思指出："在生产、交换和消费发展的一定阶段上，就会有相应的社会制度、相应的家庭、等

---

① 习近平. 习近平谈治国理政 [M]. 北京：外文出版社，2014：82.
② 梁漱溟. 梁漱溟全集 [M]. 济南：山东人民出版社，1991：303.
③ 费孝通. 乡土中国生育制度 [M]. 北京：北京大学出版社，1998：26.

级或阶级组织，一句话，就会有相应的市民社会。"① 这表明，作为一个分析范畴，市民社会是对私人领域和经济领域的抽象，是"私人利益关系的总和"和"物质生活关系的总和"，包括社会组织、社会制度、私人生活等，它是与作为公共领域的抽象的政治领域相对应的②。在马克思看来，"真正的市民社会只是随同资产阶级发展起来的"③，这是因为市场经济的发展壮大，私人的物质生产和生活日益强烈地要求摆脱国家干预，于是资产阶级通过政治革命，"消灭了市民社会的政治性质"，建立"政治国家与市民社会"二分结构，"完成了政治生活同市民社会的分离"。而到了共产主义社会，代表私人利益的市民社会将从国家手中收回原本属于自己的全部权力，市民社会与国家在新的基础上重新合二为一，社会和国家都将成为"自由人的联合体"。

社会主义改造的完成与社会主义制度的建立，使我国经济社会结构发生了明显变化，社会主义公有制经济成为国民经济的基础。社会主义改造完成时，国营经济占比从 19.1% 上升到 32.2%，合作社经济占比由 1.5% 上升到 53.4%，公私合营经济占比由 0.7% 上升到 7.3%，个体经济占比从 71.8% 下降到 7.1%，资本主义经济占比从 6.9% 下降到零，前三种经济占比合计已达 92.9%。在工业总产值中，1956 年同 1952 年相比，社会主义工业占比由 56% 上升到 67.5%，国家资本主义工业由 26.9% 上升到 32.5%，资本主义工业占比从 17.1% 下降到接近于零④。以公有制为基础的社会主义经济制度，能够从根本上克服资本主义制度下的社会化大生产与生产资料私人占有之间的矛盾，促进社会生产力的发展，不断满足人民群众的物质文化需要。社会主义改造完成后，我国社会阶级结构发生了变化，广大农民翻身做了国家的主人，知识分子成为为社会主义服务的重要力量，地主、富农以及民族资产阶级等成为社会主义的劳动者。毛泽东在《关于正确处理人民内部矛盾的问题》中指出："在现阶段，在建设社会主义的时期，一切赞成、拥护和参加社会主义建设事业的阶级、阶层和社会集团，都属于人民的范围；一切反抗社会主义革命和敌视、破坏社会主义建

<hr>

① 马克思，恩格斯. 马克思恩格斯选集：第四卷 [M]. 北京：人民出版社，2012：408.
② 俞可平. 马克思的市民社会理论及其历史地位 [J]. 中国社会科学，1993 (4)：59-74.
③ 马克思，恩格斯. 马克思恩格斯选集：第一卷 [M]. 北京：人民出版社，2012：211.
④ 胡绳. 中国共产党的七十年 [M]. 北京：中共党史出版社，1991：333.

设的社会势力和社会集团，都是人民的敌人。"①全体人民成为利益整体，整个社会形成了以人民利益为中心的、个人、社会和国家紧密团结协作又充满活力的有序社会。此后，我国虽然发生了反右斗争扩大化、"文化大革命"等，但整个社会在根本利益一致的情况下保持了团结统一。改革开放以来，我国社会日益呈现出"民主法治、公平正义、诚信友爱、充满活力、安定有序、人与自然和谐相处"的社会主义和谐社会的基本特征。

民主法治，就是人民群众充分享有民主权利，切实实施依法治国基本方略，广泛调动一切积极因素；公平正义，就是彰显社会主义制度维护公正的价值原则，妥善协调社会各方面的利益关系，正确处理人民内部矛盾和其他社会矛盾，切实维护和实现社会公平和正义，让公平正义如"阳光一样普照大地"；诚信友爱，就是社会成员之间应真诚友爱、平等互信、融洽相处，全社会互帮互助、诚实守信；充满活力，就是政策和制度的施行有利于进步和创新，尊重一切有利于社会进步的创造的愿望，支持创造创新活动，创造创新才能得到发挥，要构建创造创新成果得到肯定并促进转化的体制机制；人与自然和谐相处，就是既要生产发展，生活富裕，又要生态良好，"绿水青山就是金山银山"。构建社会主义和谐社会，是党顺应我国经济社会发展趋势，推行"以人为本"的科学发展理念，实施以人民为中心的发展思想的必然要求，生动诠释了社会主义核心价值观，是社会层面的社会主义核心价值观建设的重要内容。

第三节　个人层面的社会主义核心价值观建设

"人是特殊的个体，并且正是人的特殊性使人成为个体，成为现实的、单个的社会存在物，同样，人也是总体，是观念的总体。"② 人是个体性和群体性的辩证统一。在以血缘为纽带的家庭、以间接关系为纽带的氏族、由生产和交往而形成的公社中，个体是淹没于群体中而丧失了个体主体性的。在崇尚个体自由的市民社会，为追求"必须是一个独立于他人而具有自足绝对价值的存在"的"个人"，西方人文思想家们创造了经济、政治、

---

① 毛泽东. 毛泽东文集：第七卷［M］. 北京：人民出版社，1999：205.
② 马克思，恩格斯. 马克思恩格斯文集：第一卷［M］. 北京：人民出版社，2009：188.

文化和价值意义上的"个人"。但这种以个人主义和工具理性膨胀为基础的"原子式个人",是"以物的依赖性为基础的人的独立性"时代的客观假象,并没有实现"人的自由联合",人的个体主体性和群体主体性也存在对立。只有在"每个人的自由发展是一切人自由发展的前提"的理想社会,保障个人自由的"真实共同体"才产生,人的个体主体性和群体主体性才走向统一。在我国,由绝大多数的个人构成了主体"人民"。"人民"是一个内涵十分丰富的概念,在不同语义、不同时期和不同地域有不同的解释和含义,但作为复合体,表示"多个人的集合"是其基本内涵。特别是在中国特色社会主义新时代,人民群众不再是简单划一的"一块铁板",它是由相对独立的个人联结而成的,每个个体具有自立的能力、独立的人格、自由个性和自主权利,从而使每个人能够自由竞争、自主创新、自我发展,实现人的自由全面发展。新时代推进个人层面的社会主义核心价值观建设,就需要坚持"以人为本"的价值理念,在提升人民群众整体发展水平的基础上,尊重个人在历史发展中的地位和权益,提升其公民意识,开展公民道德建设,培育现代公民,努力实现人的现代化。

一、个人层面的社会主义核心价值观建设的基本目标

个人层面的"爱国、敬业、诚信、友善"既是中华民族的优良传统,是执政党培养国民素质的价值准则和奋斗目标,也是社会主义社会的公民必须遵守的行为规范。它强调了作为公民应当具有怎样的理想追求、遵循什么样的道德准则,它符合从古至今中国人追求的精神境界,有助于构建幸福和谐的美好社会。

"爱国"是指公民对待国家的积极而稳定的情感、态度和行为,是一种自然的道德情感,主要包括公民对国家地理、历史、人文的尊重和热爱,对国家发展、民族进步的积极参与和理性认同,对国家利益、民族利益的积极维护。"爱国"是中华民族传统美德的精华和民族精神的核心,是凝聚中华民族的精神力量,是引导人们树立正确理想和信念的基础,也是社会主义建设所需的强大正能量。这里倡导的爱国,就是要把个人价值的实现与中国特色社会主义共同理想结合在一起,把人生意义的提升与人民幸福、社会进步相联系,让个人积极主动地爱祖国、爱社会、爱同胞。要让个人牢固树立起中华民族的意识和国家利益的意识,自觉维护祖国的尊严和利益。为了国家利益和民族尊严,放弃个人利益,从来就是中国人

民最宝贵的思想品格，是爱国主义精神的崇高体现。

"敬业"是指公民追求崇高的职业理想，秉持对待工作和事业应有的尊敬态度，从而全身心地投入以及尽职尽责地努力奋斗，持之以恒，无怨无悔，精益求精。"敬业"是公民职业道德的具体体现，是公民应当遵循的基本价值规范之一，也是人类社会最为普遍的奉献精神。"敬业"作为一种职业价值观，主要在于引导人们树立爱岗敬业、勤奋守业、开拓创业的自强不息、勤俭奋斗的敬业精神和"工匠精神"。"敬业"既是人的本质力量的展现，也是激发社会活力、支撑社会发展的精神力量，也正是因为千千万万民众的敬业奉献，才有了中华民族的振兴和东方大国的崛起，也才有了人民的幸福生活。这也是习近平总书记寄语"幸福都是奋斗出来的"的社会样态。

"诚信"是公民道德的基石，也是维系社会发展的秩序和正常运行的基本条件与伦理基础。"诚信"强调尊重规则、真诚无欺、信守承诺、言出必行、以诚立业、以信取人，要求人们恪守市场道德，忠实履行自己应当承担的责任和义务。"诚信"既是中华民族的传统美德，也是市场运行的必要原则。加强诚信建设对于形成良好的市场秩序，维护消费者权益，具有特别重要的意义，有助于提升人们的安全感和幸福感。党的十八大报告指出，"深入开展道德领域突出问题专项教育和治理，加强政务诚信、商务诚信、社会诚信和司法公信建设"①。

"友善"是公民的核心价值规范之一，是公民在人际交往过程中平等待人、与人和善、互帮互助的道德品质，是处理人与人关系的基本态度和价值准则。"友善"作为处理人际关系的价值观念，主要在于引导人们自觉地与人为善、行善事、有善举、有善行、有善心，追求形成人与人、人与社会、人与自然关系处于融洽、协调、无根本利害冲突的良性互动状态。它既是和谐社会本质规定的道德诉求，也是一种精神境界，即把道德理想的实现看作自己高层次的需要，如同上善若水，提供无穷力量。"倡导以尊重、包容、助人、负责为主要内容的友爱观，提倡健康、文明、理性、法治的生活方式，发扬社会主义人道主义精神，坚决反对拜金主义、

---

① 中共中央文献研究室. 十八大以来重要文献选编：上［M］. 北京：中央文献出版社，2014：5.

享乐主义和极端个人主义等错误人生观"①，保持朋友、同事、亲人、邻里之间的亲近和睦，"善待亲人以构建和谐家庭关系，善待他人以构建和谐人际关系，善待万物以形成和谐自然生态"②，让社会充满爱心和温暖。

二、个人层面的社会主义核心价值观建设的主要内容

立足于社会主义核心价值观建设层面，每一个个体都是参与国家与社会建设的公民，可以依照宪法和法律规定，参与管理国家事务和社会经济文化事务，履行相应的权利和义务。随着公民主体性的增强，其权利责任意识和参与意识也在增强，这表明了推进个人层面的社会主义核心价值观建设的重要性和基本方向。

（一）提升现代公民意识

当我国提出"国家治理体系和治理能力现代化"时，有学者把它解读为我国在现代化进程中已关涉"人的现代化"命题。美国社会学家英克尔斯曾指出："一个国家，只有当它的人民是现代人，它的国民从心理和行为上都转变为现代的人格……这样的国家才能真正称为现代化的国家。"③人的现代化表征着人的主体性状态，是现代化的主导因素。公民意识作为一种现代社会意识，蕴涵着现代社会的基本精神，是人的现代化的核心。受错误观念、传统文化、西方腐朽思想的消极影响，许多人公民意识淡薄，存在社会排斥、政治冷漠、臣民意识、功利主义等问题。甚至我国许多公民缺乏公民意识这一点，被称为"中国与先进国家最大的差距"。

公民意识是基于公民身份而形成的心理状态和价值取向，体现为公民对其在国家和社会中的政治地位和法律地位的自我认知，对其权利和义务的心理认同与理性自觉，包括身份意识、法治意识、平等意识、权利与义务意识、参与意识、国家稳定意识与全球意识等④。公民意识状况是一个国家政治文明发展水平的表征，公民意识有利于促进民主政治建设，保障

---

① 艾国，刘艳. 从四个维度把握社会主义核心价值观之友善的内涵 [J]. 思想理论教育导刊，2015（10）：56-61.

② 任仲平. 凝聚当代中国的价值公约数：论培育与践行社会主义核心价值观 [N]. 人民日报，2015-04-20（1）.

③ 英克尔斯. 人的现代化：心理·思想·态度·行为 [M]. 殷陆君，译. 成都：四川人民出版社，1985：11.

④ 吕前昌. 公民意识的培育：人的现代化的逻辑起点与重要表征 [J]. 哈尔滨师范大学社会科学学报，2017（5）：21-24.

民主政治体制的有序运行，建设法治国家、法治政府和法治社会。重视提升公民的公民意识，是我国社会主义现代化建设的客观需要，也是推进"五位一体"总体布局和统筹实施"四个全面"战略布局的必要要求。党的十七大报告第一次明确指出："加强公民意识教育，树立社会主义民主法治、自由平等、公平正义理念。"①《国家中长期教育改革和发展规划纲要（2010—2020年）》进一步提出"加强公民意识教育，培养社会主义合格公民"的战略任务。党的十八大提出的社会主义核心价值观，作为社会主义意识形态的核心，无疑是加强公民意识的根本指南。

结合社会主义核心价值观和公民意识的基本内涵，我们要多措并举，从多个层面促进和培育公民意识。要全面深化改革，为加强公民意识奠定基础。具体而言，通过深化经济体制改革，充分发挥市场对经济的主导作用，培育公民的权利意识、竞争意识等；通过深化政治体制改革，发展民主政治，保障公民民主政治权利与培育公民的参与意识；健全法治体系，为公民享受权利、履行义务提供法律保障；精简政府职能，打造"小政府、大社会"，为培育公民意识发展公共领域；深化文化领域改革，加强公民教育，发挥学校对公民教育的主导作用，让家庭和社会成为公民教育的重要领域；发挥社会主义核心价值体系和社会主义核心价值观的主流意识形态地位，在传播领域旗帜鲜明地弘扬主旋律，坚持马克思主义，反对各种错误观念和社会思潮，提高民众对公共问题的认识和判断能力，提高民众的公共意识和公共精神。

（二）加强现代公民道德建设

道德作为意识形态，"是由经济基础和经济关系所决定，用善恶标准和是非标准去评价人与人之间关系的各种行为规范的总和"②。道德的作用就是判断人们行为是否正当、是否有价值，代表着社会的正面价值取向，其实质是一种价值观。社会主义核心价值观就是社会主义核心道德规范③。习近平总书记指出："核心价值观，其实就是一种德，既是个人的德，也是一种大德，就是国家的德、社会的德。"④ 社会主义核心价值观中的"爱

---

① 胡锦涛. 胡锦涛文选：第二卷 [M]. 北京：人民出版社，2016：636.
② 罗国杰. 伦理学 [M]. 北京：人民出版社，1989：44.
③ 李泽泉. 社会主义核心价值观视域下的公民道德建设 [J]. 中国特色社会主义研究，2015（4）：73-78.
④ 中共中央文献研究室. 十八大以来重要文献选编：中 [M]. 北京：中央文献出版社，2016：3.

国、敬业、诚信、友善"，是对公民个人层面的价值要求，也是当前公民的基本道德规范。这一基本道德规范承继了《公民道德建设实施纲要》提出的"爱国守法、明礼诚信、团结友善、勤俭自强、敬业奉献"的内容，也指明了新时代我国公民道德建设的基本内涵。2013年习近平总书记在会见第四届全国道德模范及提名奖获得者时提出："按照党的十八大提出的培育和践行社会主义核心价值观的要求，高度重视和切实加强道德建设，推进社会公德、职业道德、家庭美德、个人品德教育，倡导爱国、敬业、诚信、友善等基本道德规范，培育知荣辱、讲正气、作奉献、促和谐的良好风尚。"[①]

个人品德是社会公德、职业道德、家庭美德的基础，社会公德、职业道德、家庭美德是个人品德的外在表现形式[②]。公民道德建设要以个人品德为基础，"四德并举"。个人品德是道德行为规范在个体思想和行为中的表现，涵盖了个体道德"知情意行"等层面。加强个人品德教育，就要提高自我的道德认识，培养良好的道德习惯、高尚的道德情操和坚定的道德意志，以善良为灵魂，以勤奋为核心，以自立为基础，培养正直善良、自强自立、刻苦勤奋、见义勇为、克己奉公等道德品质。"社会公德是全体公民在社会交往和公共生活中应该遵循的行为准则，涵盖了人与人、人与社会、人与自然之间的关系。"[③] 社会公德折射出社会的文明程度和社会成员的文明素养。"己所不欲，勿施于人""勿以善小而不为，勿以恶小而为之"都是中华传统社会美德。在全社会提倡文明礼貌、与人为善、助人为乐、遵纪守法、爱护公物、保护环境等道德品质，在公共生活中陶冶公民的道德情操、提高其公德素养，让其"做一个好公民"。职业道德是所有从业人员在职业活动中应履行的道德义务，是推动社会持续发展的必备要素。要提高公民的职业道德素质，包括爱岗敬业、服务群众、奉献社会、团队意识、协作精神、精益求精、效率优先、热爱事业等，"鼓励人们做一个好的建设者"。"家庭美德是每个公民在家庭生活中应该遵循的行为准

---

① 习近平. 习近平关于全面建成小康社会论述摘编 [M]. 北京：中央文献出版社，2016：108.

② 蒋勇，邱国栋. 论个人品德与社会公德、职业道德、家庭美德及其关系 [J]. 思想教育研究，2010（9）：39-43.

③ 中共中央文献研究室. 十五大以来重要文献选编：下 [M]. 北京：人民出版社，2003：1985.

则，涵盖了夫妻、长幼、邻里之间的关系"①，包含男女平等、尊老爱幼、夫妻和睦、勤俭持家、乡亲互助、邻里团结等主要内容。良好的家风、家教是形成家庭美德的重要手段。

2019 年，中共中央、国务院印发了《新时代公民道德建设实施纲要》，是中国特色社会主义进入新时代对公民道德建设提出的新的更高的要求。该纲要明确了新时代公民道德建设"坚持马克思主义道德观和社会主义道德观，坚持社会主义核心价值观的价值引领，坚持创造和发展相结合、道德认知和道德实践相结合、德治与法治相结合、倡导与治理相结合"的总体要求，把"筑牢理想信念、培育和践行社会主义核心价值观、传承中华传统美德、弘扬民族精神和时代精神"作为重点任务，提出发挥学校教育、家风家教、先进模范、文化作品的道德教育引导作用，发挥制度保障作用，抓好网络空间道德建设，深化道德领域突出问题治理，推动全民道德实践，提升公民道德素质，促进人的全面发展，培养时代新人。这为新时代公民道德建设进一步指明了方向。

（三）培育现代公民

公民作为一个政治、法律概念，是指具有一国国籍、享有法律权利和承担社会义务的主体。最早出现在古希腊城邦中的公民，"是有资格参与城邦议事和审判事务的人"和"参与庭审和行政统治的人"②，而"我们这个城邦中的公民为了要获得修养善德和从事政务的闲暇，必须家有财产，这个城邦只有他们（有产阶级）才能成为公民"③。这表明，希腊城邦时期的公民只是享有政治权利和拥有经济资格的一部分人。直到资产阶级国家建立后，"公民"资格才普遍适用于全体社会成员，成为法律意义上的身份与资格，表明主体社会成员享有公民权利与义务。现代意义的公民及其资格，不仅仅是一种法律身份。公民置身于国家、社会等共同体，公民身份强调他们要参与共同日常生活、涉入公共事务、遵循同样的规则、参加公民教育活动等。特别是基于公民—国家的政治法律关系，公民"有权参与该国公共权力的行使与监督"，通过政治参与获得其公民主体身份，体现其政治法律特性与其独特主体性的统一。因此，公民在宪法和法律上的权

① 中共中央文献研究室. 十五大以来重要文献选编：下［M］. 北京：人民出版社，2003：1986.

② 亚里士多德. 政治学［M］. 吴寿彭，译. 北京：商务印书馆，2009：116-117.

③ 亚里士多德. 政治学［M］. 吴寿彭，译. 北京：商务印书馆，2009：371-374.

利与义务是公民身份概念的核心范畴，也是公民享有公民资格的重要内涵。

公民权利是现代公民理论的核心命题，体现了对公民个体主体性实践的认可。公民主体性的结构和发展促进了公民权利体系的丰富和发展。建立在近代自然法学的基础上的现代公民权利理论，强调国家对权利的保护和个人权利的至上性。从最初的"做人的基本权利"——人身自由、财产权利、言论自由、信仰自由等权利，到政治权利——选举权与被选举权、结社、游行等权利，再到社会权利——教育、就业、社会保障等权利，现代公民权利逐渐形成体系。英国社会学家 T. H. 马歇尔把这一体系概括为由民事的元素、政治的元素和社会的元素三部分组成，并在《公民权利与社会阶级》中表述出来："民事的元素是由个人自由所必需的权利组成的：包括人身自由、言论自由、思想自由和信仰自由，拥有财产和签署有效契约的权利，以及司法权利。……政治的元素是指公民作为拥有政治实体的成员或者选举者，参与行使政治权力的权利。……社会的元素是指从少量的经济福利和保障的权利，到充分分享社会遗产，并且依据社会通行标准享受文明生活等一系列权利。"[1] 20 世纪中后期以来，环境权利、性别权利、动物权利、网络权利等也逐渐被纳入公民权利的框架之中。

公民既是权利主体，也是义务主体。公民义务是指国家通过宪法和法律规定要求公民对国家和社会必须履行的责任。"没有无义务的权利，也没有无权利的义务。"[2]权利与义务的辩证统一是法治文明的共识，也是我国推进全面依法治国的基本准则。公民向国家履行义务，是为了维护国家与社会秩序，满足公共权力保障公民安全、平等、秩序等权利的需要。"只有在一个有秩序的社会或政治共同体中，个人的基本权利和自由才有实现的可能，国家才能以其合法的权威来为个人基本权利的实现提供有效的保障。"[3] 例如，只有公民履行纳税义务，才能维系国家财政之运转，实行公共财政政策，保障民生福利；只有公民履行服兵役的义务，才能保证国家和平安宁，避免战乱与失序；只有公民履行受教育的义务，才能提高国民素质和发展社会生产，带来国家繁荣昌盛。

我国宪法规定，"凡具有中华人民共和国国籍的人都是中华人民共和

---

① MARTIN B, ANTHONY R. Citizenship today：the contemporary relevance of T. H. Marshall [M]. London and Bristol，PA：University College London Press，1996：35.

② 马克思，恩格斯. 马克思恩格斯选集：第三卷 [M]. 北京：人民出版社，2012：172.

③ 王广辉. 论宪法的调整对象和宪法学的学理体系 [J]. 法学家，2007 (6)：41.

国公民"，"任何公民享有宪法和法律规定的权利，同时必须履行宪法和法律规定的义务"。社会主义制度的建立，改变了人类历史上"把一切权利赋予一个阶级，另方面却几乎把一切义务推给另一个阶级"① 的状况，实现了权利享有主体和义务履行主体的统一，广大人民群众享有广泛而真实的自由与权利。同时，我国宪法第五十一条规定，"中华人民共和国公民在行使自由和权利的时候，不得损害国家的、社会的、集体的利益和其他公民的合法的自由和权利"。根据马克思主义的"权利义务相一致原则"，公民必须认真履行法定义务，坚持爱国主义和集体主义原则，才能推动社会主义现代化建设，才能享有政治、经济、文化和社会权利方面的物质和精神的保障。公民越能充分享有权利，就越能激发出能动性和自豪感，也就越能自觉地履行义务，为推进现代国家和构建和谐社会作出贡献。

---

① 马克思，恩格斯. 马克思恩格斯选集：第四卷 ［M］. 北京：人民出版社，2012：194.

第六章 社会主义核心价值观建设的
基本路径

　　从生成逻辑看，社会主义核心价值观建设在遵循价值观生成、实现规律的基础上，包含"凝练价值内涵、提升价值主导、实施价值实践"的自我建设和外在建设。其中，自我建设的重点是让 24 字的社会主义核心价值观基本内涵更加凝练，使人民群众更易记易行，增加亲和度。外在建设主要是通过价值主导、开展价值实践，"把社会主义核心价值观融入社会发展各方面，转化为人们的情感认同和行为习惯"①。从发展过程看，社会主义核心价值观建设是一个贯穿个体心理的"知、情、意、行"过程，是从价值认知到情感认同再到价值践行的主体客体化和客体主体化的过程。因此，构建社会主义核心价值观建设的有效路径有：结合理论和实践，凝练价值观内涵；实施机制化措施，增强价值认知；构建制度化体系，提升情感认同；形成生活化氛围，促进价值践行，让社会主义核心价值观"像空气一样存在"，人民群众日用而不知。

第一节　社会主义核心价值观基本内涵的凝练化

　　"三个倡导"的社会主义核心价值观是对社会主义核心价值体系的抽象和概括，反映了全体人民群众的价值追求，体现了价值观层面的"最大公约数"。实际上，高度凝练、揭示本质、指向明确是古今中外核心价值

---

　　① 习近平. 决胜全面建成小康社会　夺取新时代中国特色社会主义伟大胜利：在中国共产党第十九次全国代表大会上的报告［M］. 北京：人民出版社，2017：42.

观表达的一般规律，也是大众快速传播和主动接受的基本前提。因此，"不断总结、提炼和概括我们社会的核心价值观，构建我们的核心价值体系，使全社会的文化创造活力充分释放、文化创新成果不断涌现，使当代中华文化更加多姿多彩、更具有吸引力和感染力"①，既有可能，也有必要。

一、凝练社会主义核心价值观基本内涵的必要性

对于 24 个字的"三个倡导"，不少学者认为它只是我们现阶段所能达到的最大共识和最高成果，随着实践的推进和研究的深化，我们有必要进一步凝练出更加简洁易记、高度概括的核心价值观。

"三个倡导"包括三个层面、十二个词，内容非常全面、丰富，但没有体现社会主义核心价值观作为灵魂和总纲的最高抽象的要求，且相互交叉，重点不是太好抓，所以，大众基本都有一个认识，即它不太容易记住。事实上，一个系统的核心价值体系，总是包含着一定的核心价值理念。核心价值理念就是我们在现有社会主义核心价值观基本内容中凝练出来的内容，它是社会主义核心价值体系和社会主义核心价值观的高度凝练，是社会主义核心价值体系和社会主义核心价值观建设应遵循的基本原则，是其精髓或合理内核，是核心中的核心、重点中的重点。所以，对现有社会主义核心价值观进行凝练，实则要通过进一步抽象和概括出一个核心价值理念，通过它可以从哲学意义上把国家、社会、个人三个层面的价值观统领、贯穿起来，用内涵深刻、简明扼要、通俗易懂的文字表达出社会主义核心价值理念的基本内容，并将其中多个层面的价值目标科学有机地融为一体。这既是其自身理论体系科学化的内在要求，也更有利于其在社会的广泛传播，以便做到家喻户晓、人人皆知，并普遍地规范人们的思想、指导人们的行为，有效引导社会大众更加积极主动参与到弘扬和践行活动中，发挥价值主导作用。

现代心理学和记忆科学方面的研究也表明，文字要让人过目不忘，字数应在 2~6 字，一般不能超过六个字。超过六个字，就很难使人过目不忘。所以，文字精练简明、宜记宜传，是核心价值理念的重要表达形式②。我国历史上流传至今的中华民族核心价值理念，如"礼义廉耻""仁义礼智信"，大多数都没有超过六个字，值得我们学习借鉴。而西方资本主义

---

① 韩震. 增强社会主义意识形态的吸引力和凝聚力 [N]. 北京日报，2007-11-05 (2).
② 戴木才. 铸就人民信仰：当代中国的核心价值观 [M]. 北京：人民出版社，2018：328.

在全球广为流传的"自由、民主、人权"的核心价值理念，虽然并非广大人民群众真实享有的权利，但或许因为这样一种简练的表达方式而占据了宣传上的主动，占据了道义上的制高点，进而对我国的核心价值观和意识形态形成挑战。因此，为适应与西方资本主义"自由、民主、人权"价值观竞争的需要，我们必须着力提炼出具有中国特色、符合中国国情、简洁明了的核心价值理念。这有助于帮助世界人民认识和了解中国，增强中国在国际上的话语权，提升我国的"国际形象"和"文化软实力"①。可见，进一步凝练核心价值理念堪称当前社会主义核心价值观建设的一项重大课题。

二、凝练社会主义核心价值观基本内涵的基本原则

虽然社会主义的核心价值理念一定是"真善美"的，但并非所有"真善美"的价值理念都符合当代中国的国情，都能够与中国特色社会主义相关联，代表中国特色社会主义的前进方向，成为我们凝练核心价值理念的选择。习近平总书记指出："我们提出的社会主义核心价值观，把涉及国家、社会、公民的价值要求融为一体，既体现了社会主义本质要求，继承了中华优秀传统文化，也吸收了世界文明有益成果，体现了时代精神。"②因此，凝练社会主义的核心价值理念，应遵循以上基本原则，体现人民性、时代性、先进性等特征。

（一）体现社会主义的本质要求

核心价值观是一定社会形态、社会性质的集中体现，在社会思想观念体系中处于主导地位，深刻影响着每一个社会成员的思想观念、思维方式和生活模式③。"社会主义"是社会主义核心价值观的首要特征和鲜明特色，是汇聚最大多数人民群众普遍认同的价值观"最大公约数"的制度基础，也内在地预设了社会主义核心价值观的人民特性。

社会主义作为一种价值观，其价值就在于回答社会主义"好在哪里"。"马克思、恩格斯从合规律性的角度展开关于社会主义学说的科学论证，

①　孙伟平. 最大公约数：社会主义核心价值观研究 [M]. 南宁：广西人民出版社，2021：486.

②　习近平. 青年要自觉践行社会主义核心价值观：在北京大学师生座谈会上的讲话 [N]. 人民日报，2014-05-05（1）.

③　黎家佑，钟明华. 社会主义核心价值观要义探微 [J]. 道德与文明，2015（3）：109-112.

并没有舍去社会主义的价值原则。因为任何社会发展规律都是人的活动规律，人在活动中应当以规律性的认识为指导，而在支配着活动的那个目的中就包含有一定的价值取向"①。所以，在马克思和恩格斯看来，追求社会主义的实践活动不仅仅是按照客观必然性来从事的运动，而且也是人类追求完善自身、创造新价值的活动，本身蕴含着价值需求；社会主义要消灭剥削以及一系列不公平行为，消除人的异化状态，使人成为真正的人，使社会成为真正的人的社会，这就是要形成在《德意志意识形态》中所说的真正的共同体或《共产党宣言》中所说的自由人联合体："在这个共同体中各个人都是作为个人参加的。它是各个人的这样一种联合（自然是以当时发达的生产力为前提的），这种联合把个人的自由发展和运动的条件置于他们的控制之下。而这些条件从前是受偶然性支配的，并且是作为某种独立的东西同单个人对立的。"② 也就是说，"人的解放"和"人的自由发展"是科学社会主义的终极价值追求，也理应是凝练后的社会主义核心价值理念的组成要素。

（二）传承中华优秀传统文化的基因

马克思说："人们自己创造自己的历史，但是他们并不是随心所欲地创造，并不是在他们自己选定的条件下创造，而是在直接碰到的、既定的、从过去承继下来的条件下创造。"③ 核心价值观是在一个国家和民族的长期发展中孕育生成的，反映着这个国家、民族的文化积淀和精神基因，这是"源"与"流"的关系。社会主义核心价值观植根于中国传统文化的深厚土壤之中，中华优秀传统文化必然为社会主义核心价值观提供丰富滋养。

要体现这一特性，正如习近平总书记 2014 年 2 月在中共中央政治局就培育和弘扬社会主义核心价值观、弘扬中华传统美德进行第十三次集体学习时指出的，要"深入挖掘和阐发中华优秀传统文化讲仁爱、重民本、守诚信、崇正义、尚和合、求大同的时代价值，使中华优秀传统文化成为涵养社会主义核心价值观的重要源泉"④。事实上，社会主义核心价值观在国家、社会、个人三个层面都直接或间接地传承着中华优秀传统文化的思想

① 朱旭红. 论科学社会主义的价值原则 [J]. 浙江大学学报，1994 (9)：1-9.
② 马克思，恩格斯. 马克思恩格斯选集：第一卷 [M]. 北京：人民出版社，2012：202.
③ 马克思，恩格斯. 马克思恩格斯选集：第一卷 [M]. 北京：人民出版社，2012：669.
④ 习近平. 习近平谈治国理政 [M]. 北京：外文出版社，2014：164.

精华和道德精髓。

（三）吸收人类文明有益成果

中华优秀传统文化积淀着中华民族最深层的精神追求和最根本的精神基因，是社会主义核心价值观的文化本源。但这并不意味着要排斥其他文化的优秀成果，尤其是在信息化、全球化快速发展的当代，各种思想文化相互激荡，社会主义核心价值观的构建与凝练，需要吸收西方文化的优秀因子，汲取人类文明有益成果，共同缔造人类社会美好的价值目标和理想追求。2014 年 3 月习近平总书记在巴黎联合国教科文组织总部发表讲话时说："传承和弘扬中华传统文化，并不意味着固步自封，闭上眼睛不看世界。中华民族是一个兼收并蓄、海纳百川的民族，在漫长历史进程中，不断学习他人的好东西，把他人的好东西化成我们自己的东西，这才形成我们的民族特色。文明因交流而多彩，文明因互鉴而丰富，对各国人民创造的优秀文明成果，我们当然要学习借鉴，而且要认真学习借鉴，在不断汲取各种文明养分中丰富和发展中华文化。"①

对接人类社会发展的"共同价值"理想，吸收、容纳人类共同的文明成果和"共同价值"是发展社会主义的必然要求。我国社会主义依然处于并将长期处于初级阶段的基本国情，决定了社会主义核心价值观需要吸收当代西方发达资本主义国家创造的先进文明成果。如"自由""平等""法治""公正"等理念，是资产阶级反对封建专制社会的思想武器，从法国的《人权宣言》、英国的《人民宪章》到美国的《独立宣言》，较为完整地表达了资产阶级的民主、自由、平等、法治等思想，极大地推动了人类历史进步。但这些价值理念并非资产阶级的专利，而是人类共同生存和发展的基本条件，也是人类所向往的美好社会的共同价值。"将这些理念视为资产阶级的专利并将其与资本主义捆绑在一起，不仅人为地剥夺了社会主义的话语权，而且为渊驱鱼地造就了资本主义的人文道德优势"②。改革开放以来，我国逐步吸纳了公平、正义、民主、自由、平等、法治、人权、科学、效率、全球治理等人类共同的文明成果和"共同价值"，积极倡导建设"和谐世界"，打造人类命运共同体。这既是我国融入世界文明

① 习近平. 习近平总书记系列重要讲话读本 [M]. 北京：学习出版社，2014：100.
② 江必新. 全面推进依法治国的若干思考：以学习党的十八大报告为背景 [J]. 人民论坛，2012 (11)：44-47.

共同发展的历史进程，又是我国推进世界文明共同发展所做的重要贡献①。

（四）体现鲜明的时代精神

价值观是在主体需要的驱动下，在自我意识的引导下，在价值活动基础上形成的。人的需要和自我意识的社会历史性，决定了价值观的社会历史性。并且，社会主义核心价值观作为一个开放发展的价值观念体系，是随着时代变化而不断丰富新内涵的价值理念，而不是固守僵化言论的具体形式。因此，不同时代、不同时期对于社会主义核心价值的理解也就会有所不同，呈现差异。例如，新时代我们的核心价值观就是"对我们中国逐渐强大以后显示出一种自信，且是在新的历史起点上对实现未来更高目标、更大梦想的一种政治动员与民众表达"。这表明，社会主义核心价值观的理论和实践是不断发展和完善的，需要不断挖掘其时代内涵，在扎根中国特色社会主义的基础上凸显其时代特征，做到与时俱进和开拓创新。

实际上，如何在实践中准确理解和运用这一本质特征并不容易。比如，随着我国社会主义适应新的时代发展和变化而不断推进制度和体制变革，使中国特色社会主义呈现出新的时代特征和制度创新。对此，"国内外有些舆论提出中国现在搞的究竟还是不是社会主义的疑问，有人说是'资本社会主义'，还有人干脆说是'国家资本主义''新官僚资本主义'。这些都是完全错误的。我们说中国特色社会主义是社会主义，那就是不论怎么改革、怎么开放，我们都始终坚持了中国特色社会主义道路、中国特色社会主义理论体系、中国特色社会主义制度，坚持了党的十八大提出的夺取中国特色社会主义新胜利的基本要求"②。也就是说，判断是不是社会主义，今天我们更需要坚持以马克思主义为指导，从时代发展的客观趋势和问题出发，深入把握社会现实所具有的时代特征，始终坚持在社会主义革命、建设和改革开放历程中逐步形成和发展起来并指导社会主义科学发展的价值目标和价值理念。

三、凝练社会主义核心价值观内涵的基本面向

基于凝练核心价值观的原则，众多学者提出了自己的学术主张。例如，公方彬提出"民主、平等、公正、互助"的核心价值理念；吴向东提

---

① 戴木才.全人类"共同价值"与社会主义核心价值观 [J].光明日报，2015-10-28 (13).

② 习近平.习近平总书记系列重要讲话读本 [M].北京：学习出版社，2014：15.

出"人本、公正、和谐"的核心价值理念；徐景安提出"人本、和谐、幸福、持续"的核心价值理念；许庆朴提出用"独立、民主、自由"作为社会主义终极价值理念，用"平等、效率、和谐、文明"作为基础性价值理念；等等。从这些表述中可以看出，凝练社会主义核心价值观，应该在类似性质的这些价值理念中进行取舍。

一是体现中国特色社会主义性质的核心价值，如幸福、文明等。这些表述既对接当前主流意识形态话语体系，也对接中国特色社会主义现代化建设的基本内容和价值目标，具有广泛的群众基础。

二是体现中华优秀传统文化的核心价值，如人本、和谐、仁爱等。这些表述既有深厚的人文基础，易于接受；也属于当代中国马克思主义的话语范畴，具有合法性和必要性。

三是体现全人类共同价值追求的核心价值。如自由、民主、平等等。这些表述往往代表人类社会发展的前进方向和价值目标，具有普适性。只是这些话语被先期进入现代社会的资本主义国家抢占，但这类价值并非它们独占，恰恰相反，社会主义制度下我们要打造更真实、更广泛的包括这些价值在内的全人类共同价值，彰显制度优越性。

综上所述，满足6个字（最多8个字）的表达形式，笔者认为社会主义的核心价值理念可表述为"自由、平等、和谐、民本"。

第二节　培育践行社会主义核心价值观的机制化

"机制"原指机器的构造和工作原理，突出"事物的内在规律及其外部事物的有机联系所形成的系统"①。引申到社会科学中，机制是指人们根据事物各组成部分和要素之间的构造、功能及其相互关系，为促进事物发展而采用的系统的制度、方式或手段体系（regime）。在推进社会主义核心价值观建设的过程中，要促进人们对社会主义核心价值观的价值认知、价值认同和行为实践，需要构建人民群众弘扬与践行社会主义核心价值观的机制化路径，确保社会主义核心价值观建设落地落实。

---

① 李行健. 现代汉语规范词典［Z］. 3版. 北京：外语教学与研究出版社，2014：606.

一、构建人民群众价值认知的促进机制

推进社会主义核心价值观建设，首要的是价值认知。在价值哲学的层面，价值认知是与价值评价相区别的价值认识的一种形式，它是指通过认知的方法获得价值认识的过程①。人们在接受一定的价值观或价值体系、产生价值认同之前，首先对其有一些简单的认知，或者说是一般的认识和了解，这被称为价值感知阶段。价值感知具有直接性、表面性、片面性等特点，有待于进一步深化。在感知认同的基础上，人们通过思维对信息进行分析、加工和处理，并通过判断、推理进行一定的评价和选择，从而对核心价值观的认知达到不仅知其然而且知其所以然的程度。人们认同一定的价值观首先取决于其对该价值观的认知状况，它构成了人们理解价值观的基本轮廓和实质内容。在认知基础上产生的价值观念是支配和制约其他心理因素的主导力量，是价值认同、情感认同和价值行为形成和发展的必要条件。随着社会生活的多元和社会思想的活跃，社会思想和社会意识也出现了多元化和多样化特征，人们在价值观念的选择上具有不同的取向和定位，不再像单一经济和封闭社会制度下仅仅是自发地认同一种价值观念，相反，人们趋向于理性思考和反思，乐于对各种事物进行分析比较，在价值观念的选择和认知上更加相信理性层面的反思所得出的结论。对社会主义核心价值观的认知是大众学习思考以及价值追求的结果，更多的是回答"为什么"的问题，属于理性认知范畴。推进社会主义核心价值观建设，必须从认知主体、认知客体和认知环境等层面改善人们的价值认知状况，构建促进人民群众积极主动进行价值认知的机制。

（一）从认知客体层面增强价值认知的吸引力

社会主义核心价值观是社会主义最根本的价值追求，体现了人们共同认可和遵循的价值目标、价值准则和价值取向，满足了人民群众不断发展的物质和精神需求，具有进步性和整体性，是引领社会进步的价值理念。我们应立足于社会主义核心价值观，增强其所富有的内在吸引力。

一是要深挖社会主义核心价值观蕴含的中华优秀传统文化底蕴，传承中华传统文化基因。中国传统文化是中华儿女的根基，也是中华儿女共同的历史记忆，它对中华民族的形成、繁衍、稳定产生了巨大作用。社会主

---

① 王玉樑. 价值哲学新探 [M]. 西安：陕西人民出版社，2006：97.

义核心价值观"必须从中汲取丰富营养，否则就不会有生命力和影响力"①。优秀传统文化中有深入人心、深得人心的价值认知，例如，以群体为本位的传统价值观，以"仁爱"为核心的道德伦理体系，追求理想社会的向往和观念，民本观念，和谐理念，诚信观念以及勤劳勇敢、团结统一、爱好和平、自强不息的民族精神，等等，都是已有的认知图式和价值传统。我们要充分挖掘这种内在的文化品质，并进行现代性转换，为增进人民群众对社会主义核心价值观的认知奠定文化基础。

二是要增强社会主义核心价值观对全人类的吸引力和感召力。如前文所述，社会主义核心价值观汲取了全人类共同价值，顺应了世界潮流，满足了人类共性特征，具有世界意义和影响。任何一种价值观都不仅不能脱离外来文化的影响，而且还必须保持开放性和包容性，需要从其他价值观特别是全人类共同价值中汲取合理成分，即"虚心学习借鉴人类社会创造的一切文明成果"②。这是因为"全人类共同价值是人类智慧的结晶，是人类宝贵的精神财富"③。社会主义核心价值观倡导的"自由、平等、公正、法治"等是马克思主义的社会理想，是社会主义的价值理想，也是对全人类共同价值的吸纳，体现了人类社会普遍追求的精神价值，因而也"具备了普遍的世界意义……能占领道德制高点，成为具有引领和感召功能的软实力"④。

三是凸显社会主义核心价值观契合当代中国改革开放和现代化建设的现实需要，反映人民群众对社会主义伟大实践的现实诉求，在符合社会发展要求又体现人民群众的现实需要的基础上，以更广泛的群众基础和人性基础增强其吸引力。其中，"富强、民主、文明、和谐"的价值目标，表征着国家发展目标与市场主体利益的一致性，有利于将"人民至上""共同富裕""和谐发展"等国家精神自觉转化为人民群众的内在追求；"自由、平等、公正、法治"的价值取向体现了市场经济发展的本质要求，有利于提升人们在坚持自己的权利、满足个人需要以及履行相应的义务、注重社会贡献等方面的思想觉悟和精神境界；"爱岗、敬业、诚信、友善"

---

① 习近平. 习近平总书记系列重要讲话读本［M］. 北京：学习出版社，2016：191.
② 习近平. 习近平谈治国理政［M］. 北京：外文出版社，2014：171.
③ 戴木才. 全人类共同价值与社会主义核心价值观［N］. 光明日报，2015-10-28（13）.
④ 韩震. 社会主义核心价值观新论：引领社会文明前行的精神指南［M］. 北京：中国人民大学出版社，2014：31.

的价值准则提供了市场经济发展的道德保障，有利于市场主体做到既关注自我利益，又互利合作和共同发展，从而营造良善有序的社会环境。

总之，这样一来，社会主义核心价值观便体现了"对中华优秀传统文化的继承性，对世界文明和世界潮流的回应性和对当代中国改革和现代化建设实践的观照性"①，富有魅力，能够以科学性和合理性对人民群众产生巨大吸引力。

(二) 从认知主体层面提升价值认知的内需力

社会主义核心价值观是现实的人的价值观，是人民群众的自觉价值追求。它之所以能生成，是因为契合了广大人民群众在生存、享受、发展等方面的合理需要。一方面，社会主义核心价值观的内容和目标取决于当前广大人民群众的需要体系的结构形态和发展趋向，生存、享受和发展等层次的合理需要都在社会主义核心价值观中获得观念性重现；另一方面，社会主义核心价值观指引着人民群众不断调整自身的需要体系，使需要沿着中国特色社会主义的方向实现更高程度的丰富和发展②。因此，积极引导人民丰富和发展自身需要的方向和路径，使其依照社会主义核心价值观所设定的目标前进，这同样能够深化人民对社会主义核心价值观的认知成效。

马克思把人的自然需要叫作"人的一般本性"，把人的社会性需要叫作"历史地发生了变化的人的本性"，是人的社会化产物。美国学者米德（Mead）认为社会化是"使人们获得个性并学习其所在社会的生活方式的社会相互作用过程"③。对个人而言，社会化使个体在一定社会关系中发展出自我意识，掌握在一个社会生存下去所需的语言、规范、价值观念和基本技能，成为一个合格的社会人。"一个人从不知不识的生物个体和某一个人格素质状态变成一个合格的社会成员，必须学习那个社会、阶级或社会群体长久积累和形成的价值观念和行为规范……这个社会化的过程是必要的、必需的，舍此便无法适应社会和立足社会。"④ 社会化是个体成为社会一员必然要经历的过程，也是价值认知的基本路径。个人通过学习、理

---

① 林伯海，易刚. 社会主义核心价值观大众认同的外在机理探析 [J]. 马克思主义与现实，2015 (3)：162-170.

② 赵伟. 人的需要：社会主义核心价值观认同的现实根基：培育践行社会主义核心价值观的路径探索 [J]. 社会主义研究，2014 (5)：36-41.

③ 米德. 心灵、自我与社会 [M]. 赵月瑟，译. 上海：上海译文出版社，1992：120.

④ 陈秉公. 思想政治教育学原理 [M]. 北京：高等教育出版社，2006：113.

解这些价值观念和规范，就会接受和认同这些文化，就会减少自己的生物性需求，增加自己的社会性需求。个人用这些理念去指导自己的行为，追求社会共有性的价值观念就成为个体价值选择的趋势。因此，在关系的历史上，价值关系也从单一的生存需要向着高级、全面的发展需要不断递进。深刻把握这一发展趋势，把人民群众对美好精神生活的需求转化为促进大众价值认知的内需力，就是社会主义核心价值观建设的重要内容。

（三）从认知环境层面优化价值认知的影响力

人民群众对核心价值观的价值认知是不断生成和发展的动态过程，既受认知主体和认知客体影响，也受认知环境影响。因为，"接受是主体（受教育者）在外界环境的影响下，尤其是在教育的控制下，选择和摄取思想教育信息的一种能动活动"，是"对社会有控影响的积极反应"。外界环境是大众认同核心价值观的基本要素，也是促进大众认同核心价值观的重要动因。一般来说，积极良好的外界环境，特别是健康向上的社会风气、公平有序的社会环境，有助于引导大众树立崇高的理想、坚定的信念，弘扬先进文化；而消极落后的社会风气、社会舆论等，则会导致社会丧失公平正义，社会道德沉沦。

党的十四大以来，党提出了"以科学的理论武装人，以正确的舆论引导人，以高尚的精神塑造人，以优秀的作品鼓舞人"，就是要以良好的宏观环境的营造，引领大众接受和认同社会主义核心价值观的科学阐释[①]。也就是说，通过大力发展先进文化，以文化大发展大繁荣承载社会主义核心价值观建设是营造社会环境的关键环节。其目的就是要以文化人，丰富人们的精神生活，增强人们的精神力量，发挥社会主义核心价值观的主导作用。同时，还需要以更大的政治勇气和智慧，推进全面深化改革，改变一切不公平、不合理的社会问题，创造公平、平等的生产、生活、竞争、协作的社会环境，营造出符合绝大多数社会成员发展要求的价值平台，全面改善政治、经济、文化、社会和生态环境，以社会主义核心价值理念及其实践促成每个劳动者都能"体面地劳动"，过上"有尊严的生活"，促进人民群众在现实生活中提高对社会主义核心价值观的认知度。

实际生活中，微观环境对大众认知核心价值观的促进作用更为显著，如地域环境、组织环境、人际环境和家庭环境等。例如，家庭不仅是推进

---

① 孟轲. 社会主义核心价值观大众认同的基本动因及障碍 [J]. 河南师范大学学报（哲学社会科学版），2014（1）：52-56.

个人社会化的重要载体，家风、家教基本上是人的价值认知的第一课堂。学校教育既可以获得系统的知识，推进人的社会化，更是系统进行价值认知的重要阶段。美国社会学家里斯曼就指出："同龄人的观点更成为个人行为的指导，同龄群体乃现代社会最重要的社会化机构。"① 由于同伴之间具有相似的价值观，同伴的行为就成为影响社会成员价值认识的重要因素。正是基于此，国家层面和各地方塑造时代楷模、"感动中国人物""最美人物"等诸多榜样，已经成为推动大众积极主动认知、接受社会主义核心价值观的直接诱因，并使其周边范围内的大众认知得以正向稳步发展。当然，进一步弘扬与践行社会主义核心价值观，需要以更优的制度环境、更多的正能量故事和人物提升对人民群众价值认知的影响力。

二、构建人民群众情感认同的利益机制

推进社会主义核心价值观建设的关键是人民大众的情感认同。情感认同本质上是价值认同。所谓价值认同，是指价值主体在社会实践中通过交往、对话和互动，不断调适自身的价值结构以适应、接受和遵循社会价值规范的过程。它标志着人们在社会实践中能够以社会共同的价值要求作为标准来规范自己的活动，并使之内化为自觉行为。价值认同是价值主体对某种价值理念、价值目标和价值规范的自觉接受、自觉遵循的态度。价值认同的实质在于，价值主体将自身的价值观念同化于社会价值规范，并不断改变自身的价值观念以顺应社会价值规范。它是社会成员对社会价值规范所采取的认可、内化达到笃定确信的程度。对于个体而言，一旦对某种价值观念形成认同，便意味着其确定了个体生活的社会意义；对于社会共同体而言，形成了价值认同则意味着人们之间有了共同的价值观念和价值追求。核心价值观的确立，是社会大众价值认同完成的标志。

马克思认为："激情、热情是人强烈追求自己的对象的本质力量。"② 价值主体在对一定价值观做出理性判断的基础上，认为其与自身的需要完全符合，就会在情感上产生肯定与亲切的态度，进而自觉将其内化为自身的价值取向和价值准则，形成对此价值观的价值认同。所以，"价值认同是情感认同的基本内容，而情感认同又是实现价值认同的关键，二者常常

---

① 易益典. 社会学教程 [M]. 上海：上海人民出版社，2013：70.

② 马克思，恩格斯. 马克思恩格斯文集：第一卷 [M]. 北京：人民出版社，2009：211.

合二为一，没有情感认同，就没有真正的价值认同"①。人民对社会主义核心价值观的情感认同，就是人民群众在其满足他们需要的基础上，所形成的一种积极、肯定的情绪体验，并在这种体验的过程中不断将其内化为自身的价值信仰。

社会发展中的各种利益就是主体需要的现实表达。《马克思主义哲学全书》指出，利益是"人们通过一定的社会关系表现出来的社会需要。利益本质上属于社会关系范畴。社会主体维持自身生存和发展，只有通过对社会劳动产品的占有和享有才能体现，社会主体与社会劳动产品的这种对立统一关系就是利益"②。任何价值观念都是社会利益关系的表达或要求。人们所奉行的价值观背后，都隐藏着一个起重要支配作用的因素，就是利益追求，利益追求构成了人们价值取向的重要内容，也构成了人们价值比较和价值选择的重要标准以及价值追求的动力。人民群众的根本需要和利益需求不仅在理论上是社会主义核心价值观及其价值生成的前提，社会主义核心价值观在实践上也将人民群众的经济、政治与文化需要作为其价值生成的前提与目标。所以，推进社会主义核心价值观建设，就内在地要求走近人民群众，了解他们的价值愿景，满足他们的利益需求，建立一套合理的调整利益关系的机制（包括利益诉求机制、利益分配机制、利益协调机制），消除人们由于各种需求难以满足和利益分配不均造成的对社会主义核心价值观产生的质疑。这样就能让人民在利益满足带来的正向积极的情感体验和价值体验中，增强主体意识和提高主体积极性，实现价值观建设目标。

（一）利益诉求机制

社会主义制度既然把人民群众作为价值主体，那么其价值观就应始终围绕着"人民要怎么样"来建构，体现人民主体的价值追求和价值取向，尤其要体现人民对利益的追求。因此，社会主义核心价值观要从理论走向现实，就首先需要满足人民群众的利益需要，倾听人民群众的利益呼声，建立利益诉求机制。

利益诉求机制也可称作利益表达机制，是指价值主体通过一定的渠道和方式向执政党、政府和社会各级组织表达自身的利益要求，以影响政治

---

① 李建华. 情感认同与价值观认同 [N]. 光明日报，2018-05-28 (14).

② 李淮春. 马克思主义哲学全书 [M]. 北京：中国人民大学出版社，1996：376.

系统公共政策的机制。"当一个社会经历了经济与技术变化，当他获得了与这些变化过程相关的态度时，就会出现导向更高程度利益表达的倾向和行动手段。"① 构建利益诉求机制，根本目的在于为不同的利益群体提供充分反映自身利益需求的渠道，让社会成员通过有效途径充分表达自己的意愿，行使正当的获利权利。一个社会能否给予不同利益主体公平表达自身利益的机会，并且做出合理的回应，取决于相应的利益诉求机制。在我国，为构建完善的利益（情感）诉求机制，党提出了"拓宽社情民意表达渠道，推行领导干部接待群众制度，完善党政领导干部和党代表、人大代表、政协委员联系群众制度，健全信访工作责任制，建立全国信访信息系统，搭建多种形式的沟通平台，把群众利益诉求纳入制度化、规范化、法制化的轨道"②。

但长期以来，我国利益诉求机制存在以下几点缺陷：一是利益诉求表达制度可操作性不强。不少制度大多是原则性的规定，对利益诉求表达程序缺乏细致的规定，人民群众往往不知道该如何进行利益诉求表达。二是没有制定诉求表达的相关法律，人民群众在进行利益表达时无法可依。三是利益诉求表达渠道还不够畅通，具有决定意义的党内利益表达渠道拥挤，负荷能力不强，人民群众有些重要的利益表达无法进行。四是组织化的利益表达还没有实现合法化，无组织、无代表的利益诉求使协商和谈判难以进行，就会造成冲突更加复杂激烈。特别是社会弱势群体，由于掌握的资源有限，合法渠道又不畅，不得不采用施压性集体行动，如静坐、集体上访、非法举行集会游行、围堵和冲击党政机关等来表达利益诉求。这样的利益诉求机制没有合法性，必然导致社会的不稳定，显然不是和谐社会所应有的。

因此，对于构建利益诉求机制，我们应改变传统的封闭的、单向维度的利益诉求机制，代之以现代的公众广泛参与的、多向维度的利益诉求机制；充分发挥人大和政协的利益表达功能；充分发挥社会组织、行业组织、社会中介组织的作用；建立人民代表大会、专家委员会与社会组织三者共同参与利益表达的公众参与模式。人民代表大会、专家委员会与社会

---

① 阿尔蒙德，鲍威尔. 比较政治学：体系、过程和政策 [M]. 曹沛霖，郑世平，公婷，等译. 上海：上海译文出版社，1987：38.

② 中共中央文献研究室. 十六大以来重要文献选编：下 [M]. 北京：中央文献出版社，2008：664.

组织"三者要分工合作，各司其职。人民代表大会应充分发挥代议作用，负责对公共政策的审批和监督；专家委员会应充分发挥咨询作用，为公众和政府提供专业意见；社会组织应充分发挥代言作用，直接代表各公众阶层，向政府表达意愿，参与公共政策制定，协调公共政策和社会群体间的利益冲突"①。换言之，为社会各阶层提供利益表达的制度性平台越完善，越有可能引导群众以理性、合法的形式表达利益诉求。而为实现社会公正，关注弱势群体的利益情感表达与利益实现是其中的重点。因此，需要提供一种渠道让弱势群体的利益主张能够表达出来或者令其有自己的利益代言人；或者制定相关的法律，以保护该群体的利益，在法律框架内搭建一个弱势群体与强势群体进行利益博弈的平台，彰显社会的公平正义。

（二）利益分配机制

利益分配机制是指通过合理的利益分配方式和制度安排，理顺分配关系，规范分配秩序，营造平等竞争的社会环境，保证社会资源和物质利益在不同阶层、不同群体中的合理分配，使每个社会成员的合理利益都能够得到有效保障，使各利益主体各尽其能、各得其所。合理的利益分配机制能为人们认同核心价值观提供坚实的物质基础，使物质资源间接地转换为支持执政党的力量，赢得人们对政府和执政当局及其倡导的核心价值观的认同和支持，促进社会和谐。在社会主义条件下，通过社会资源的有效利用获得利益的权利，并不只属于"特殊的利益集团"，而是属于全体社会劳动者。国家不能因为弱势群体对于社会整体利益贡献小就忽视其利益，更不能一味地追求整体财富的迅速增长而牺牲大部分人的利益需求，去满足少部分人的利益需求。一个没有收入差距或者是收入差距过小的社会不可能是一个和谐的社会，只能是一个缺乏活力的平均主义社会；而一个收入差距过大的社会也不可能是一个和谐的社会，只能是一个充满隔阂、猜忌甚至是动荡因素的社会，从而引发社会治理危机。

改革开放以来，随着市场经济体制的建立和发展，我国社会利益分配体系发生了重大变革，计划经济时代的平均主义分配体系逐渐被市场经济的多样化分配方式取代。以按劳分配为主，多种分配方式并存，"坚持效率优先、兼顾公平"②的分配制度，不可避免地带来了社会的贫富差距，出

---

① 李君如. 社会主义和谐社会论 [M]. 北京：人民出版社，2005：206.

② 中共中央文献研究室. 十六大以来重要文献选编：上 [M]. 北京：中央文献出版社，2005：475.

现了不同阶层之间、不同地区之间、不同行业之间不合理的贫富差距，社会成员在经济生活、文化教育、发展前途等各方面，在机遇、条件、水平等各领域，存在着事实上的不平等、不公正和不合理。这种社会现实与社会主义核心价值观倡导的公平、正义、平等形成了较大的反差，弱化了社会主义核心价值观的吸引力，阻碍了全社会形成价值共识。而社会大众缺乏对社会主义核心价值观的价值认同，意味着执政体系的政治号召力下降，价值认同的危机很可能导致社会危机和政治危机。因此，国家需要对社会利益的分配进行必要的调控，使收入差距趋向合理，防止两极分化，防止社会的价值认同度弱化。

合理的利益分配，应坚持利益分配的多数满意原则，无论是初次分配还是再分配都要处理好效率与公平的关系，把公平放在优先位置，使不同阶层、不同群体的利益差距保持在公众能够承受的合理区间内。为此，深化收入分配制度改革，要在充分发挥市场机制作用的基础上，按照公平原则，妥善处理城乡及不同区域、行业、阶层贫富差距过大的问题，控制好收入分化的速率和程度，采取有力措施依法保护合法收入，依法惩处非法收入，整顿不合理收入，通过税收、社会保障等调节收入差距，确保人们的收入差距保持在合理的限度之内。总之，兼顾经济发展同利益的公平、合理分配，就是既要把"蛋糕"做大，也要分好"蛋糕"，充分调动广大人民群众的积极性、创造性，发挥好利益调节机制在价值认同中的激励作用。

（三）利益协调机制

利益协调是指在充分考虑各主体利益需求的基础上，统筹兼顾，合理调节和化解各种利益相关的矛盾，妥善处理整体利益与局部利益、当前利益与长远利益、物质利益与精神利益等方面的关系。利益协调实质上是对作为价值主体的社会成员的一种客观的外在制约。因为，社会主义核心价值观的价值认同，体现的是个人与社会的关系问题。一方面，每一个社会成员都有自身的价值追求；另一方面，社会成员价值需求的满足，又不可能脱离社会。由此就可能导致社会成员因为追逐自身利益而引发思想冲突、行动冲突和价值冲突。利益协调机制就是将有可能出现的利益冲突控制在萌发状态并尽快协调解决，尽可能减少利益冲突对社会稳定的影响和冲击，通过实实在在地帮助人们解决实际利益问题，引导人们增进对社会主义核心价值观的认同。

随着社会转型带来的利益多元化，我国旧有的利益格局被打破，在利益群体重组和分化的过程中，不同利益主体间的矛盾凸显。同时，"在建设中国特色社会主义的进程中，全国人民的根本利益是一致的，各种具体的利益关系和内部矛盾可以在这个基础上进行调节"①。正如恩格斯在《共产主义原理》中指出的，应当"结束牺牲一些人的利益来满足另一些人的需要的状况"，使"所有人共同享受大家创造出来的福利"，"使社会全体成员的才能得到全面的发展"②。社会主义核心价值观倡导的"最大公约数"，就在于确立集体主义的价值导向，统筹兼顾国家、集体和个人利益，正确处理国家、集体和个人之间的利益关系，即"在社会主义制度之下，个人利益要服从集体利益，局部利益要服从整体利益，暂时利益要服从长远利益，或者叫做小局服从大局，小道理服从大道理。我们提倡和实行这些原则，决不是说可以不注意个人利益，不注意局部利益，不注意暂时利益……我们必须按照统筹兼顾的原则来调节各种利益的相互关系"③。

建立科学合理的利益协调机制，最根本的做法是实现最广大人民群众的根本利益的"同一"，保证不同的利益群体能够在社会主义核心价值观的引导下，消除由于利益问题带来的价值观分离与对抗，使不同利益主体之间实现利益共享（包括中央与地方之间的利益共享、区域之间的利益共享、产业之间的利益共享、阶层之间的利益共享、城乡之间的利益共享等），让人民群众切实共享改革开放和经济、政治、文化、社会发展的成果。

在实际生活中，我们可以通过经济手段、法律手段、行政手段和道德手段相结合的方式建立利益协调机制。通过经济手段实现利益关系的协调，主要是在遵循客观经济规律的基础上，充分考虑绝大多数人民群众的利益，深化经济体制改革，使改革的目标更加符合人民群众的利益、愿望和要求，增强全社会对改革发展成果的认同感；通过法律手段实现利益关系的协调，主要是建立健全法律法规，引导社会成员的基本价值追求与法律追求的正义、自由、平等、效率等内在精神达成一致，以获得全社会成员的认可；通过行政手段实现利益关系的协调，主要是政府运用社会赋予

① 中共中央文献研究室. 改革开放三十年重要文献选编：下 [M]. 北京：人民出版社，2008：1248.
② 马克思，恩格斯. 马克思恩格斯选集：第一卷 [M]. 北京：人民出版社，1995：243.
③ 邓小平. 邓小平文选：第二卷 [M]. 北京：人民出版社，1994：175-176.

的权力，充分调动和引导社会资源，及时地调整社会政策，弥补市场机制所不能发挥调节作用的缺陷，合理地协调社会成员间的利益关系；通过道德手段实现利益关系的协调，主要是发挥社会道德舆论监督的作用，对现实社会生活中符合道德规范而获取正当利益的行为予以赞扬、表彰和褒奖，对于不符合道德行为规范的逐利行为进行道德批判，使全社会形成良好的道德氛围，体现社会主义核心价值观的道德教化作用。

三、构建人民群众价值实践的保障机制

任何价值追求最终要落实在价值实践上，没有付诸实践的价值追求只能沦为空想。正如习近平总书记指出的，"一种价值观要真正发挥作用，必须融入社会生活，让人们在实践中感知它、领悟它。要注意把我们所提倡的与人们日常生活紧密联系起来，在落细、落小、落实上下功夫"①。社会主义核心价值观源于人民群众对美好生活的需求，理应要融入新时代人民群众追逐民族复兴梦想的伟大实践中，在内化与外行中，推进整个民族、国家、社会的精神升华和实现伟大梦想。新时代培育担当民族复兴重任的时代新人，就要确立人民群众在价值实践中的主体地位，在新时代全体逐梦人的社会生产和生活实践中，构建人民群众价值践行的保障制度，调动广大人民群众弘扬与践行社会主义核心价值观的积极性、主动性和创造性。

社会主义核心价值观的价值实践体现为人民群众价值践行中的主动的、有目的的、有选择的自觉活动。列宁曾指出："一个国家的力量在于群众的觉悟。只有当群众知道一切，能判断一切，并自觉地从事一切的时候，国家才有力量。"② 人民群众价值践行的主体地位决定了他们有将社会主义核心价值观视为行为的价值规范并形成相应行为习惯的价值自觉；对日常生活中处处充满关乎是非、善恶、美丑的价值现象，清楚地知道坚持什么、反对什么，追求什么、摒弃什么，倡导什么、抵制什么，并将社会主义核心价值观融入日常生活实践中。人民群众只有成为社会主义核心价值观的实践主体，才能把社会主义核心价值观融入工作、生活、学习中，使之成为日常的行为准则、普遍的精神追求和行为习惯。刘云山指出："对核心价值观的践行是具体的，必须坚持由易到难、由近及远，动员人们从

---

① 习近平. 习近平谈治国理政 [M]. 北京：外文出版社，2014：165.
② 列宁. 列宁选集：第三卷 [M]. 北京：人民出版社，2012：347.

身边小事做起、从一点一滴做起，把'三个倡导'要求变成日常的行为准则，进而增强自觉奉行和日常践行的能力。"

为了使人民群众在价值实践中"行有所规"，就需要构建相应的保障制度，实现制度对人们价值实践的导向、规范、激励和监督，最终使人民群众的价值实践与社会主义核心价值观的价值目标、价值取向和价值准则趋于一致。制度学派创始人凡勃伦把制度看作"一种流行的精神态度或一种流行的生活理论"①。新制度学派的代表人物诺斯认为制度是"一系列被制定出来的规则、守法程序和行为的道德伦理规范"②。马克思认为制度是"具有规定和管理一切特殊物的、带有普遍意义的'特殊物'"③，是社会经济关系的产物，具有不以人的意志为转移的客观必然性。社会生活中，人作为"一种制度里的公民"，在制度规则或规范体系的指引下，知道自己可以做什么，应该和必须做什么，以及禁止做什么。制度提供的共同基础使得人们的行为可以被相互预见，社会发展就表现出合乎规律的历史必然性，人类社会的正常发展就能依靠制度加以维系。所以，"制度好可以使坏人无法任意横行，制度不好可以使好人无法充分做好事，甚至会走向反面"，制度也就"更带有根本性、全局性、稳定性和长期性"④。

人类社会发展的经验表明，制度与价值观的形成存在一种双向互动的关系。制度是核心价值观的载体，核心价值观是制度之魂。一方面，制度蕴涵着价值。任何制度都是在一定的价值观念的指导下确立的，是社会共同的价值观念、伦理精神的具体化、规范化。制度设计和安排总是体现着一定的价值观，价值观构成了制度的内在精神和品格。正如马克斯·韦伯所言："每个国家都有它自己的社会制度和内在精神，前者是一个社会有效运行所要求的一套经济社会伦理规范和法律体系，而后者则包括人们的行为规范、价值目标、奋斗目的等文化观念。社会制度的构造与演进虽取决于历史赋予的技术、法律和行政管理制度等因素，但与特定时代的社会文化传统有着某种内在的渊源关系。"⑤ 这里的"内在精神"实际上就是核

---

① 凡勃伦. 有闲阶级论: 关于制度的经济研究 [M]. 蔡受百，译. 北京: 商务印书馆，2017: 189.

② 诺斯. 经济史中的结构与变迁 [M]. 陈郁，译. 上海: 上海人民出版社，1994.

③ 中共中央马克思恩格斯列宁斯大林著作编译局. 马克思恩格斯列宁斯大林论政治和政治制度: 上册 [M]. 北京: 群众出版社，1983: 15.

④ 邓小平. 邓小平文选: 第二卷 [M]. 北京: 人民出版社，1994: 333.

⑤ 韦伯. 新教伦理与资本主义精神 [M]. 于晓，陈维刚，译. 上海: 上海三联书店，1987: 114.

心价值观。另一方面，制度一旦形成，又对人的价值判断起到引导和规范作用，为核心价值观建设提供保障和支持。制度具有很强的导向和约束功能，直接规范人们的行为，决定着人们的思想观念，塑造人的个性和品性。"制度作为具有普遍意义的、比较稳定的和正式的社会规范体系，具有一定条件下的行为建模的功能。制度建立的规范、惯例和做事程序，在长期的作用下，就会使人们形成行为习惯乃至内化为个人的自我价值取向，对人们的价值观念和行为方式具有根本性的指导意义。而制度的强制惩戒性又具有遏制作用。因此，制度对人的行为具有强烈的形塑性和直接的匡正性"①。正是从这个意义上讲，"制度就是稳定的、受尊重的和周期性发生的行为模式"。

社会主义核心价值观同我国社会主义制度体系之间同样存在不可分割的内在联系。一方面，社会主义核心价值观是社会主义制度体系的内在精神和生命之魂，是社会主义制度体系在价值层面的本质规定性。另一方面，我国社会主义制度体系为社会主义核心价值观的培育和践行提供了坚实的制度保障。任何核心价值观要得到广泛认同并保持稳定性、持续性，都必须通过政策规章、法律法规、道德规范等制度加以规约和体现。因此，推进社会主义核心价值观建设，需要把社会主义核心价值观的要求转化为相应的制度体系和道德规范，建立健全相关的制度体系，用制度机制加以保障、固化和定型，实现价值观建设与制度建设的良性互动。

第三节　培育践行社会主义核心价值观的制度化

如前文所述，制度都承载着一定的价值，是价值的外化、对象化，表征着制度建构主体的理想、目标、愿望等，反映了制度主体想要什么和不要什么的理性思索和道德基线。中国特色社会主义制度正是社会主义核心价值观的制度表征。党的十八大以来，习近平总书记就完善和发展中国特色社会主义制度发表了一系列重要讲话。党的十八届三中全会把全面深化改革和完善发展中国特色社会主义制度相联系。党的十九届四中全会提出了"坚持和完善中国特色社会主义制度，推进国家治理体系和治理能力现

---

① 王淑芹. 信用伦理研究 ［M］. 北京：中央编译出版社，2005：227.

代化"。正是在这样一种背景下，对于推动社会主义核心价值观建设，我国已经构建了相应的制度体系。

一、政策制度

政策、规章是指国家和政府在公共事务管理中，为实现公众利益而制定的行为规范、准则与策略等。本书把二者统称为政策制度。作为处理人们利益关系的现实规定，政策具有更多的直观性与可理解性，和人民群众的切身利益关联度较高，是指导人们实践活动的基本准则。"不仅告诉人们什么是该做的，什么是不该做的，而且还要使人们明白为什么要这样做而不是那样做，怎样做才能做得更好"①。政策与核心价值观具有本质上的一致性，是主导价值观在一定领域的具体体现。人民群众通过对政策的现实选择，进而影响自己的观念和行为，政策的实施也因此具有了价值导向的作用。对于人民群众来说，对政策的感受显然要比对价值观的感受更直接和敏感，所以，政策对推进全社会的核心价值观建设的导向作用非常有效。

"要发挥政策导向作用，使经济、政治、文化、社会等方方面面政策都有利于社会主义核心价值观的培育"②，这就要求政府在党的基本理论、基本路线、基本方略的指导下，坚持以人民为中心的发展思想，以解决民生为重点，从客观实际出发，制定出满足人民实际需要的就业、教育、医疗、住房、社保等领域的具体政策，以指导、规范和调节人们的行为。这样，使经济、政治、文化、社会和生态等宏观政策充分体现社会主义核心价值观的基本要求并保证其实现，使社会主义核心价值观成为政策之魂，为推进社会主义核心价值观大众化、生活化提供最有利的政策导向。正如毛泽东指出的，"一切群众的实际生活问题，都是我们应当注意的问题。假如我们对这些问题注意了，解决了，满足了群众的需要，我们就真正成了群众生活的组织者，群众就会真正围绕在我们的周围，热烈地拥护我们"③。这表明，只有从人民群众根本利益出发制定政策，人民群众才会真切感受到党和政府的温暖、自觉认同党和政府的主张，弘扬与践行社会主义核心价值观才会有更广泛、更坚实的群众基础。

---

① 陈振明. 政策科学 [M]. 北京：中国人民大学出版社，1998：89.
② 习近平. 习近平谈治国理政 [M]. 北京：外文出版社，2014：165.
③ 毛泽东. 毛泽东选集：第一卷 [M]. 北京：人民出版社，1991：137.

在我国，党在领导人民群众进行革命、建设和改革的百年历史进程中，体现24字内涵的社会主义核心价值观早已融入党和国家的顶层设计、政策制度中。例如，为了实现富强、民主、文明、和谐的价值目标，自1953年至今，党中央已经牵头制定了14个国民经济发展规划或计划，以及若干个长远规划，创造了中国经济社会长期稳定发展的奇迹。而我国的经济、政治、文化、社会、生态建设，也充分融入了社会主义核心价值观的精髓和实质。在经济领域，兼顾效率与公平，实行社会主义基本经济制度，逐步推进全体人民共同富裕；在政治领域，坚持人民当家作主的政治制度，建设社会主义民主政治，形成民主团结、安定有序的政治局面；在文化领域，积极发展文化事业和文化产业，更好地满足人民群众多层次、多方面、多样性的精神文化需求；在社会领域，坚持以改善民生为重点的社会制度建设，努力构建全体人民学有所教、劳有所得、病有所医、老有所养、住有所居、公平正义的和谐社会；在生态领域，加强生态文明建设，建设美丽中国，促进人民群众同自然和谐共处、同向发展。

在实际工作中，如何把这些政策制度落地落实，发挥对政府工作的直接指导，国家行政学院原副院长周文彰建议：各级政府需要在认真学习社会主义核心价值观的基础上，吃透其理论内涵和实践要求，研究并找到本地区、本单位工作职责与社会主义核心价值观的关联处和对接点。在制定地区和部门的经济发展目标和发展规划时，必须首先考虑社会责任和长远影响，考虑人与自然的和谐，考虑不同社会群体及代际公平；在工作方向、政策制定、环境营造等方面贯彻落实社会主义核心价值观的要求；通过制定和修订好一些具有导向性的政策制度，用政策措施鼓励人民群众积极践行社会主义核心价值观。例如，通过实施鼓励见义勇为的政策，保证伤有所医、残有所保、老有所养、家有所住，既能杜绝"英雄流血又流泪"的现象，又鼓励大家争当"英雄"。而对于违背社会公德和社会主义核心价值观的行为要有一定的惩处制度，警示人们引以为戒。例如，建立健全覆盖全社会的征信系统，对有劣迹者在贷款、就业、升职等方面进行限制，就能够促进全社会"讲诚信"。同时，在工作检查、总结评估中也要以社会主义核心价值观作为衡量尺度和改进方向。例如，用社会主义核心价值观纠正目前政府手中资源配置不合理的现象，体现"公正"。工作中也尤其要注意一些"合法不合理""合理不合情"的政策的调整。他还提出了应把社会主义核心价值观贯彻到行政文化和机关作风建设中，以社会主义核心价值观引领建设行政文化，这有助于确保政策的制定、落实符合社会主义核心价值观的总体要求。显然，这些建议对发挥政策对社会主义核心价值观建设的保障作用，具有很强的针对性和操作性。

二、法律法规

法律法规是指一切与"法"有关的规范性文件，可统称为广义的法律。根据马克思关于法的一般理论，我们可以把"法"定义为："由国家制定、认可并依靠国家强制力保证实施，以权利和义务为调整机制，以人的行为及行为关系为调整对象，反映由特定物质生活条件所决定的统治阶级（在阶级对立社会）或人民（在社会主义社会）的意志，以确认、保护和发展统治阶级（或人民）所期望的社会关系和价值目标为目的的行为规范体系。"[1] 法律法规通过强制性、权威性、惩戒性的手段，借助国家权力对人的行为作出明确规定，把主导价值规范所要求的基本社会义务用权利的形式确定下来，形成分配权利和义务的基本框架和具体规则，使得对人们行为的约束更加明晰化且更具操作性。法律法规也因此体现了鲜明的价值导向，成为承载核心价值体系的有效载体，发挥着对人的行为的评价、导向和调节功能，是保证核心价值目标实现的刚性力量。

发挥法律法规对社会主义核心价值观建设的保障和支撑作用，就要把社会主义核心价值观融入法治建设全过程。一是坚持科学立法，推动社会主义核心价值观入法入规，以社会主义核心价值观为精神内核，进一步完善中国特色社会主义法律体系。在我国，要体现"任何值得被称为法律制度的制度，都必须关注某些超越特定社会结构和经济结构相对性的基本价值。在这些价值中，较为重要的有自由、安全和平等"[2] 的立法精神。2018 年第十三届全国人大一次会议通过的《中华人民共和国宪法修正案》，增加了"倡导社会主义核心价值观"的内容。二是坚持严格执法、公正司法，用司法公正引领社会公正，推动社会主义核心价值观落地生根。这主要是通过把社会主义核心价值观贯彻到依法治国、依法执政、依法行政的实践中，落实到执法、司法、普法和依法治理等方面，捍卫宪法和法律尊严，维护社会公平正义，用法律的权威来增强人们培育和践行社会主义核

---

① 张文显. 法理学 [M]. 北京：高等教育出版社，1999：46.

② 博登海默. 法理学：法律哲学与法律方法 [M]. 邓正来，译. 北京：中国政法大学出版社，1999.

心价值观的自觉性。三是深入开展法治宣传教育，弘扬法治精神，推动全民守法。根植于全民心中的法治精神，是社会主义核心价值观建设的基本内容和重要基础。要注重增强全社会学法尊法守法用法的意识，形成守法光荣、违法可耻的社会氛围，使全体人民都成为社会主义法治的忠实崇尚者，以及社会主义核心价值观的自觉践行者。

随着全面依法治国的深入，社会主义核心价值观融入法治建设的方式越来越具体、越来越直接。立法层面，在中共中央颁发《关于进一步把社会主义核心价值观融入法治建设的指导意见》后，党的十九届四中全会进一步提出了"完善弘扬社会主义核心价值观的法律政策体系"，宪法、民法典等众多法律法规将社会主义核心价值观直接写入法律文本之中，在法律法规层面确立了社会主义核心价值观的重要地位。很多新制定或者修订的法律法规也专设了社会主义核心价值观的条款。例如，民法典中，第一条将"弘扬社会主义核心价值观"作为制定该法的基本目的。为了彰显民法典以倡导性规范、赋权性规范、义务性规范等体系性的规范设计和创新性的规范配置，民法典将社会主义核心价值观全面落实于调整人与自然的关系、人与社会的关系、人与人的关系、家庭成员之间关系的制度体系中。同时，民法典中还采用了大量直接表述社会主义核心价值观及其具体内容的条款，如专门对作假、欺诈、胁迫、恶意串通、损害他人权益等行为作出否定性规定，鼓励见义勇为，保护英雄烈士的人格权利，等等。此外，公务员法、档案法、未成年人保护法、国旗法、国徽法、预防未成年人犯罪法等均将社会主义核心价值观纳入其中。而从法条的表述及其所处的位置来看，社会主义核心价值观已经被法律正式认可，并逐渐成为各部门法所共同遵循的基本原则。

在司法层面，根据《关于深入推进社会主义核心价值观融入裁判文书释法说理的指导意见》，在民商事案件中没有规范性法律文件作为裁判的直接依据的情况下，法官除了可以适用习惯以外，还应在社会主义核心价值观的指引下，以最相类似的法律规定作为裁判依据；如果没有此种最相类似的法律规定，就需要充分运用社会主义核心价值观去阐释立法精神、立法目的和法律原则等，从而作出裁判。这实际上是社会主义核心价值观作为国家的"大德"、社会的"公德"和个人的"私德"，发挥着具有普遍性、一般性、兜底性法律渊源的作用。

在那些有规范性法律文件的情形下，社会主义核心价值观则是通过适当的方法融入了裁判文书的释法说理之中。例如，最高人民法院公布的"侵犯'狼牙山五壮士'名誉权系列案件"，法院通过对这类"涉及英雄人物个人名誉、荣誉等民事权益的保护问题，涉及以法治手段、法治思维弘扬社会主义核心价值观，维护社会公共利益的重大问题"的依法审理，树立了面对近年来社会上部分人通过各种形式诋毁、侮辱、诽谤英雄人物，丑化英雄人物形象，贬损英雄人物名誉，削弱其精神价值的现象时，坚决维护英雄形象的法治精神，成为"依法保护英雄人物名誉等人格权益，弘扬社会主义核心价值观的典型案例"。在审判实践中，大量的案件也将社会主义核心价值观作为一种说理、论证的理由进行直接引用，还有不少裁判文书结合具体价值观展开了有针对性的细致分析。尤其是在一些涉及社会公德、家庭伦理、个人诚信的案件裁判中，"文明""和谐""诚信""友善"等核心价值观作为裁判的实质理由，发挥了更加重要的作用，增强了司法的公信力，也极大地促进了社会主义核心价值观"入脑入心"，发挥了法律规范的约束作用。

三、道德规范

道德本质上是主体人格提升的内在要求。习近平总书记指出："核心价值观，其实就是一种德，既是个人的德，也是一种大德，就是国家的德、社会的德。国无德不兴，人无德不立。"① 弘扬与践行社会主义核心价值观，要发挥社会主义核心价值观对道德引领的作用，将保障社会正常运行所需要的基本道德原则和规范纳入制度建设中，把主要依靠自我人格和良心的力量来维系的道德自律提升为相应的制度规范，通过制度的导向和约束力来为大众提供行为举止的道德标准，指导大众的道德建设。正所谓"抽象的价值观念只有转化为具体明确的规范，才具有可操作性"②，只有把社会主义核心价值观融入道德规范中，社会的道德底线才能得到维持和保证，社会主义核心价值观也才能深入人心。为此，党中央颁发的《关于培育和践行社会主义核心价值观的意见》明确指出："完善市民公约、村规民约、学生守则、行业规范，强化规章制度实施力度，在日常治理中鲜

---

① 习近平. 青年要自觉践行社会主义核心价值观：在北京大学师生座谈会上的讲话 [J]. 中国高等教育，2014 (10)：4-7.

② 喻文德. 论社会主义核心价值观的制度化建设 [J]. 中国特色社会主义研究，2016 (2)：61-66.

明彰显社会主流价值，使正确行为得到鼓励、错误行为受到谴责。"① 该意见主要依据人们的不同阶层、不同部门、不同分工、不同职位等，对公民应遵守的道德行为准则和道德规范做出了基本规定，基本涵盖了社会生活的全部领域。这些道德规范之间既有一些共性，也带有一些各自的独特性。

市民公约主要是号召城市公民共同遵守的道德规范和行为准则，往往形成各个城市的精神，如"北京精神""上海精神""杭州精神"等。以"北京精神"为例，"爱国、创新、包容、厚德"作为北京精神的表述话语，是对首都人民长期建设实践的概括和总结。它准确概括了北京这座有意蕴、有历史感城市的文化特质，体现了这座城市的优良传统，而且符合首都人民的文化品位和价值追求。"北京精神"的弘扬和践行既是人们对北京历史传统的价值认知、价值认同，也是对北京未来和谐发展的美好愿景的价值期许和自觉实践②。近几年越来越多的城市都提出了类似的城市精神，起到了引领市民践行城市精神所蕴含的价值观的导向作用。

村规民约是我国现代乡村治理的重要补充工具，是人民群众为了维护农村地区社会治安和道德秩序自发制订的一些规则和俗约，它介于法律与道德之间，是一种"准法规"③。村规民约大多"约定俗成"，是村民自我管理、自我教育、自我约束的有效形式，起着影响人们道德观念、调节人们行为的作用。由于乡规民约内容简明扼要，奖罚规则清楚明白，具有属地性、民俗性、约定性等特点，能够被一定地域内的民众普遍遵守。习近平总书记在党的十九大报告中指出，健全自治、法治、德治相结合的乡村治理体系。2018 年 6 月，习近平总书记在山东考察时强调，"要加强村规民约建设，移风易俗，为农民减轻负担"④。推进新时代中国乡村治理，把乡规民约作为管理制度的有益补充，将社会主义核心价值观融入"乡规民约"建设，发挥乡规民约对于乡村"良法善治"的独特功能与作用，有助于促进农村地区的社会主义核心价值观的弘扬和践行。例如，成都市青白

---

① 中共中央文献研究室. 十八大以来重要文献选编：上 [M]. 北京：中央文献出版社，2014：582.

② 杨奎. 首都市民社会主义核心价值观实证研究 [M]. 北京：中国社会科学出版社，2015：22.

③ 孙婷婷. 论社会主义核心价值观培育和践行的制度化 [J]. 思想理论教育导刊，2016 (4)：99-104.

④ 胡仁智."乡规民约"的独特法律文化价值 [N]. 光明日报，2018-11-06 (16).

江区福洪镇三元村概括出的"合润三元"（合心：支部为核、凝心聚力、共筑致富之基；合作：党员带头、多元协作、共谋发展之路；合美：全民参与、携手奋斗、共创美好家园）的村规民约，就是对 24 个字社会主义核心价值观的一种生活化、具象化表达，被当地民众广为知晓。在现实生活中，人们对村规民约的认同度、践行度都很高。这种情形下，村规民约不仅能带动当地民风向善、向好，在推动当地经济社会发展中也能很好地发挥价值引领作用。

同样，把社会主义核心价值观融入学生守则、行业规范中，可以发挥学校教育和行业领域对于弘扬和践行社会主义核心价值观的积极作用，成为弘扬与践行社会主义核心价值观的重要平台和载体，实现社会主义核心价值观在该领域的具体化，使由此衍生的道德规范也更具可操作性和实际约束力。

第四节 培育践行社会主义核心价值观的生活化

习近平总书记指出，"一种价值观要真正发挥作用，必须融入社会生活，让人们在实践中感知它、领悟它"，"在落细、落小、落实上下功夫"，"要利用各种时机和场合，形成有利于培育和弘扬社会主义核心价值观的生活情景和社会氛围，使核心价值观的影响像空气一样无所不在、无时不有"[①]。这表明，社会主义核心价值观不仅要从理论形态向观念形态转化，还要向制度形态与日常形态转化，成为"人们的日用常行"，做到"生活化"。一般而言，社会主义核心价值观的生活化主要包括：把社会主义核心价值观融入大众生活全过程，拓展对社会主义核心价值观的宣传，从非日常生活领域转向日常生活领域；把社会主义核心价值观融入学校生活，强化对社会主义核心价值观的教育，从"知识灌输"的方式转变为"价值熏染"的方式；把社会主义核心价值观融入网络生活；等等。社会主义核心价值观只有融入大众日常生活，并成为人人遵行、时时奉行的价值准则，才能真正称得上是社会的"核心"价值观，发挥"铸魂育人"的价值主导作用。

---

① 习近平. 把培育和弘扬社会主义核心价值观作为凝魂聚气强基固本的基础工程 [N]. 人民日报, 2014-02-26 (1).

一、把社会主义核心价值观融入大众生活的全过程

实践是人的存在方式，也是人们生活的基本样态。把社会主义核心价值观融入人民群众的生活全过程，就是将社会主义核心价值观融入他们社会实践的经济、政治、文化、社会生活等各个层面。

（一）把社会主义核心价值观融入经济生活

我国实行以公有制为主体、多种所有制经济共同发展的基本经济制度，以按劳分配为主体、多种分配方式并存的分配制度和社会主义市场经济。特别是社会主义市场经济体制的建立和完善，极大解放和发展了我国的社会生产力，促进了经济社会的快速发展，彰显了社会主义制度的优越性。但由于市场经济是求利性经济，它强调资源的最佳配置，最大限度地追求高效率、高利润，以达到利益最大化。同时，它又是自主经济，公平竞争强调个体的主体意识，一切生产和经济活动的主体因此成为真正意义上的独立的社会主体和市场主体。所以，市场经济一方面为富强、民主、自由、平等等价值观提供了现实基础，但另一方面，它也向公正、和谐、文明、诚信等价值观提出了挑战。以我国的基尼系数为例，进入21世纪以来，2001年是0.459，2002年是0.460，2005年是0.458，均超出了0.4的国际警戒线，分配的公平正义问题日渐凸显。而且，由于我国市场经济秩序不够规范，存在行业垄断和地方保护主义，市场经济的公平有序竞争并不充分，这不利于我国社会主义市场经济的深化和完善。

因此，要以社会主义核心价值观为价值引领，进一步深化和完善社会主义市场经济，就必须充分发挥市场在资源配置中的决定性作用，营造公平、合理、有序的市场竞争环境，激发出社会主义市场经济的活力和生命力。同时，又必须坚持和完善我国的基本经济制度和分配制度，加大分配领域的改革力度。一方面，要更加注重劳动在收入分配中的地位，促进劳动收入与劳动生产率的同步增长，提高劳动在初次分配中所占的比重；另一方面，要健全收入分配调控体制机制和政策体系建设，建立覆盖全民的社会保障体系，完善税收、转移支付等再分配调节机制，进一步规范收入分配秩序，扶持低收入群体，增加中等收入者的比重。概言之，经济生活的基本原则就是以构建公正合理的分配秩序为核心，缩小居民收入差距，最终实现共同富裕。

（二）把社会主义核心价值观融入政治生活

建设中国特色社会主义民主政治和法律体系是社会主义的本质要求和

重要价值尺度。党的十九大报告指出："我国社会主义民主是维护人民根本利益的最广泛、最真实、最管用的民主。发展社会主义民主政治就是要体现人民意志、保障人民权益、激发人民创造活力，用制度体系保证人民当家作主。"① 党的二十大报告进一步指出，"必须坚定不移走中国特色社会主义政治发展道路，坚持党的领导、人民当家作主、依法治国有机统一，坚持人民主体地位，充分体现人民意志、保障人民权益、激发人民创造活力。"② 毋庸置疑，中国特色社会主义政治建设正步入前所未有的平民化和大众化时代，民主政治得到发展，民情民意进入政治议程，形成了社会对公共权力的有效监督和制约机制。

但是，由于社会成员之间存在各种差别，不同群体的利益诉求也有很大差别，这些都会影响社会成员的民主和权利意识，导致价值判断的非均衡性。比如，近年来网上频繁出现"不公正""侵权""社会歧视""边缘化"等术语，反映出不同个体、群体、阶层对社会资源和机会的制度安排及社会的平等性、公正性、合理性的认识不一致。加上西方自由主义思潮的影响，这些因素使一些人对我国民主政治和法治建设带有偏见甚至误解。

因此，要把社会主义核心价值观融入大众政治生活，必须始终坚持我国民主政治建设的社会主义性质，把党的领导、人民民主和依法治国相统一，发挥党的领导核心作用，保证党领导人民有效治理国家；以人民当家作主为根本要求，建设社会主义民主政治，形成民主团结、安定有序的政治局面，从而将人民的政治生活需要引导到中国特色社会主义的实践场域中来③。同时，必须加快推进社会主义民主政治的制度化、法治化，推进人民代表大会制度改革，发挥统一战线和人民政协在民主政治中的重要作用，大力发展基层民主，推进基层协商制度。要建设社会主义法治国家，为民主政治的有效落实保驾护航，切实满足人民群众的政治生活需要。中共中央颁发的《关于进一步把社会主义核心价值观融入法治建设的指导意见》指出："社会主义核心价值观是社会主义法治建设的灵魂。把社会主

① 习近平. 决胜全面建成小康社会 夺取新时代中国特色社会主义伟大胜利：在中国共产党第十九次全国代表大会上的报告 [M]. 北京：人民出版社，2017：35-36.

② 习近平. 高举中国特色社会主义伟大旗帜 为全面建设社会主义现代化国家而团结奋斗：在中国共产党第二十次全国代表大会上的报告 [M]. 北京：人民出版社，2022：37.

③ 赵伟. 人的需要：社会主义核心价值观认同的现实根基：培育践行社会主义核心价值观的路径探索 [J]. 社会主义研究，2014（5）：36-41.

义核心价值观融入法治建设，是坚持依法治国和以德治国相结合的必然要求，是加强社会主义核心价值观建设的重要途径。"①

（三）把社会主义核心价值观融入文化生活

随着物质生活水平的不断提高，丰富精神文化生活越来越成为我国人民的热切愿望。繁荣社会主义文化，就是要以文化人，以高度的使命感和责任感，为人民群众提供更多更好的精神文化产品和文化服务，满足人民群众的精神文化需求，提升人民群众的情感境界、道德情操、文化素质，让社会成员的精神生命自由健康地成长。为此，党的十九大报告指出，"要坚持中国特色社会主义文化发展道路，激发全民族文化创新创造活力，建设社会主义文化强国"②。党的二十大报告也明确指出，"以社会主义核心价值观为引领，发展社会主义先进文化，弘扬革命文化，传承中华优秀传统文化，满足人民日益增长的精神文化需求，巩固全党全国各族人民团结奋斗的共同思想基础，不断提升国家文化软实力和中华文化影响力。"③

总体而言，我国一元指导、多元共存、文明和谐的文化生态已经形成，但经济社会转型带来的巨大变化和全球化进程中的文化开放和文化碰撞，使整个社会的文化思想发生了巨变，给我国文化建设带来很大的影响。西方文化思潮的价值观、腐朽思想的流入，导致了拜金主义、享乐主义、个人主义等的产生。在宗教信仰自由的政策环境下，西方宗教文化也在我国快速传播。文化市场促进了文化形态多样性。"传统文化和现代文化，中国文化与外国文化，主流文化与非主流文化，精英文化与大众文化、草根文化众声喧哗，互相激荡。"④

因此，要推进我国文化建设，必须坚持以马克思主义和中国特色社会主义理论体系为指导，坚持社会主义先进文化的前进方向。要在科学发展的主题下，将建设社会主义核心价值观作为根本任务，不断满足人民群众的精神文化需要，并提升到自由地全面发展自我的新境界；积极扶持和发展公益性文化事业，更好地满足人民群众的基本文化需求；大力推动经营

---

① 中办国办印发《关于进一步把社会主义核心价值观融入法治建设的指导意见》[N]. 人民日报，2016-12-26（1）.

② 习近平. 决胜全面建成小康社会 夺取新时代中国特色社会主义伟大胜利：在中国共产党第十九次全国代表大会上的报告 [M]. 北京：人民出版社，2017：41.

③ 习近平. 高举中国特色社会主义伟大旗帜 为全面建设社会主义现代化国家而团结奋斗：在中国共产党第二十次全国代表大会上的报告 [M]. 北京：人民出版社，2022：43.

④ 谢武军. 改革开放以来的文化变迁 [J]. 理论动态，2009（2）：23-33.

性文化产业发展，更好地满足人民群众多层次、多方面、多样性的精神文化需求；着力提升文化软实力，使我国由文化大国向文化强国转变。

（四）把社会主义核心价值观融入社会生活

建设社会主义和谐社会，不断提高人民生活水平，保障和改善民生，是我国社会建设的重要内容。民生是指民众的基本生存和生活状态，以及民众的基本发展机会、基本权益保护的状况。它与人们的幸福安康息息相关①。党的十九大报告指出，"带领人民创造美好生活，是我们党始终不渝的奋斗目标。必须始终把人民利益摆在至高无上的地位，让改革发展成果更多更公平惠及全体人民，朝着实现全体人民共同富裕不断迈进"②。党的二十大报告进一步强调，"必须坚持在发展中保障和改善民生，鼓励共同奋斗创造美好生活，不断实现人民对美好生活的向往"，要"增进民生福祉，提高人民生活品质"③。

当前，我国已进入改革发展的关键时期，经济体制深刻变革，社会结构深刻变动，利益格局深刻调整，思想观念深刻变化。这种空前的社会变革必然带来社会发展的矛盾和问题，成为影响社会和谐的重要因素。特别是在社会生产和社会管理领域存在的与人民群众切身利益相关的一些问题，如"上学难""就业难""养老难""看病难""购房难"等民生相关的呼声不绝于耳。

因此，把社会主义核心价值观融入人民社会生活，就是要倾听民意，在经济发展的基础上加快推进以改善民生为重点的社会建设，积极解决好教育、医疗、就业等方面的人民群众最关心、最直接的现实利益问题，使发展成果更多惠及全体人民，努力使全体人民学有所教、劳有所得、病有所医、老有所养、住有所居，这是实现和谐人际关系的物质基础。同时，要大力推进基本公共服务均等化，加快形成科学有效的社会治理体制，促进社会向公平正义的方向发展，使整个社会既安定有序，又充满活力，形成人人共享、社会和谐的生动局面。

---

① 潘玉腾.推进社会主义核心价值体系大众化研究［M］.北京：社会科学文献出版社，2013：167.
② 习近平.决胜全面建成小康社会 夺取新时代中国特色社会主义伟大胜利：在中国共产党第十九次全国代表大会上的报告［M］.北京：人民出版社，2017：45.
③ 习近平.高举中国特色社会主义伟大旗帜 为全面建设社会主义现代化国家而团结奋斗：在中国共产党第二十次全国代表大会上的报告［M］.北京：人民出版社，2022：46.

（五）把社会主义核心价值观融入生态生活

中国特色社会主义作为全面发展的事业，既要创造更多的物质财富和精神财富，以满足人民日益增长的美好生活需要；也要提供更多优质生态产品，以满足人民日益增长的生态需要。建设生态文明涉及生产方式、生活方式、思维方式和价值观念的革命性变革。面向新时代，我们要以更大的力度、更实的措施推进生态文明建设，"坚持节约优先、保护优先、自然恢复为主的方针，形成节约资源和保护环境的空间格局、产业结构、生产方式、生活方式，还自然以宁静、和谐、美丽"①。

一段时间以来，我国经济发展的粗放型增长和后发外生型现代化，产生了严重的生态环境问题。虽然我国已经明确提出"把生态文明建设放在突出的战略位置，融入经济建设、政治建设、文化建设、社会建设各方面和全过程，协同推进新型工业化、信息化、城镇化、农业现代化和绿色化"②，但现实生活中，存在一边高谈生态文明，一边大干快上高能耗、高污染项目；一边高喊环境保护，一边非法排污；一边要求严格保护生态资源，一边违法捕捞、猎杀、滥垦、滥掘、滥伐的情况③。这表明，推进生态文明建设必须要树立人与自然和谐共生的基本理念，要有可持续发展的生态价值观。

因此，要把社会主义核心价值观融入大众生态生活，就要纠正人们为了满足自身需要而破坏自然环境的错误发展模式，树立起尊重自然、顺应自然、保护自然的生态文明理念，把生态文明建设融入经济、政治、文化、社会建设的各方面和全过程。在利用和改造自然的实践活动中，要积极改善和优化人与自然的关系，努力建设美丽中国，建设"以资源环境承载力为基础、以自然规律为准则、以可持续发展为目标的资源节约型、环境友好型社会"④，促使人民群众在满足生存、发展需要的同时同自然环境和谐共处。

---

① 习近平. 决胜全面建成小康社会　夺取新时代中国特色社会主义伟大胜利：在中国共产党第十九次全国代表大会上的报告 [M]. 北京：人民出版社，2017：50.
② 中共中央　国务院关于加快推进生态文明建设的意见 [N]. 人民日报，2015-05-06（1）.
③ 杨兴林. 加快推进生态文明建设是对社会主义核心价值观的重要践行 [J]. 学习论坛，2016（1）：11-14.
④ 中共中央文献研究室. 十七大以来重要文献选编：上 [M]. 北京：中央文献出版社，2009：109.

二、把社会主义核心价值观融入学校生活

理论论证和实践调研都表明,弘扬与践行社会主义核心价值观,前提是通过教育引导使广大人民群众深化其认知认同,因为国民教育在形成有凝聚力的民族文化、加强国家权力的正当性、提高民众政治忠诚度、巩固主流意识形态方面能够起到独特的作用①。正如江泽民指出的,"正确的世界观、人生观、价值观的确立,民族优良传统的发扬,共同理想和精神支柱的形成和巩固,科学文化水平的提高,都离不开教育工作"②。社会主义核心价值观既为我国的国民教育指明了方向,也成为国民教育的重要内容。弘扬和践行社会主义核心价值观的一个基本途径就是将其融入包括理论教育、实践教育和自我教育等在内的国民教育系统③。只有通过系统化的教育,才能提高社会主义的价值自觉,促使人民树立坚定的共产主义理想信念;才能塑造社会主义理想人格,促进人的自由全面发展;才能引导人们产生积极行为,促进社会主义核心价值实现,培育时代新人④。

(一)坚持灌输教育与自我教育相结合

"灌输"是理论普及教育的一条基本经验,也是马克思主义教育方法的一个重要原则。早在1843年,马克思就在《〈黑格尔法哲学批判〉导言》中把灌输过程形象地比喻为"思想的闪电"彻底击中"素朴的人民园地"。列宁更充分地肯定了灌输教育的重要性,认为"工人本来也不可能有社会民主主义的意识。这种意识只能从外面灌输进去"⑤。我们党也非常重视对人民群众进行马克思主义理论的灌输教育。毛泽东曾指出:"政治工作的基本任务是向农民群众不断地灌输社会主义思想,批评资本主义倾向。"⑥ 在中国革命和现代化建设过程中,灌输教育起到了凝聚民心、统一思想、提高认识的巨大作用。

社会主义核心价值观是产生于并从属于科学社会主义理论的一种观

---

① 潘维,廉恩. 中国社会价值观变迁30年:1978—2008 [M]. 北京:中国社会科学出版社,2008:81.

② 江泽民. 江泽民文选:第二卷 [M]. 北京:人民出版社,2006:331.

③ 袁银传,田亚. 培育和践行社会主义核心价值观的基本路径 [J]. 思想理论教育,2014(10):10-14.

④ 王学俭. 社会主义价值论纲 [M]. 北京:人民出版社,2016:334.

⑤ 列宁. 列宁专题文集:论无产阶级政党 [M]. 北京:人民出版社,2009:76.

⑥ 中共中央文献研究室. 建国以来重要文献选编:第七册 [M]. 北京:中央文献出版社,1993:213.

念，与整个科学社会主义理论体系一样，不可能在人们的思想中自发形成，这种意识更多需要从外部灌输。为此，在进行社会主义核心价值观教育时，要把其基本内容和具体要求渗透到国民教育的全过程。党的十八大报告明确指出，把社会主义核心价值观融入国民教育全过程，把学校、家庭和社会的各方面力量协调起来，推动社会主义核心价值观入脑、入心。

社会主义核心价值观灌输教育的有效性也离不开自我教育，离不开受教育者主体性的发挥。其教育效果不完全取决于"外因"，还必须取决于"内因"，取决于个人接受灌输教育的程度，所以，自我教育在整个教育的过程中，占有重要地位。著名教育家苏霍姆林斯基就说："只有促进自我教育的教育才是真正的教育。"① 灌输教育的目的就是培养和提高人们自我教育的能力，让人们可以自主获得知识和提高认识。只有通过自我教育，灌输教育的内容和要求才能被认识、接受、反映和内化。从一定意义上讲，离开了自我教育，灌输教育的目的就难以实现。

因此，要使社会主义核心价值观被广大群众所内化和认同，真正成为他们世界观、价值观的组成部分，不仅需要提高灌输教育的艺术魅力，更需要人民群众进行积极的自我教育。价值观的内化和认同是受教育者的知、情、意、行在更高水平和更高层次上的协调。在社会主义核心价值观教育过程中，要高度重视群众自身主观能动性的发挥，使其在接受理论灌输的同时，充分发挥自我教育的作用，增进对社会主义核心价值观理论认同的效果。由此，就需要坚持人民群众的主体地位，尊重他们的自主意识和自主选择，根据自身的接受特点和认识规律，自我探索、自我启示、自我修正，感悟内化，把对社会主义核心价值观的认识由感性认识升华为理性认识。

（二）把弘扬和践行社会主义核心价值观融入国民教育全过程

"一个人的一生，要接受家庭教育、学校教育、社会教育，这些教育都很重要，对于自己世界观、人生观、价值观的形成和巩固都会起重要作用。"② 把社会主义核心价值观融入国民教育全过程是一个系统工程，需要针对教育对象的道德认知水平、生活方式、活动空间和社会角色的不同，在教育内容、方式、手段等方面各有侧重，完善学校、家庭、社会三者结

---

① 苏霍姆林斯基. 少年的教育和自我教育 [M]. 姜励群，吴福生，张渭城，等译. 北京：北京出版社，1984：100.

② 江泽民. 江泽民文选：第二卷 [M]. 北京：人民出版社，2006：302.

合的教育网络，形成学校、家庭与社会携手育人的强大合力，构建学校教育、家庭教育和社会教育"三位一体"的教育格局。

学校是社会主义核心价值观教育的主阵地。把社会主义核心价值观纳入学校教育，就是让社会主义核心价值观进教材、进课堂、进头脑，融入课堂教学，用社会主义核心价值观引领知识教育。要在各学科中广泛渗透社会主义核心价值观，全力打造"高阶性、创新性和挑战度"的"金课"，加强培育"时代新人"的能力、知识和素养①。从学校教育的目标来看，要把培养具有马克思主义信仰的人，具有中国特色社会主义共同理想信念的人，能够弘扬和传承民族精神和时代精神的人，能够树立和践行社会主义荣辱观的人，作为学校教育的目标体系。从学校教育的过程看，要把社会主义核心价值观贯穿到从幼儿园到大学教育的全过程。有学者提出，学前教育阶段，以价值启蒙（行为遵从）教育为重点，以"三爱"（爱自然、爱他人、爱国家）教育为融入点，探索"四化"（日常化、具体化、形象化、生活化）教育途径。义务教育阶段，以价值认知教育为重点，以"三理"（伦理、法理、心理）教育为融入点，创新理论形态转化为教育形态的"三育"（德育、法育、心育）教育机制和 VR+"三育"教育模式。高中教育阶段，以价值认同教育为重点，以"三同"（情感认同、理念认同、行为认同）教育为融入点，提升学生社会主义核心价值观的价值认同水平②。从学校教育途径看，既要将社会主义核心价值观贯穿于学校思想政治教育过程中，也要将其贯穿于学校其他学科课程的教学过程中，还要将其渗透到校园文化建设中。学校要制定优良校训，开展校训育人活动，用校训立德、用校训励志，引导学生明大德、守公德、严私德，做中国特色社会主义事业的建设者和接班人。

家庭教育是社会主义核心价值观教育的起点，必须充分发挥家庭教育在社会主义核心价值观建设中的启蒙和熏陶作用。"岳母刺字""孟母断织教子"等故事广为流传，都从侧面体现了家庭教育对个体精神、人格成长、价值观塑造的特殊意义。家庭生活是人类基本生活之一，对人的价值观的形成、变化和提升具有最持久和最深层的作用，社会主义核心价值观

---

① 吴岩. 建设中国金课 [J]. 中国大学教学，2018（12）：4-9.

② 王东虓，魏晓璐，尹红领，等. 社会主义核心价值观长效机制研究（笔谈）[J]. 郑州大学学报（哲学社会科学版），2018（3）：15-37，158.

教育应当融入家庭生活规范教育中，成为家教的一部分和家风的基本格调①。注重家庭、家教、家风，发扬光大中华民族传统家庭美德，促进家庭和睦，促进亲人相亲相爱，促进下一代健康成长，促进老年人老有所养，让社会主义核心价值观在家庭里生根、在亲情中升华。大力传承中华孝道，让孩子养成孝敬父母、尊敬长辈的品格。倡导夫妻互敬互爱、邻里互帮互助。积极培育家庭成员勤劳节俭的好习惯，摒弃好逸恶劳、奢侈浪费，做到厉行节约、勤俭持家。深化文明家庭创建，推进领导干部廉洁家庭建设，开展寻找最美家庭活动，倡导家庭文明新风等活动。

社会是对全体国民进行社会主义核心价值观教育的大课堂。人们价值观念的形成过程，本质上是一个社会化的过程，是在社会中完成的。并且，人们的价值观念也不是一成不变的，需要在社会中不断学习加以锤炼。越是在社会剧烈变革的时代，越需要通过各种社会教育来帮助人们树立正确的价值观念。目前，我国正处于社会转型时期，迫切需要通过持续的社会教育对人们的价值观念进行引导。社会主义核心价值观的社会教育，是指学校和家庭以外的社会文化机构以及有关的社会团体或组织，对社会成员所进行的价值观教育。例如，组织党政机关和事业单位系统学习社会主义核心价值观，开展面向企业和社会团体的社会主义核心价值观知识普及活动，城乡社区文化建设中融入社会主义核心价值观教育，等等。其目的是把教育活动延伸到农村、社区、企业、机关和军营等基层单位，延伸到新农村经济组织和社会组织，覆盖工人、农民、干部和官兵等所有人群，使社会主义核心价值观深入各行各业、千家万户、家喻户晓。

（三）加强对特殊主体的重点教育

为了增强教育效果、吸引力、说服力和亲和力，社会主义核心价值观教育需要区分层次、突出重点。对重点人群进行社会主义核心价值观教育，主要是由于他们的特殊地位、特殊影响和特殊作用等。当前要重点抓好党员干部、青少年和知识分子三类群体的教育引导工作，有助于发挥社会主义核心价值观的教化作用。

党员干部是社会主义核心价值观教育的关键对象。党员干部是党的肌体的关键细胞，他们的价值观关乎党的执政地位和执政能力。"一个政党合法性危机的起点是党员对本党的纲领和章程所确立的世界观和价值观发

---

① 李建华. 社会主义核心价值观构建与践行研究 [M]. 北京：人民出版社，2017：317.

生动摇和转移，这是对执政党合法性提出的最严峻的挑战。"① 党员干部中存在的"四风"和贪腐等现象的根源是理想信念缺失和价值观发生蜕变。因此，以社会主义核心价值观教育党员干部，是一项关键而紧迫的任务。对他们而言，重在"加强理想信念教育，引导党员、干部着力增强走中国特色社会主义道路、为党和人民事业不懈奋斗的自觉性和坚定性，做共产主义远大理想和中国特色社会主义共同理想的坚定信仰者。加强党性教育，引导党员、干部贯彻党的群众路线，弘扬党的优良传统和作风，以优良党风促政风带民风。加强道德建设，引导党员、干部始终保持高洁生活情趣，坚守共产党人精神追求"②，成为培育和践行社会主义核心价值观的模范。

青少年是社会主义核心价值观教育的重点对象。青少年是中国特色社会主义事业的未来建设者和接班人，拥有坚定的马克思主义信仰、中国特色社会主义共同理想、民族精神和时代精神、社会主义荣辱观和正确的世界观及价值观是他们的必备素养。因此，教育和引导青少年传承社会主义核心价值体系，树立社会主义核心价值观，是新时代青少年思想政治教育的一项重要课题。对他们开展社会主义核心价值观教育，要适应青少年身心特点和成长规律，深化未成年人思想道德建设和大学生思想政治教育，构建课堂教学、社会实践、校园文化多位一体的育人平台。学校要不断完善教育形式，努力培养德智体美劳全面发展的社会主义建设者和接班人，担当民族复兴重任的时代新人。

知识分子是社会主义核心价值观教育和传播的重要力量。"知识分子是工人阶级中掌握科学文化知识较多的一部分，是先进生产力的开拓者，在改革开放和现代化建设中有着特殊重要的作用。"③ 要引导知识分子深入研究和广泛宣传，增强社会主义核心价值观的影响力和渗透力；要鼓励他们与时俱进，不断进行理论创新，赋予社会主义核心价值观持久的生命力和更强的竞争力，为弘扬社会主义核心价值观贡献智慧和力量。知识分子中的教师担负着教书育人的职责，以及传道、授业、解惑的社会责任。要引导广大教师自觉增强教书育人的荣誉感和责任感，学为人师、行为示

---

① 王邦佐. 中国政党制度的社会生态分析 [M]. 上海：上海人民出版社，2000：276.

② 中共中央办公厅印发《关于培育和践行社会主义核心价值观的意见》[N]. 人民日报，2013-12-24（1）.

③ 江泽民. 江泽民文选：第一卷 [M]. 北京：人民出版社，2006：233.

范，做学生健康成长的指导者和引路人。

三、把社会主义核心价值观融入家庭生活

马克思说："每日都在重新生产自己生命的人们开始生产另外一些人，即繁殖。这就是夫妻之间的关系，父母和子女之间的关系，也就是家庭。"① 家庭是社会的细胞，是人类生活的最基本单位，既反映着人与人的物质联系，又反映着人与人之间的思想联系。家庭承载着个人重要的社会教化功能，家庭文明建设对于国家发展、民族进步、社会和谐具有重要作用。习近平总书记指出："随着我国改革开放不断深入，随着我国经济社会发展不断推进，随着我国人民生活水平不断提高，城乡家庭的结构和生活方式发生了新变化。但是，无论时代如何变化，无论经济社会如何发展，对一个社会来说，家庭的生活依托都不可替代，家庭的社会功能都不可替代，家庭的文明作用都不可替代。"②

把社会主义核心价值观融入家庭生活，主要是把优良的家训家风作为培育与践行社会主义核心价值观的积极因素。家风家训是家庭文化的体现，包含家庭成员生活准则、做事原则和生活作风等内容。家风家训中的孝道、诚信做人、勤劳俭朴等行为准则都是中国传统文化中的重要内容。一些经典的家训，如《颜氏家训》、诸葛亮《诫子书》以及《朱子家训》等，都广为流传。当一个家庭的家训、家规、家礼内化为家庭成员的价值观念，外化为家庭成员为人处世的风格，就成了家风。党的十八大以来，习近平总书记特别重视红色家风建设，重视宣传和传播优秀革命烈士和英雄人物的先进故事，并强调重视党员领导干部作为家风建设的模范效应。"发挥优秀党员、干部、道德模范的作用，把家风建设作为领导干部作风建设重要内容，弘扬真善美、抑制假恶丑，营造崇德向善、见贤思齐的社会氛围，推动社会风气明显好转。"③

四、把社会主义核心价值观融入社区生活

社区是城市的细胞，是居民生活的重要场所。随着社会主义市场经济

---

① 马克思，恩格斯. 马克思恩格斯选集：第一卷［M］. 北京：人民出版社，2012：159.
② 习近平. 在会见第一届全国文明家庭代表时的讲话［N］. 人民日报，2016-12-16（2）.
③ 习近平. 在第十八届中央纪律检查委员会第六次全体会议上的讲话［N］. 人民日报，2016-05-03（2）.

的深入发展，社区承担了从政府和企业中转移和剥离出来的大量社会管理和社会服务职能，社区在加强城市管理、服务市民生活、促进社会进步等方面的作用越来越大。

把社会主义核心价值观融入社区生活，要紧紧围绕"居民自治、管理有序、服务完善、治安良好、环境优美、文明祥和"的文明社区创建目标，以提高居民素质和社区文明程度为出发点和落脚点，充分发挥社区贴近群众的优势，紧紧抓住群众"急、难、愁"的问题，多为群众办好事、办实事，努力建设新型社区，让人们在得实惠中切身体会社会主义核心价值观的重大实践价值。

在推进社会主义核心价值观社区生活化过程中，各地广泛开展的"四进社区"活动成为凝聚人心、促进和谐和身体力行社会主义核心价值观的重要载体。一是把社会主义核心价值观融入"科教进社区"活动中，在社区开展科普读书、科普讲座、科普竞赛等各种活动，着力抓好思想道德教育和科学文化教育，努力提高居民素质。二是把社会主义核心价值观融入"文体进社区"活动中，组织有社区特色、丰富多彩、健康有益的群众性文体活动，让群众在参与过程中受到教育、得到提高。这样，通过寓教于乐、润物无声的方式，教育人、引导人、鼓舞人、塑造人，不断满足人民群众精神文化需求。三是把社会主义核心价值观融入"法律进社区"活动，广泛开展法律咨询、普法宣传展览、法律援助等活动，努力维护社区秩序，及时化解社区居民的各种矛盾和问题，为人民群众安居乐业提供保障。四是把社会主义核心价值观融入"卫生进社区"活动中，为困难人员提供医疗帮扶，为社区居民提供优质便捷的医疗卫生服务，真心诚意地为群众生活"解难"，成为弘扬和践行社会主义核心价值观的生动体现。

五、把社会主义核心价值观融入网络生活

虚拟生活已经成为现代人的一种生活方式。随着互联网技术的飞速发展，以自媒体、网络游戏等为代表的虚拟社区的广泛应用，人们获得了一个可以进行社交、游戏、娱乐等活动的"虚拟生活空间"。很多网民通过微信、微博、朋友圈等进行社交互动，通过各种手机 APP 软件进行日常生活、工作、学习、购物消费，通过各种网络游戏在虚拟空间中进行休闲娱乐。网络生活已经成为他们日常生活的重要组成部分。习近平总书记在网络安全和信息化工作座谈会上讲道："现在，互联网越来越成为人们学习、工作、生活的新空间，越来越成为获取公共服务的新平台。我国有7亿网民，这是一个了不起的数字，也是一个了不起的成就。"①

但是，网络的虚拟性和匿名性使网络生活具有特殊性。有的人在网上的言行会有意无意违背道德伦理，甚至触犯法律；有的人在网上从事商业欺诈、恶意攻击、造谣传谣等违法行为。由于网络的开放性和扩散性，一些境外网络使用者会利用服务器在境外的社交软件（如推特、facebook）散布反动的言论及意识形态，故意丑化抹黑中国。对此我们要有清醒的认识，不能让网络成为"法外之地"，需要构建文明、法治、健康的网络世界。

把社会主义核心价值观融入网络生活，就需要加强网络监管，应从法规修订、政策设计、技术研发三个方面发力，严格进行网络社交平台的实名认证，让每一个人都能为自己在虚拟社交平台的言论、行为负责，使他们的行为可以追溯，这将为净化网络社交平台风气，推进网络社交平台的社会主义核心价值观建设奠定基础②。要严厉打击网络非法行为，不能让网络成为"黄、赌、毒"滋生地，以及欺诈、造谣、诽谤等犯罪行为的高危地带。要大力组建网络社交平台的正能量组织，在传统的宣传思想工作似乎很难渗透的领域抢占"失地"，构建主体之间平等对话的交往平台，通过人们社交行为中的相互交流、影响，无形中传播社会主义核心价值观。重视网络空间的社会主义核心价值观建设，官媒、自媒体都可以有所为。例如，主流媒体打造的"学习强国"APP，内容丰富、形式多样，已经逐渐成为塑造时代新人的网络生活主阵地。

---

① 习近平. 在网络安全和信息化工作座谈会上的讲话 [N]. 人民日报, 2016-04-26 (2).
② 韩一凡. 社会主义核心价值观生活化研究 [D]. 郑州：郑州大学, 2017：174.

第七章 社会主义核心价值观建设的世界意义

习近平总书记关于"世界处于百年未有之大变局"的论断深刻揭示了当今世界局势的复杂多变和全球治理面临的严峻挑战。一些国家为了私利，掀起"逆全球化"浪潮，挑起贸易战、科技战，挑起地区冲突等，给世界带来巨大的负面影响。但是，人类必须面对共同生存发展的全球性问题，"你中有我，我中有你"的共荣共衰现状使全人类已经成为休戚与共的命运共同体。任何一个国家和社会的发展都离不开世界的影响。中国人民要过上美好生活，必然要在推进人类命运共同体建设中逐步实现，也要在构建人类命运共同体中彰显出全人类共同价值。这就使中国的社会主义核心价值观与全人类共同价值产生关联。一方面，社会主义核心价值观作为中国人民的共同价值追求，是"全人类共同价值"在社会主义中国的具体表现形式，以其特殊性体现全人类共同价值的普遍性；另一方面，全人类共同价值包含了我国社会主义核心价值观，也必然以社会主义核心价值观为基础，深刻反映并汲取社会主义核心价值观的精髓。二者结合的逻辑起点就在于"从个体到类的主体范畴"，而人民作为"人的集合体"，是"个体到类的中介"。也就是说，推动社会主义核心价值观建设，体现了主体层面从个体到人民再到人类的辩证统一，既顺应了人的主体发展需求，又代表了人类社会的发展方向，是历史必然性和现实合理性的统一。社会主义核心价值观既立足我国优秀传统文化，又吸收了人类文明的有益成果，代表了人类先进文化前进方向，理应是人类文明共享的成果。社会主义核心价值观建设因此彰显出的世界意义就在于，满足了价值主体从个体到人民再到"类"的推演，表达了中国人民同世界人民对美好生活的共同期待，体现了"和平、发展、公平、正义、民主、自由"的全人类共同价值，为"建设一个什么样的世界，怎样建设世界"提供了价值方向，为构建人类命运共同体提供了价值基础，为推动"一带一路"建设提供了价值共识。

第一节　从社会主义核心价值观到全人类共同价值

社会主义核心价值观建设的主体是"人"。在社会主义核心价值观建设领域，主体的"人"体现为国家、社会和个人三者有机统一的"人民"集合体。当"人"从个人主体延展到人民主体再衍生到人类社会的"类主体"时，"中国人民"与"世界人民"就具有了主体的"人"的相通性，也具有了基于主体需要的价值观的共同性，社会主义核心价值观也因此联通到全人类共同价值。就此意义而言，社会主义核心价值观建设具有了世界性的意义和作用。

一、主体从"个体"到"类"的发展与统一

"主体是人"。当笛卡尔提出"我思故我在"的命题时，就标志着人的主体地位的确立。马克思主义揭示了作为主体的人正是在自我意识的能动反映中，认识到人作为能思维的生命个体，通过创造性的劳动使自己逐渐与自然界和他人相分离和区分，并在劳动中以发挥主动性、主观性以及创造性确证了自己属于人的特性。所以，作为主体的每一个人都是自由的能动的生命个体。

同时，人的社会关系的本质决定了个人必须在群体社会中才能生存和发展。由个人组成的各个种类、各个层次的群体，是人的社会存在状态。自人类社会产生以来，家庭、氏族、民族、国家等都属于个人结合而成的群体组织。人们之所以结成各种各样的群体，是因为这些依托于不同关系而建立的群体，有着满足群体成员需要和利益的结构与功能，保持相对稳定的群体制度和运行机制，承担一定的社会角色，具有相对独立性。群体同一定客体构成对象性存在，并承担自主的、主动的、能动的作用而成为主体，并具有主体性。

整个人类社会是人所结成的"类"群体。人类的存在依赖于生产活动。正是在人与人结成相互关系进行物质资料的生产和人自身的生产实践

中，人类成为一个整体，区别于自然界其他生物物种，体现出人的自由自觉的活动的"类本质"。马克思说："通过实践创造对象世界，改造无机界，人证明自己是有意识的类存在物，就是说是这样一种存在物，它把类看做自己的本质，或者说把自身看做类存在物。"① 在以人化的自然界为对象性客体中，人类自身成了事实上的类主体。当然，以主权国家为基本主体构成的当代人类社会还不是一个自为的主体，只有在彻底消除了使人类分裂和对抗的社会根源，实现了马克思和恩格斯所设想的理想社会后，整个人类才能成为自由自觉的主体。

对于主体的人从个体到类的演化，马克思说："人的个体生活和类生活不是各不相同的，尽管个体生活的存在方式是——必然是——类生活的较为特殊的或者较为普遍的方式，而类生活是较为特殊的或者较为普遍的个体生活。"② 这表明，从个体到群体再到"类"是主体人的不同存在形态，个体是群体和"类"的构成基础，群体和"类"的存在可以保障个人权益和促进个人发展。一旦当人类社会实现了人与自然和谐相处和人与人和谐相处的历史使命，和睦相处的"地球村"就代表了个人、群体和人类作为主体的一致性。

二、从"个人"到"类"的社会主义核心价值观的生成发展

现实的人是社会历史的立足点和出发点。"这里所说的个人……是现实中的个人，也就是说，这些个人是从事活动的，进行物质生产的，因而是在一定的物质的、不受他们任意支配的界限、前提和条件下活动着的。"③ 唯物史观的这一基本原理也决定了现实的个人是社会主义核心价值观的逻辑起点。社会主义核心价值观立足于人的主体性需要，从人的解放与发展的角度，把实现人的自由全面发展作为价值目标。这一价值目标关照了大多数人的根本利益，以鲜明的价值导向告诉人们什么是值得追求的，什么是不值得追求的，以明确的价值准则告诉人们什么是该做的，什么是不该做的，从而坚定人们的理想信念，提高人们的思想道德素质，为实现价值理想和价值目标自觉塑造主体人格。正是从此意义而言，社会主义核心价值观回答了"培育什么样的公民"的问题。

---

① 马克思，恩格斯. 马克思恩格斯选集：第一卷 [M]. 北京：人民出版社，2012：56-57.
② 马克思，恩格斯. 马克思恩格斯文集：第一卷 [M]. 北京：人民出版社，2009：188.
③ 马克思，恩格斯. 马克思恩格斯选集：第一卷 [M]. 北京：人民出版社，2012：151.

社会主义的制度本质决定了人民群众的主体地位，人民群众充分享有宪法和法律规定的权利与利益，是国家和社会的主人。国家和社会是维护和实现人民群众根本利益的。为此，我国实行了人民当家作主的国家制度和职能安排，充分保障人民群众的政治经济文化权益，努力建设一个富强、民主、文明、和谐的现代化国家。满足人民群众对美好生活的需求，不断改善民生，推进社会主义民主法治和公平正义，构建自由、平等、公正、法治的美好社会。社会主义核心价值观在国家、社会层面建设的要求，也是对"建设一个什么样的国家，建设一个什么样的社会"的回答。

　　马克思主义揭示的人的类本质，不是费尔巴哈式抽象的类，而是适应社会条件变化而体现出的多样性、社会化基础上的人类的共同性。所以，体现人类共同性的全人类共同价值也必然会产生。近几十年来，全球化导致世界各国、各民族的经济制度、政治制度、文化制度以及生活方式相互影响，你中有我、我中有你，地球成为全人类共同的家园。全球化导致人类面临的共同问题越来越多且日趋严重。生态环境恶化、恐怖袭击、金融危机、地区冲突、疾病传播已经危及全人类共同的安全与利益。面对世界政治经济的复杂形势和全球性问题，任何国家都不能独善其身。为此，习近平总书记提出了人类命运共同体理念，提出"建设持久和平、普遍安全、共同繁荣、开放包容、清洁美丽的世界"①。2015年9月，国家主席习近平在第七十届联合国大会一般性辩论时发表的题为《携手构建合作共赢新伙伴，同心打造人类命运共同体》的演讲中明确指出："和平、发展、公平、正义、民主、自由，是全人类的共同价值，也是联合国的崇高目标。"② 为了实现这一崇高目标，任何国家都要实现国家富裕昌盛、社会正义祥和、公民文明进步。在此基础上，才能保证整个世界和平稳定、欣欣向荣。不管是人类命运共同体理念，还是全人类共同价值，都是以习近平同志为核心的党中央在面临世界百年未有之大变局的考验下，把握人类利益和价值的通约性，以社会主义核心价值观为基础，寻求国与国之间价值观最大公约数，为回答"建设一个什么样的世界，怎样建设世界"而确立的价值目标。从此意义而言，社会主义核心价值观无疑具有以全人类为主

---

　　① 习近平.决胜全面建成小康社会　夺取新时代中国特色社会主义伟大胜利：在中国共产党第十九次全国代表大会上的报告 [M].北京：人民出版社，2017：58-59.
　　② 习近平.携手构建合作共赢新伙伴 同心打造人类命运共同体：在第七十届联合国大会一般性辩论时的讲话 [N].人民日报，2015-09-29 (2).

体、满足全人类需要和利益的"普世性"。

三、全人类共同价值："类主体"的核心价值观本质

在漫长的人类历史上，由于地缘、主权等的隔阻，人的"类主体"更多的是一种抽象的理论设定。但随着人类社会的发展，信息网络连接了地球村，全球化加深了各国政治、经济、文化和社会交往。传统安全和非传统安全需要各国加强合作，普惠便利的自由贸易需要更加开放的市场，文化的繁荣需要文明互鉴和交流，互联互通的社会交往需要人员的自由往来。总而言之，人类生存上的依附性、世界范围内行为主体的联动性、人类利益上的交互性促成了现实的"类主体"及其共同利益。国家主席习近平在世界经济论坛 2017 年年会开幕式的主旨演讲中指出："人类已经成为你中有我、我中有你的命运共同体，利益高度融合，彼此相互依存。每个国家都有发展权利，同时都应该在更加广阔的层面考虑自身利益，不能以损害其他国家利益为代价。"① 维护人类共同利益需要遵行全人类共同价值，全人类共同价值是人类追求的共同利益的体现②。

和平与发展是时代的主题，表明了人类的共同生存需求。只有在和平的国际国内环境下，人们才能安居乐业。只有在不断推进社会经济政治发展的基础上，人们才能不断改善生活状态，提高生存质量。公平与正义是维护世界秩序的价值准则，是实现世界和平与发展的根本保障。只有所有国家不分大小强弱，在面对利益和纷争时，共同享有国际法主体的权力与地位，各国人民才能过上有尊严的生活。民主与自由反映了人类对更高层次的美好生活的追求。在实现了生存需求之后，人们就需要追求政治参与以及更多的自由民主权利。所有国家都有责任共同维护世界和平与发展、公平与正义、民主与自由，避免用战争或武力解决争端，不干涉他国内政，不强行推行某种制度模式。各国应共同致力于改变世界政治经济不平衡状态，缩小愈加严重的贫富差距，打造所有国家共建共享人类文明成果的美好愿景。

作为一种反思性的概念和应该实现的价值，全人类共同价值意味着现

① 习近平. 共担时代责任 共促全球发展：在世界经济论坛 2017 年年会开幕式上的主旨演讲 [N]. 人民日报，2017-01-18 (3).
② 秦宣，刘鑫鑫. 共同价值：打造人类命运共同体的价值观基础 [J]. 中国特色社会主义研究，2017 (4)：38-43.

实的前提恰恰是一种"非共同"。迄今为止，虽然常有文化的交流与融合，但由于历史传统、经济发展和生活环境等的差异，世界文化领域多种文化类型并存，更多的文化选择也必然带来人们思维方式和价值观的不同。多元化的价值观也一定会产生价值分歧和价值冲突，并在多元文化的刺激下程度加深。为了消弭价值冲突和文化差异带来的纷争，西方发达资本主义国家主张"同而不和"，把西方社会奉为核心价值的民主、自由、法治、人权等称作"普世价值"，强调这是一种放之四海皆准的人类普适价值，而否认其他非西方国家、地区和民族价值观存在的合法性与普适性。但其实质是"西方中心论的普世价值论，即把西方以资本主义私有制为基础、以个人主义为核心的价值观奉为绝对的普世价值"①。而随着西方主导的世界秩序陷入治理难题，其普世性事实上已经宣告破产。在这种世界背景下，人类又该如何寻求和建立共同价值呢？

面对人类文化多样和价值多元，中国主张"和而不同"，即在尊重各个不同国家和地区的不同文化和价值观的基础上，以不同价值之间的价值共识提取最大公约数，寻求具有文化认同和价值认同基础的全人类共同价值。这样的共同价值"由于代表历史进步的趋向、得到人民比较广泛的认可，这种价值共识具有一定程度的普遍性；而且由于它是人类文明成果的积淀，具有先导性。但价值共识的普遍性和先导性具有历史性、时代性和民族性"②。也就是说，全人类共同价值要以一定的价值传统和现实国情为基础，是指导社会公民共同生活的核心原则或价值标准，是包含了共同理想、共同追求，对是非善恶有共同判断的观念集合。国家主席习近平提出了"和平、发展、公平、正义、民主、自由，是全人类的共同价值"③。这正是我国在凝练社会主义核心价值观中，以中国元素为全人类共同价值提供的有益资源，体现了社会主义核心价值观建设的世界意义。

社会主义核心价值观与全人类共同价值是相互关联、相互作用、辩证统一的。这种关系深刻揭示了主体从个人到社会、国家和人类，构成人的社会关系发展的不同层级，而社会关系的统一性决定了社会主义核心价值观的普适性。这种普适性源于社会主义制度下的集体主义价值取向。当代

① 陈先达. 论普世价值与价值共识 [J]. 哲学研究, 2009 (4): 3-9, 128.
② 陈先达. 论普世价值与价值共识 [J]. 哲学研究, 2009 (4): 3-9, 128.
③ 习近平. 携手构建合作共赢新伙伴 同心打造人类命运共同体：在第七十届联合国大会一般性辩论时的讲话 [N]. 人民日报, 2015-09-29 (2).

社会主义市场经济条件下的新型集体，成为自主、自觉、自由的个体组成的"真实的共同体"，消解了计划经济条件下对个体的人身控制，使个人在理性的基础上实现了独立自治，为人的平等竞争创造了条件；促进了人的主体地位的生成和个性解放，个人正当利益获得合法性基础，使个人、集体和社会充满生机和活力。这种新型集体主义作为处理个人利益与集体利益的基本原则，坚持集体本位的价值取向，以"人人为我，我为人人"的互利主义交往理性，克服市场经济带来的"个人主义"外部性张力；以互助合作精神消解人际关系的淡漠与疏离，以利他价值取向替代利己主义动机，以公共价值对抗个人利益，保证了个人与集体的双赢、个人与社会的良性互动。而和遵循集体主义原则的民族国家以国家利益和民族利益为重一样，在世界范围内，新型集体主义的原则也会以全人类共同价值和利益为重，不违背国际社会和世界人民的根本利益，引导全球各国、各民族谋求各国自身利益与国家社会共同利益的共商、共建与共享，建设人类命运共同体、利益共同体和价值共同体。

第二节　倡导全人类共同价值与构建人类命运共同体

2015 年 9 月 28 日在出席纪念联合国成立 70 周年大会上，国家主席习近平发表了题为《携手构建合作共赢新伙伴 同心打造人类命运共同体》的讲话，指出："和平、发展、公平、正义、民主、自由，是全人类的共同价值……构建以合作共赢为核心的新型国际关系，打造人类命运共同体。"①这段话指明了全人类共同价值与人类命运共同体之间的内在关联，二者相互依赖、相互需求、相互推动，引导人类走向美好的未来。

一、倡导全人类共同价值是构建人类命运共同体的价值追求

习近平总书记在中国共产党与世界政党高层对话会上的讲话中指出："人类命运共同体，顾名思义，就是每个民族、每个国家的前途命运都紧紧

---

① 习近平. 携手构建合作共赢新伙伴 同心打造人类命运共同体：在第七十届联合国大会一般性辩论时的讲话 [N]. 人民日报，2015-09-29 (2).

联系在一起……把世界各国人民对美好生活的向往变成现实。"① 正是为了应对人类共同面临的安全、生态环境、疾病、人口、和平等问题，全人类作为一个整体，无论是哪个民族或国家，其"前途命运都紧紧联系在一起"，并在共同信守的价值体系的指导下采取一致的行动，建设人类共同追求的"持久和平、普遍安全、共同繁荣、开放包容、清洁美丽的世界"。这表明，人类命运共同体是利益共同体，更是价值共同体，以"和平、发展、公平、正义、民主、自由"等全人类共同价值为基本追求。

和平与发展是全人类共同的价值追求。如何避免战争、有效解决国家间的安全问题是人类社会至今依然面临的难题。如果全球仍然处于大国倾向于通过建立强大的军事国防力量，小国只能通过"结盟"来维护自身国家安全的格局，世界和平就难以保证。只有不同国家之间和平共处，真正成为"命运攸关、休戚与共"的共同体，和平与安全才有希望。而人类社会之所以战争与冲突不断，正是因为各个国家间的发展不平衡，倚强凌弱、以大欺小成为一些国家维护自身利益惯用的手段。因此，实现人类共同发展既是全人类的共同价值追求，也是保障世界和平的前提和基础。国家主席习近平在《携手构建合作共赢新伙伴 同心打造人类命运共同体》中指出："当今世界，各国相互依存、休戚与共。我们要继承和弘扬联合国宪章的宗旨和原则，构建以合作共赢为核心的新型国际关系，打造人类命运共同体。"②

"公平正义是世界各国人民在国际关系领域追求的崇高目标。在当今国际关系中，公平正义还远远没有实现。"③ 构建人类命运共同体的首要要求是共同体中各国、各民族处于平等的格局中，强调各个国家不分大小强弱，应该平等参与国际事务，国家之间通过相互协商、相互谅解的方式相处，建立平等协商、互商互谅的伙伴关系，允许各国、各民族有不同的制度、不同的历史、不同的发展方式，允许其经济发展方式、政治制度和文化不同。在处理国家间的纷争时，人类命运共同体要坚持正义的原则，树立共同、合作、可持续的安全观念，尊重和保障共同体中每一个国家、每

---

① 习近平. 携手建设更加美好的世界：在中国共产党与世界政党高层对话会上的主旨讲话 [N]. 人民日报，2017-12-02（2）.

② 习近平. 携手构建合作共赢新伙伴 同心打造人类命运共同体：在第七十届联合国大会一般性辩论时的讲话 [N]. 人民日报，2015-09-29（2）.

③ 习近平. 弘扬传统友好 共谱合作新篇：在巴西国会的演讲 [N]. 人民日报，2014-07-18（2）.

一个民族的安全，用和平取代战争，用合作取代敌对，用对话代替对抗，营造公平正义、共建共享的安全格局。人类对公平与正义的价值追求表明，建立在独立国家利益基础上的"丛林法则"与博弈关系也应被国家间、民族间与地区间的和谐包容、互利合作取代。人类命运共同体既允许不同国家、民族选择个性化的多元价值，又遵行全人类共同的价值，努力打造"各美其美、美人之美、美美与共、天下大同"①的人类美好世界。

民主与自由是国家层面的重要价值目标，也是国际层面的重要价值目标。当西方国家以"民主、自由"结成联盟时，它们真正做到了民主和自由吗？实际上，霸权主义和强权政治是它们在国际领域的通行证。据 IMF（国际货币基金组织）统计，2022 年世界经济增速为 3.4%，较上年回落 2.8 个百分点，全球经济增长放缓。世界主要经济体中的美国、欧元区经济颓势渐显，而日本经济缓慢修复，新兴经济体在经济增长方面则呈分化态势。经济发展带来的压力使国际贸易保护主义愈演愈烈，近年来美国对中国、日本、加拿大等贸易对手开展关税大战。政治上单边主义、民粹主义与右翼势力抬头，英国脱欧、美国"退圈"，全球发展陷入深层次矛盾，国际治理出现治理赤字、信任赤字、和平赤字、发展赤字，世界面临重新陷入分裂甚至对抗的风险。而人类命运共同体主张各个国家、民族都有其独特的文化、不同的制度和意识形态，它们共同构成了丰富多彩的世界；致力于推动各国、各民族的多元文明交流对话，相互取长补短。国家主席习近平说："我们要坚持求同存异、开放包容，在交流互鉴中取长补短，在求同存异中共同前进，让各个文明都绽放出自己的光彩。"②

总之，构建人类命运共同体，本质上是实现各个国家合作基础上的普惠共赢。在发展模式上，"不是要求'全世界的人都穿同一型号的鞋'，而是'全世界的人都穿适合自己脚的鞋'"③；在发展目标上，共同创造和分享人类的优秀文明；在发展方式上，实现共同发展；在利益处理上，共同谋求富裕和利益的一致性。"和平、发展、公平、正义、民主、自由"的全人类共同价值是构建人类命运共同体的价值基底。

---

① 费孝通."美美与共"和人类文明：下 [J]. 群言，2005（2）：13-16.
② 习近平. 弘扬万隆精神 推进合作共赢 [N]. 人民日报，2015-04-23（2）.
③ 李德顺. 怎样看"普世价值"？[J]. 哲学研究，2011（1）：3-10.

二、构建人类命运共同体是倡导全人类共同价值的现实载体

习近平总书记在党的十九大报告中指出："坚持推动构建人类命运共同体。"① 正是为了应对人类共同面临的和平、安全、发展、文明和环境等问题，中国提出了构建造福全人类的"持久和平、普遍安全、共同繁荣、开放包容、清洁美丽的世界"。构建人类命运共同体的具体实践方案，顺应了历史潮流、契合了时代需要、回答了时代之问，为全人类共同价值提供了实践场域和实践对象，成为践行全人类共同价值的现实基础②。

构建人类命运共同体，各国应坚持对话协商，建设一个持久和平的世界。这就要求各国坚持以对话解决争端、以协商化解分歧，倡导相互尊重、平等协商，坚决摒弃冷战思维和强权政治，构建对话而不对抗、结伴而不结盟的新型国际外交关系。新型国际外交关系有助于维护世界和平，体现了建立在平等、尊重、公平、正义基础上的人类和平。其结果不是强权没落后的失控，也不是均势失衡后的动荡，而是持久的和平、不断发展的和平、走向民主与自由的和平，鲜明地体现出全人类共同价值的导向。

构建人类命运共同体，要求各国秉持共同、综合、合作、可持续的安全观，坚持共建共享，建设一个普遍安全的世界。"共同，就是要尊重和保障每一个国家安全。""综合，就是要统筹维护传统领域和非传统领域安全。""合作，就是要通过对话合作促进各国和本地区安全。""可持续，就是要发展和安全并重以实现持久安全。"③ 安全是普遍的，没有国家能够将自身的安全建立在其他国家不安全的前提下；安全是平等的，建立在不平等地位上的安全是不可持续的；安全是包容的，与其他国家处于敌对状态的国家一定是不安全的。保障普遍安全，就要恪守尊重主权独立和领土完整、互不干涉内政等国际关系基本准则，统筹应对传统和非传统安全威胁，坚决打击一切形式的恐怖主义。同时，各国要把发展作为安全的基础，把合作作为安全的手段，把公平正义作为安全的保障。这些都是全人类共同价值的具体实践要求。

---

① 习近平. 决胜全面建成小康社会　夺取新时代中国特色社会主义伟大胜利：在中国共产党第十九次全国代表大会上的报告 [M]. 北京：人民出版社，2017.

② 林伯海. 论全人类共同价值与人类命运共同体的辩证关系 [J]. 马克思主义研究，2021 (11)：79-88，159.

③ 习近平. 习近平谈治国理政 [M]. 北京：外文出版社，2014：354-356.

构建人类命运共同体，应坚持合作共赢，建设一个共同繁荣的世界。促进共同繁荣，就要促进贸易和投资自由往来与便利化，构建开放、透明、包容、非歧视性的多边贸易体制，正视并克服发展失衡、治理困境、数字鸿沟、公平赤字的问题；顺应经济全球化趋势，使之朝着更加开放、包容、普惠、平衡、共赢的方向发展；要在经济发展中着力解决公平公正问题，实现共同繁荣发展。国家主席习近平指出："面向未来，中国将以更负责的精神、更开放包容的胸襟、更高质量的增长，在实现自身发展的同时，为世界各国共同繁荣作出更大贡献。"① 为此，中国建设性地参与制定2030年可持续发展议程，继续增加对最不发达国家的投资，力争2030年达到120亿美元。这体现了中国积极进行全人类共同价值导向下的发展实践。

构建人类命运共同体，应坚持交流互鉴，建设一个开放包容的世界。保持开放包容，各国就要尊重世界文明多样性，承认文明没有高下、优劣之分，只有特色、地域之别，需要在尊重的基础上对不同文明持宽容态度，尊重不同民族和国家孕育的不同文明。推动文明间的交流互鉴，促进和而不同、兼收并蓄的文明交流对话，以交流超越隔阂、互鉴超越冲突、共存超越优越，系牢推动人类社会进步和维护世界和平的纽带。人类社会发展的历史已经证实，文明因交流而多彩，文明因互鉴而丰富。"我们既要让本国文明充满勃勃生机，又要为他国文明发展创造条件，让世界文明百花园群芳竞艳。"② 只有在文明共处的这种状态中，才可能实现全世界的和平、发展、公平、正义、民主、自由。

构建人类命运共同体，应坚持绿色低碳，建设一个清洁美丽的世界。建设清洁美丽的世界，最重要的是倡导绿色、低碳、循环、可持续的生产生活方式，不断开拓生产发展、生活富裕、生态良好的文明发展道路。要坚持人与自然和谐共生，绿色发展、系统治理、以人为本，建设环境友好型、资源节约型社会。为此，中国提供了"绿水青山就是金山银山"的发展理念。解决生态问题，建设清洁美丽的世界，需要树立公平正义的全球治理观，合作应对气候变化，构建"以国际法为基础、以公平正义为要

① 习近平主席在出席亚太经合组织第二十六次领导人非正式会议时的讲话 [M]. 北京：人民出版社，2018：10-11.

② 习近平. 深化文明交流互鉴　共建亚洲命运共同体：在亚洲文明对话大会开幕式上的主旨演讲 [N]. 光明日报，2019-05-15 (1).

旨、以有效行动为导向"的多边主义，将"共同但有区别的责任原则"作为全球气候治理的基石，共同构建人与自然生命共同体，保护好人类赖以生存的地球家园。为此，中国在 2020 年的气候雄心峰会上承诺，到 2030年，中国单位国内生产总值二氧化碳排放将比 2005 年下降 65% 以上，非化石能源占一次能源消费比重将达到 25% 左右，森林蓄积量将比 2005 年增加 60 亿立方米。建设清洁美丽的世界，本身就是对全人类共同价值的生动实践。

综上所述，全人类共同价值为构建人类命运共同体奠定了价值观基础，确证其具有道义的"善"。人类基于对"善"的共识与认同而形成的人类命运共同体，就不仅是一个具有外在联结性的共同体，更是一个具有内在凝聚力的共同体。因为人类命运共同体的构建，全人类共同价值才有了一个具体的运用对象和实践载体，才成为一个具有现实主体、时代特征、实践对象的"真"价值，这正是它与西方虚假的"普世价值"的根本区别所在。总之，全人类共同价值和人类命运共同体是有机统一的整体，全人类应在弘扬全人类共同价值中推动构建人类命运共同体，在推动构建人类命运共同体过程中弘扬全人类共同价值，共建满足人类美好生活需要的世界。

第三节　倡导全人类共同价值与共建"一带一路"

中国秉持和平合作、开放包容、互学互鉴、互利共赢的理念，全方位推进务实合作，打造政治互信、经济融合、文化包容的利益共同体、命运共同体和责任共同体。自 2013 年起，中国持续推动"一带一路"建设，以政策沟通、设施联通、贸易畅通、资金融通、民心相通为主要内容加强与各国合作。共建"一带一路"倡议是以习近平同志为核心的党中央深刻思考人类前途命运及中国和世界发展大势所提出的宏伟构想和中国方案，是推动构建人类命运共同体的重要实践平台，是践行全人类共同价值的生动实践和具体举措，深刻揭示了人类共同的理念和全人类共同价值的丰富内涵。

一、倡导全人类共同价值是共建"一带一路"倡议的价值基础

共建"一带一路"倡议借用古丝绸之路的历史符号，秉承着和平合

作、开放包容、互学互鉴、互利共赢的丝路精神，坚持共商、共建、共享的建设原则，具有深厚的历史渊源与人文基础，生动体现了和平与发展、开放合作、互利共赢的全人类共同价值追求。

共建"一带一路"倡议以和平合作为价值基础。对于我国提出的共建"一带一路"倡议，西方国家的一些媒体别有用心地质疑，借此大肆宣扬"中国威胁论"。它们认为，中国意图借助共建"一带一路"倡议挑战美国全球地位；共建"一带一路"倡议损害了印度的利益，增加中印爆发冲突的风险；"海上丝绸之路"增加了中国与邻国的岛屿主权纠纷，中国被认为是"政治霸权主义"；等等。这些观点把共建"一带一路"倡议看成是中国谋求地区霸权、进行权力扩张的战略安排，会带来全球和地区层面的不安定。事实上，国家主席习近平在 2013 年首次提出共建"丝绸之路经济带"时就明确指出："为了使我们欧亚各国经济联系更加紧密、相互合作更加深入、发展空间更加广阔，我们可以用创新的合作模式，共同建设'丝绸之路经济带'。这是一项造福沿途各国人民的大事业。"①

共建"一带一路"倡议顺应了世界多极化、经济全球化、文化多样化、社会信息化的潮流，强调各国要尊重彼此主权和领土完整，尊重彼此发展道路和社会制度，尊重彼此核心利益和重大关切，把"一带一路"建成和平之路；聚焦发展这个根本性问题，释放各国发展潜力，实现经济大融合、发展大联动、成果大共享，把"一带一路"建成繁荣之路；打造开放型合作平台，维护多边贸易体制，解决经济增长和平衡问题，把"一带一路"建成开放之路；坚持创新驱动发展，优化创新环境，集聚创新资源，把"一带一路"建成创新之路；以文明交流超越文明隔阂、文明互鉴超越文明冲突、文明共存超越文明优越，把"一带一路"建成文明之路。

共建"一带一路"倡议以开放包容为价值基础。以美国为代表的一些国家和部分政客对共建"一带一路"倡议进行丑化，认为它是中国版的"马歇尔计划"，认为中国正在不断以自身的经济增长来实现对地区的控制，实现地区中其他国家的依附性发展。还有观点指出，中国以共建"一带一路"倡议为核心实现"中心—边缘"战略格局的建构，是一种野蛮的

---

① 习近平. 弘扬人民友谊 共创美好未来：在哈萨克斯坦纳扎尔巴耶夫大学的演讲 [N]. 人民日报海外版，2013-09-09（4）.

资本扩张，等等①。恰恰相反，共建"一带一路"倡议是对西方主导的自由主义全球经济合作与发展理念的超越，也是对目前西方主导的"中心—边缘"的依附性全球经济与政治秩序的挑战，为世界各地区与国家之间的合作与发展提供了新的路径选择，一种全新的世界秩序图景正日益清晰。国家主席习近平明确指出："'一带一路'建设秉持的是共商、共建、共享原则，不是封闭的，而是开放包容的；不是中国一家的独奏，而是沿线国家的合唱。'一带一路'建设不是要替代现有地区合作机制和倡议，而是要在已有基础上，推动沿线国家实现发展战略相互对接、优势互补。"② 到2017年，国家主席习近平说："3年多来，已经有100多个国家和国际组织积极响应支持，40多个国家和国际组织同中国签署合作协议，'一带一路'的'朋友圈'正在不断扩大。中国企业对沿线国家投资达到500多亿美元，一系列重大项目落地开花，带动了各国经济发展，创造了大量就业机会。可以说，'一带一路'倡议来自中国，但成效惠及世界。"③

共建"一带一路"倡议以互利共赢为价值基础。外媒别有用心地对共建"一带一路"倡议进行解读，认为它是中国试图通过海外经济扩张缓解国内经济下行压力；认为在共建国家民族主义的冲击下，缺乏软实力的中国很难依靠经济实力推行共建"一带一路"倡议。这无疑体现了西方"零和博弈"的惯用思维。实际上，共建"一带一路"倡议的核心内涵，是促进基础设施建设和互联互通，加强经济政策协调和发展战略对接，促进各国协同联动发展，实现共同繁荣。共建"一带一路"倡议促进经济要素有序自由流动、资源高效配置和市场深度融合，推动沿线各国实现经济政策协调，努力实现政策沟通、设施联通、贸易畅通、资金融通、民心相通；倡导文明宽容，尊重各国发展道路和模式的选择，加强不同文明之间的对话，求同存异、兼容并蓄、和平共处、共生共荣；秉持和遵循共商共建共享原则，兼顾各方利益和关切，寻求利益契合点和合作的"最大公约数"，体现各方智慧和创意，各施所长，各尽所能，把各方优势和潜力充分发挥出来。共建"一带一路"倡议坚持互利共赢，开展更大范围、更高水平、

① 学者建议围绕"一带一路"建构国际合作秩序 [EB/OL]. (2015-10-21) [2023-01-29]. http://politics.people.com.cn/n/2015/1021/c1001-27723490.html.

② 习近平. 迈向命运共同体 开创亚洲新未来：在博鳌亚洲论坛2015年年会上的主旨演讲 [J]. 中国产经，2015 (4)：6-11.

③ 习近平. 共担时代责任 共促全球发展：在世界经济论坛2017年年会开幕式上的主旨演讲 [N]. 人民日报海外版，2017-01-18 (1).

更深层次的区域合作，共同打造开放、包容、均衡、普惠的区域经济合作架构，是国际合作以及全球治理新模式的积极探索，将为世界和平发展增添新的正能量①。

国家主席习近平 2015 年在出席伦敦金融城举行的中英工商峰会时说："'一带一路'是开放的，是穿越非洲、环连亚欧的广阔'朋友圈'，所有感兴趣的国家都可以添加进入'朋友圈'。'一带一路'是多元的，涵盖各个合作领域，合作形式也可以多种多样。'一带一路'是共赢的，各国共同参与，遵循共商共建共享原则，实现共同发展繁荣。这条路不是某一方的私家小路，而是大家携手前进的阳光大道。"② "一带一路"贯穿亚欧非大陆，一头是活跃的东亚经济圈，另一头是发达的欧洲经济圈，处于中间广大腹地的国家经济发展潜力巨大。共建"一带一路"是中国的倡议，也是中国与共建国家的共同愿望，反映了相关国家与国际组织追求和平发展、共同繁荣、合作共赢的价值追求，体现了全人类共同价值的美好愿景。

二、共建"一带一路"是倡导全人类共同价值的生动实践

习近平总书记多次讲话指出，"一带一路"建设，就是要把沿线各国人民紧密联系在一起，致力于合作共赢、共同发展，让各国人民更好共享发展成果，不断朝着人类命运共同体方向迈进。这是"一带一路"建设提出的初衷，也是"一带一路"建设要实现的最高目标。共建"一带一路"倡议的实践也证明，共建"一带一路"正在成为推动构建人类命运共同体、践行全人类共同价值的中国方案。

"一带一路"建设最重要的合作机制是互联互通，以政策沟通、设施联通、贸易畅通、资金融通、民心相通为主要内容。所谓政策沟通，就是要聚焦发展这个根本问题，不断地深化各国经济政策方面的沟通。

加强政策沟通是"一带一路"建设的重要保障。在推进"一带一路"建设中，我国已经同俄罗斯提出的欧亚经济联盟、东盟提出的互联互通总体规划、哈萨克斯坦提出的"光明之路"、土耳其提出的"中间走廊"、蒙

---

① 推动共建丝绸之路经济带和 21 世纪海上丝绸之路的愿景与行动 [EB/OL]. (2017-04-25) [2023-01-29]. http://ydyl.people.com.cn/n1/2017/0425/c411837-29235511.html.

② 习近平出席中英工商峰会时强调"一带一路"建设将为中国和沿线国家共同发展带来巨大机遇 [N]. 人民日报, 2015-10-22 (1).

古提出的"发展之路"、越南提出的"两廊一圈"等多个发展战略进行了规划上的对接。这些对接很好地促进了合作双方的政治互信、利益融合。截至 2023 年 6 月底,我国已与五大洲的 150 多个国家、30 多个国际组织签署了 200 多份共建"一带一路"合作文件;与日本、意大利等 14 国签署第三方市场合作文件;有关合作理念和主张被写入联合国、二十国集团、亚太经合组织、上海合作组织等的成果文件。这表明,共建"一带一路"倡议的国际影响力、合作吸引力不断释放,"朋友圈"越来越大,合作质量越来越高,发展前景越来越好。

所谓设施联通,就是要以交通基础设施为突破,加强基础设施网络互联互通。基础设施互联互通是"一带一路"建设的优先领域。经过几年努力,"一带一路"建设在设施联通方面也取得了非常重要的进展。比如雅万高铁,就是从雅加达到万隆的铁路,它将雅加达到万隆的时间从原来的 3 个小时缩短为 40 分钟。还有一条从埃塞俄比亚到吉布提的亚吉铁路,把原来要走七天的路程缩短为 12 小时。这对像埃塞俄比亚这样的内陆国家的发展,以及共建国家的发展,带来了很大的帮助。这条铁路也被称为"新时期的坦赞铁路"。据牙买加《集锦报》文章,通过参与共建"一带一路",牙买加的道路和其他基础设施得到了现代化改造。《德国交通报》网站的文章表示,国际铁路联盟的研究结果表明,在共建"一带一路"倡议推动下,欧中之间的铁路货运量 5 年内增长了 5 倍,且这种强劲发展势头还在持续。共建"一带一路"使欧亚大陆更紧密地联系起来,促进欧亚双方经济发展与繁荣。

所谓贸易畅通,就是要不断改善营商环境,推动贸易和投资的自由化、便利化,保障贸易的畅通畅达。投资贸易合作是"一带一路"建设的重点。丝绸之路经济带重点畅通中国经中亚、俄罗斯至欧洲(波罗的海);中国经中亚、西亚至波斯湾、地中海;中国至东南亚、南亚、印度洋。21 世纪海上丝绸之路重点方向是从中国沿海港口过南海到印度洋,延伸至欧洲;从中国沿海港口过南海到南太平洋。共建"一带一路"国家人口规模约 30 亿人,不管市场规模,还是发展潜力,都非常大。2013—2022 年,我国与共建"一带一路"国家的双向投资累计超 3 800 亿美元。其中,我国对共建"一带一路"国家的直接投资超 2 400 亿美元,共建"一带一路"国家累计对华投资超 1 400 亿美元。作为"一带一路"的标志性成果，中欧班列已实现月行千列、年行万列。截至 2023 年 6 月底，中欧班列累计开行 7.4 万列，运输近 700 万标箱，货物品类达 5 万多种，涉及汽车整车、机械设备、电子产品等 53 个门类，合计货值超 3 000 亿美元。这样的成就有效推动了全球共同反对贸易保护主义，体现了我国倡导建设开放型世界经济的鲜明主张。

所谓资金融通，就是以建设融资平台为抓手，扩大资金的融通。资金融通是"一带一路"建设的重要支撑。为解决共建"一带一路"国家资金短缺问题，国家主席习近平创造性地提出了筹建亚洲基础设施投资银行和丝路基金。截至 2023 年 6 月底，丝路基金累计签约投资项目 75 个，承诺投资金额约 220.4 亿美元；亚洲基础设施投资银行已有 106 个成员，批准 227 个投资项目，共投资 436 亿美元，项目涉及交通、能源、公共卫生等领域，为共建"一带一路"国家的基础设施互联互通和经济社会可持续发展提供投融资支持。G7 成员国中的德国、英国、法国、意大利、加拿大都参与其中，现在正在发挥越来越大的作用。丝路基金成立之初，中国提出出资 400 亿美元。2017 年，习近平又宣布增资 1 000 亿人民币，给共建国家提供了很好的资金支持。作为最大的出资国，至 2020 年，中国对"一带一路"参与国非金融类直接投资总额已经超过了 1 000 亿美元，达 1 047.2 亿美元，年平均投资额为 149.6 亿美元。2020 年，百年不遇的新冠疫情席卷全球，中国对"一带一路"参与国的非金融类直接投资不仅没有减少，这一年反而是倡议提出以来最多的一年，比 2019 年增长了 18.3%，与几年来的年平均投资额相比更是增长了 18.9%。相应地，中国对"一带一路"参与国的投资占对外投资总额的比重也由 2019 年的 13.6% 上升到 2020 年的 16.2%①。截至 2023 年 6 月底，中国作为最大的出资国，共有 13 家中资银行在 50 个共建"一带一路"国家设立 145 家一级机构，在 131 个共建"一带一路"国家的 1 770 万家商户开通了银联卡业务，在 74 个共建"一带一路"国家开通了银联移动支付业务。资金融通不仅有利于中国的发展，也有利于沿线各国和全球经济的增长。

所谓民心相通，主要是指"一带一路"各参与国广泛开展文化交流、学术往来、人才交流合作、媒体合作、青年和妇女交往、志愿者服务等，

---

① 胡必亮. 乘风破浪，克"疫"而上："一带一路"走向可持续发展 [N]. 光明日报，2021-02-28（8）.

为深化双边或多边合作奠定坚实的民意基础。民心相通是"一带一路"建设的社会根基。各参与国通过打造高校、企业、科研机构等多主体，以及国家、地区、民间等多维度的人文合作与交流机制，促进各参与国开展丰富多彩的文化交流活动，加强各参与国对彼此历史文化的理解与认同，化解分歧，增进文化互信。比如，中国与相关国家互办文化年、旅游年、艺术节、电影节、电视周、图书展等，推动各国展现各自民族的特色，感受不同文化的风采，增进了解，推进科技、教育、文化、卫生、旅游、政党、智库、青年、城市、社会组织等各领域的合作，不断拓展交流宽度、增强交流深度。其中，科技合作正在"一带一路"建设中发挥积极作用。2013—2023 年，科技部共支持与"一带一路"国家开展科技合作项目 1 000 多项，累计投入超过 63 亿元人民币，培训"一带一路"国家技术人员 5 000 多人次，启动了"中巴（巴基斯坦）棉花生物技术联合实验室""中斯（斯里兰卡）特色植物资源研发实验室""中蒙孵化器""中国-南非矿产资源开发利用联合研究中心""中国印尼港口建设和灾害防治联合研究中心""中国克罗地亚生态保护国际联合研究中心"等"一带一路"科技合作平台建设。中国政府每年向相关国家提供 1 万个政府奖学金名额，地方政府也设立了丝绸之路专项奖学金，为沿线国家培养了大量行业领军人才和优秀技能人才。截至 2023 年 6 月底，中国已与 45 个共建"一带一路"国家和地区签署高等教育学历学位互认协议，与 144 个共建"一带一路"国家签署文化和旅游领域的合作文件，打造了"鲁班工坊""光明行"等一批"小而美"合作品牌。

共建"一带一路"倡议提出和实施以来，其合作发展理念已经得到广泛认同，各项建设方兴未艾。"一带一路"参与国覆盖人口超过 47 亿人，占全球人口总数的 63% 以上；加上亚投行成员中尚未明确签署"一带一路"官方协议的 18 个"部分参与国"，"一带一路"覆盖人口合计近 70 亿人，占全球人口总数的 90% 以上。"一带一路"参与国土面积之和为 7 700 多万平方千米，占全球各国国土总面积的 57% 以上；加上亚投行中"部分参与国"的 3 500 多万平方千米国土面积，"一带一路"建设参与国的国土面积占全球的 83% 以上。"一带一路"参与国经济总量近 40 万亿美元，占全球经济总量的 45% 以上。共建"一带一路"的国家已涵盖全世界大部分地区，涉及中华、伊斯兰、斯拉夫等多种文化。2017 年 5 月第一届

"一带一路"国际合作高峰论坛形成了涵盖全部合作内容的 5 大类、270 多项具体成果。2019 年 4 月第二届"一带一路"国际合作高峰论坛形成了 6 大类、283 项成果。"丰硕的成果表明,'一带一路'倡议顺应时代潮流,适应发展规律,符合各国人民利益"①,是推动构建人类命运共同体的和平之路、繁荣之路、开放之路、创新之路、文明之路。2023 年 10 月,中国举办第三届"一带一路"国际合作高峰论坛。这是纪念共建"一带一路"倡议提出十周年的隆重活动,也是各方共商高质量共建"一带一路"的重要平台。

习近平总书记多次说过:"世界怎么了,我们怎么办?"面对"世界百年未有之大变局",不同的价值理念和发展路径会把世界带向不同的方向。爱因斯坦曾说过:光靠科学和技术,不能把人类带向幸福与高尚的生活,人类有理由将崇高的道德准则的发现置于客观真理的发现之上。纵观全球,越来越多的国家把增强民族道德文化的国际影响力,作为增强国际竞争力的战略选择。习近平总书记指出,对一个民族、一个国家来说,最持久、最深层的力量是全社会共同认可的核心价值观。社会主义核心价值观以马克思主义为指导,作为社会主义意识形态的核心,是基于社会主义的本质要求,是对我国优秀传统文化的传承和创新,是对人类文明有益成果的扬弃和吸纳,是对时代发展中重大问题的积极应对,具有人民性、民族性、科学性、先进性和时代性等特征,是整个中华民族道德文化的核心。推进社会主义核心价值观建设,增强全民族道德文化,提升价值观自觉和价值观自信,人民群众就能真正理解社会主义经济、政治和文化制度的合理性,并由此在科学意义上认识社会主义的公正、平等和自由。这样就能形成全体人民在政治上、道义上和精神上的凝聚力,从而不断增强建设社会主义的自觉性,使我国提升国家文化软实力,进而发挥对全球治理的价值引领作用。

---

① 习近平. 习近平谈治国理政:第二卷 [M]. 北京:外文出版社,2017:511.

研究结语与展望

　　任何社会、国家和政党，都需要建设代表统治阶级利益、符合本国需要的核心价值观。纵览人类社会发展，核心价值观建设经历了神本位→官本位（权本位）→物本位（资本位）→人民本位的发展历程，体现了人的无主体性→个人主体性→人的自由发展的价值追求，顺应了马克思揭示的人类社会从人的依附性社会→人的独立性基础上的物的依赖性社会→人的自由全面发展社会的发展规律。社会主义核心价值观是我国社会意识形态的本质，是从价值层面对"社会主义为什么好"的深刻回答，明确了要"建设一个什么样的国家""建设一个什么样的社会""培育什么样的公民"。根据党的宗旨与使命、社会主义制度的性质，社会主义核心价值观建设必须坚持人民主体地位，代表人民群众的根本利益，体现人民主体性，即具有人民本位的建设逻辑。

　　放眼当今全球发展，西方发达资本主义国家曾经以"自由、民主、人权"等核心价值推翻了封建统治，推动了经济社会快速发展。但是，当代资本主义国家却深陷"民主迷思"和"治理混乱"，贫富差距越拉越大，社会分裂日益加剧，社会共识更难达成。反观中国，由于我国始终坚持社会主义核心价值观建设，把富强、民主、文明、和谐作为国家层面的价值目标，把自由、平等、公正、法治作为社会层面的价值追求，把爱国、敬业、诚信、友善作为公民层面的价值准则。自改革开放以来，我国取得了经济长期发展和社会稳定的"两大奇迹"。在此基础上，党的二十大向全党全国各族人民吹响了迈上全面建设社会主义现代化国家新征程、向第二个百年奋斗目标进军的冲锋号。新时代、新征程，需要我们以更加坚定的理想信念、更加团结奋斗的精神、更加积极有为的价值共识强基固本、凝心聚力。因此，为深化社会主义核心价值观建设，笔者围绕"如何建设"

的问题，提炼出党领导人民推进社会主义核心价值观建设的基本经验，以利于新时代更好地推进社会主义核心价值观建设，夯实建设社会主义现代化国家的价值基础。

一是必须坚持把马克思主义与我国具体实际相结合。把马克思主义基本原理与中国实际相结合，是马克思主义中国化的基本原则，也是党领导人民取得革命、建设和改革成果的基本经验。这一指导原则浸润于党的全部理论探索和实践活动中。因此，推进社会主义核心价值观建设，应坚持把马克思主义价值思想与中国实际相结合，与中国传统文化相结合，丰富和完善具有中国特色、中国风格的社会主义核心价值体系和建设路径。如本书所述，我们党遵循马克思主义唯物史观，把无产阶级和人民群众作为历史发展动力，提出解放全人类的思想，确立了党"全心全意为人民服务"的根本宗旨，把"三个有利于"作为价值标准，提出"三个代表"重要思想，构建和谐社会的价值目标，提出"三个倡导"的社会主义核心价值观，等等。这都是党坚持马克思主义价值观并进行中国化的体现，也构成我国推进社会主义核心价值观建设的重要内容。循此方向，我们要进一步深挖马克思主义价值思想，拓宽中华优秀传统价值观，在价值观建设领域用马克思主义批判非马克思主义，用集体主义抵制极端个人主义，用公有观念取代私有观念，用爱国主义取代狭隘民族主义，用诚信互助代替自私自利，等等，不断丰富和完善中国特色社会主义核心价值观的基本内容。

二是必须把坚持党的领导与发挥群众主体性相结合。中国共产党的领导是中国特色社会主义最本质的特征，是中国特色社会主义制度的最大优势，坚持党的全面领导是中国特色社会主义的本质要求。社会主义核心价值观建设是党运用马克思主义价值观武装全党和全社会的活动。党的科学全面领导和人民群众主动实践是这一活动中密切联系、相辅相成的两个方面。党通过在理论上明确社会主义核心价值观内涵，在实践中通过制定政策制度、制定法律法规、开展宣传教育、进行奖惩等多种形式和途径引领人民群众学习实践，成为社会主义核心价值观建设的主导者。同时，党的整个组织和无数党员以理想信念、党风党纪、建党精神甚至生命鲜血，成为社会主义核心价值观的奉行者，为社会主义核心价值观建设做出表率。

而人民群众作为价值主体、实践主体和历史主体，既是价值的创造者，也是价值的享有者、价值的评价者。社会主义事业的顺利推进，需要人民群众发挥主体性、能动性和创造性，成为社会主义建设事业的主人。社会主义核心价值观建设属于精神文明建设的重要方面，在内容上需要从广大人民群众的劳动成果中汲取养分，要反映人民群众的根本利益和思想道德境界；在形式上要采用人民群众喜闻乐见的方式；在发展上要以人民群众对美好生活的向往、对高尚道德情操的不懈追求为不竭动力。这充分体现了人民群众是社会主义核心价值观建设的依靠力量。

正是强调二者的结合，我们提出要避免社会主义核心价值观建设实践中存在的"国家和社会不一致""理论和实践相互脱节"的现象，要推进社会主义核心价值观落地落实，推动社会主义核心价值观建设的生活化、制度化、大众化等。

三是必须注重社会主义核心价值观的内化和外化相结合。社会主义核心价值观建设既有理论形态，也有实践形态；既表现为全社会的实践活动，也表现为理论概括。两种形态密切结合，构成了价值观建设的实践→认识→再实践→再认识的发展路径。因此，借助一定的形式、途径，将抽象、概括的价值观灌输到人民群众当中去，使人民群众经由价值感知、认知达到价值认同，进而内化为每个人的价值观、外化为每个人的行动，是社会主义核心价值观建设的必由之路。

注重内化，其前提是要加强对社会主义核心价值观的理论研究。要重视对社会主义核心价值观的原则凝练、内涵构成、语言表达、传播方式、传播效应等进行系统而深入的研究，深化全社会对社会主义核心价值观的理论认识，厘清社会主义核心价值观与封建主义核心价值观、资本主义核心价值观的本质区别，总结社会主义核心价值观建设的历史经验，为社会主义核心价值观建设提供理论支持（这也是本书研究的初衷和力求体现的价值）。其目的就是要依托相应的方式手段，引导人们的价值观念。比如，本书提出的宣传教育、政策制度、法律法规、道德褒贬等举措，正是希望通过构建各种方式方法和载体，形成有利于社会主义核心价值观建设的社会条件和制度环境。当然，所有这些举措都要做到将引导观念与满足利益要求结合起来。这样才能使社会主义核心价值观建设不是简单地唱高调，更不是"将党的意志强加于老百姓"，而是让人民群众在形成对自身利益和社会发展正确认识的基础上，消除一些错误思想观念的影响，确立正确的思想观念，并以共同的行动追求美好生活。这也是本书的核心观点，只有遵循"人民本位"的价值逻辑，在满足人民群众的政治、经济、文化等各方面利益的基础上，才能在国家、社会、个人和世界层面全方位建设好、落实好社会主义核心价值观，体现社会主义核心价值观的优势。

四是必须注重社会主义核心价值观建设的国内和国际双向互动，共同讲好社会主义核心价值观建设领域的"中国故事"。

2020 年 7 月，美国哈佛大学肯尼迪政府学院发布题为《理解中国共产党韧性：中国民意长期调查》的报告。这项横跨 13 年、对 3 万多民众的调查显示，2003 年以来，中国民众对政府的满意度全面提升，高达 93%。同样，全球知名公关咨询公司爱德曼发布的"爱德曼信任度晴雨表"显示，2021 年中国民众对政府信任度达 91%，在 28 个受访国中名列榜首。这些外媒的调查无疑都表明了我国民众对政党、国家以及制度、道路等的高度认同，也折射出对其背后的价值的认同。事实也表明，不管是在显性层面还是在隐性层面，党和政府大力推进和落实的社会主义核心价值观建设，取得了很好的实效。

但是，当前部分西方国家为了打压中国，对我国开展价值观外交与围堵，肆意抬高西方资本主义价值观，攻讦我国社会主义核心价值观，这给我国国家和政党形象带来不利影响。为此，早在 2013 年中共中央政治局第十二次集体学习时，习近平总书记就强调："提高国家文化软实力，要努力传播当代中国价值观念。当代中国价值观念，就是中国特色社会主义价值观念，代表了中国先进文化的前进方向。""要加强提炼和阐释，拓展对外传播平台和载体，把当代中国价值观念贯穿于国际交流和传播方方面面。"①

事实上，我国十几年来发生的一些重大事件，如抗震救灾、举办奥运会等引起了西方学者的关注，许多学者对其中体现出来的民族精神和爱国主义精神等进行盛赞。例如，"新加坡《联合早报》曾发表题为《四川地震与中国民族精神的再现》的文章，文章指出：感动世界的是中国人在面临灾难时所显现的民族精神，是赈灾过程中不同角色所写下的一个个有关人的故事。这些故事正在形成一个巨大无比的'人'字。正是这个'人'字，体现出了中华民族的精神核心。西班牙《世界报》也曾发表题为《一个摧不垮的民族》的文章，称赞中国拥有举国动员的能力、勇往直前的决心和强大的团结互助的精神，并说这种精神将使中国在前进的道路上坚不

---

① 习近平. 习近平谈治国理政 [M]. 北京：外文出版社，2014：161.

可摧"①。总体而言，党的十八大以来，中国发展的成就让国外对社会主义核心价值观的研究不断增加，"当今的海外学者大多能够比较务实地分析中国社会价值观建设、中国共产党和国内社会问题"，"部分海外学者对中国特色社会主义发展呈现出的价值观表达了足够的理解和尊重"②。这为讲好价值观领域的"中国故事"奠定了良好的舆论宣传和研究基础。

而且，如本书所述，基于"人民"概念的对接性，社会主义核心价值观能够基于"主体"的统一性对接全人类共同价值，并在我国构建的人类命运共同体理念和共建"一带一路"倡议的实施中加以体现和维护，实现社会主义核心价值观的"扬帆出海"。因此，我们应利用好国外学者对中国传统文化的赞誉，深化对优秀传统文化的研究，为社会主义核心价值观国际传播提供涵养和载体；从人类历史发展的进程出发，结合国际社会共同面临的一些重大问题，充分阐明社会主义核心价值观的全球共享性的依据，提升社会主义核心价值观的说服力和影响力。在 2022 年 G20 领导人峰会和亚太经合组织领导人非正式会议上，国家主席习近平有关"世界怎么了，亚洲怎么了，我们怎么办"的主旨演讲，都是在重大国际平台上对我国社会主义核心价值理念的宣示，是讲好价值观建设"中国故事"的最佳范本。总之，我们需要在国际国内讲好社会主义核心价值观建设领域的"中国故事"，并在二者相互促进中提升我国文化软实力。

当然，实践发展常新，理论研究无止境。笔者认为，立足于问题意识，常谈常新的"如何建设社会主义核心价值观"这一重大问题，要对接党的二十大开启的全面建设社会主义现代化国家新征程，以及中国共产党作为百年大党执政面临的独有难题。未来应进一步在现代化视域下，特别是人的现代化视域下和推进党的自我革命与全面从严治党语境下，深化对"如何建设社会主义核心价值观"的理论研究和实践总结，讲出社会主义核心价值观建设领域的更多的精彩故事。

---

① 韩露. 国外关于改革开放以来中国共产党意识形态建设与发展问题研究述评 [J]. 社会主义研究, 2010 (5)：45-49.

② 祝大勇, 王雯姝. 核心价值观成为海外学者观察中国的新视角 [J]. 马克思主义研究, 2017 (8)：144-152.

参考文献

［1］孙伟平. 论多元文化价值观存在的根据及意义［J］. 湖南社会科学, 2007 (4)：1-4.

［2］邱仁富. 社会主义核心价值观培育研究［M］. 上海：上海大学出版社, 2015.

［3］郭维平. 社会主义核心价值观生成和认同研究［M］. 北京：学习出版社, 2016.

［4］习近平. 习近平谈治国理政［M］. 北京：外文出版社, 2014.

［5］马克思, 恩格斯. 马克思恩格斯选集：第一卷［M］. 北京：人民出版社, 1995.

［6］马克思, 恩格斯. 马克思恩格斯文集：第一卷［M］. 北京：人民出版社, 2009.

［7］胡锦涛. 坚定不移沿着中国特色社会主义道路前进 为全面建成小康社会而奋斗：在中国共产党第十八次全国代表大会上的报告［M］. 北京：人民出版社, 2012.

［8］袁银传, 郭强, 杨业华, 等. 培育和践行社会主义核心价值观研究［M］. 北京：人民出版社, 2019.

［9］王焕镳. 墨子校释［M］. 杭州：浙江古籍出版社, 1987.

［10］部付见. 当代中国意识形态建设研究［D］. 北京：中共中央党校, 2012.

［11］RAZ J. The practice of value［M］. Oxford：Oxford University Press, 2005.

［12］马克思, 恩格斯. 马克思恩格斯选集：第二卷［M］. 北京：人民出版社, 2012.

［13］中共中央文献研究室. 十八大以来重要文献选编：上［M］. 北京：中央文献出版社，2014.

［14］吴桂韩. 培育和践行社会主义核心价值观的基本路径［J］. 理论学习，2014（7）：4-7.

［15］周宏. 论加强社会主义核心价值观认同机制建设［J］. 理论导刊，2014（4）：60-63.

［16］吴翠丽. 社会主义核心价值观嵌入日常生活的困境与消解路径［J］. 思想教育研究，2014（1）：37-40.

［17］唐莉. 马克思主义价值论视域的社会主义核心价值观［J］. 中共云南省委党校学报，2013（3）：5-7，52.

［18］杨信礼. 马克思主义价值论与当代中国价值观的建构［J］. 山东社会科学，2008（2）：5-15.

［19］张洋. 价值主体视阈中的社会主义核心价值体系认同问题探究［J］. 理论界，2010（2）：10-11.

［20］王伦光. 价值自觉与社会主义核心价值体系建设研究［M］. 北京：人民出版社，2017.

［21］郑丽平. 现代性视域中的社会主义核心价值观［J］. 江西社会科学，2014（11）：181-187.

［22］吴向东. 重构现代性：当代社会主义价值观研究［M］. 修订版. 北京：北京师范大学出版社，2009.

［23］徐蓉. 现代性语境下的中国价值观建设［M］. 上海：复旦大学出版社，2014.

［24］陈新汉，邱仁富. 坚持社会主义核心价值体系的人民主体性［M］. 上海：东方出版中心有限公司，2011.

［25］郑礼平，赵嘉蒂，周康林. 社会主义核心价值观与人民主体性［J］. 浙江学刊，2015（1）：116-120.

［26］陶源. 价值主体性视域中的社会主义核心价值观及践行路径研究［D］. 上海：东华大学，2015.

［27］习近平. 决胜全面建成小康社会 夺取新时代中国特色社会主义伟大胜利：在中国共产党第十九次全国代表大会上的报告［M］. 北京：人民出版社，2017.

［28］王双群. 培育社会主义核心价值观研究：以思想政治理论课教育

教学为例［M］. 北京：中国社会科学出版社，2015.

［29］张元，丁三青，李晓宁. 网络环境下社会主义核心价值观认同的实践路径［J］. 科学社会主义，2014 (4)：107-110.

［30］吴潜涛. 社会主义核心价值观是当代中国精神的集中体现［N］. 光明日报，2018-03-26 (11).

［31］戴木才. 培养担当民族复兴大任的时代新人：党的十九大报告关于社会主义核心价值观的重要论述［J］. 道德与文明，2017 (6)：5-7.

［32］王学俭. 新时代如何培育和践行社会主义核心价值观［J］. 人民论坛，2017 (12)：34-35.

［33］王伦光. 价值自觉与社会主义核心价值体系建设研究［M］. 北京：人民出版社，2017.

［34］马克思，恩格斯. 马克思恩格斯选集：第三卷［M］. 北京：人民出版社，2012.

［35］马克思，恩格斯. 马克思恩格斯文集：第八卷［M］. 北京：人民出版社，2009.

［36］孙景民. 马克思主义视域下人类社会核心价值体系探究［J］. 人民论坛，2013 (32)：196-198.

［37］李淮春. 马克思主义哲学全书［M］. 北京：中国人民大学出版社，1996.

［38］张学森. 核心价值观的历史演进与当代构建［M］. 北京：人民出版社，2014.

［39］王国维. 殷周制度论［M］//观堂集林：外二种. 石家庄：河北教育出版社，2001：231-244.

［40］王振槐. 西方政治思想史［M］. 南京：南京大学出版社，1993.

［41］欧洲哲学史教程编写组. 欧洲哲学史教程［M］. 福州：福建人民出版社，1983.

［42］徐罗卿. 对私有制社会核心价值观及其内化途径的辩证分析［J］. 学校党建与思想教育，2011 (1)：55-58.

［43］谢霄男，王让新. 马克思主义五种社会形态核心价值观及其发展规律［J］. 学术探索，2015 (8)：31-35.

［44］李根蟠. 略谈马列主义的封建观和社会形态观［J］. 史学月刊，2008 (3)：8-13.

[45] 马克思，恩格斯. 马克思恩格斯选集：第四卷 [M]. 北京：人民出版社，2012.

[46] 马克思，恩格斯. 马克思恩格斯全集：第一卷 [M]. 北京：人民出版社，1995.

[47] 赵壮道. 三种社会核心价值观的比较与启示 [J]. 郑州大学学报（哲学社会科学版），2014（3）：9-12.

[48] 波德. 资本主义的历史：从1500年至2010年 [M]. 郑方磊，任轶，译. 上海：上海辞书出版社，2011.

[49] 斯密. 国民财富的性质和原因的研究：下卷 [M]. 郭大力，王亚南，译. 北京：商务印书馆，1983.

[50] 霍布斯. 利维坦 [M]. 黎思复，黎廷弼，译. 北京：商务印书馆，1985.

[51] 洛克. 政府论：下篇 [M]. 叶启芳，译. 北京：商务印书馆，1982.

[52] 袁银传. 当代资本主义核心价值观评析 [J]. 马克思主义研究，2014（6）：94-100，160.

[53] 霍尔瓦特. 社会主义政治经济学：一种马克思主义的社会理论 [M]. 吴宇晖，马春文，陈长源，译. 吉林：吉林人民出版社，2001.

[54] 韩庆祥. 反对拜金主义 [J]. 求是，2005（9）：46-47.

[55] 黄士安，戴木才. 如何科学对待资本主义核心价值观 [N]. 光明日报，2012-02-18（11）.

[56] 中共中央马克思恩格斯列宁斯大林著作编译局. 列宁专题文集：论资本主义 [M]. 北京：人民出版社，2009.

[57] 罗尔斯. 正义论 [M]. 何怀宏，何包钢，廖申白，译. 北京：中国社会科学出版社，1988.

[58] 方爱东. 社会主义核心价值观的发展历程及其当代建构 [D]. 合肥：安徽大学，2010.

[59] 马克思，恩格斯. 马克思恩格斯全集：第三卷 [M]. 北京：人民出版社，1960.

[60] 马克思，恩格斯. 马克思恩格斯全集：第五卷 [M]. 北京：人民出版社，2009.

[61] 列宁. 列宁选集：第三卷 [M]. 北京：人民出版社，2012.

［62］毛泽东. 毛泽东文集：第七卷［M］. 北京：人民出版社, 1999.

［63］毛泽东. 毛泽东选集：第三卷［M］. 北京：人民出版社, 1991.

［64］孙杰. 当代中国社会主义核心价值观研究［D］. 北京：中共中央党校, 2014.

［65］卢梭. 社会契约论［M］. 何兆武, 译. 北京：商务印书馆, 2003.

［66］张奎良. "以人为本"的哲学意义［J］. 哲学研究, 2004 (5)：11-16.

［67］马克思, 恩格斯. 马克思恩格斯文集：第三卷［M］. 北京：人民出版社, 2009.

［68］郭建宁. 社会主义核心价值观基本内容释义［M］. 北京：人民出版社, 2014.

［69］亚里士多德. 亚里士多德选集：伦理学卷［M］. 苗力田, 译. 北京：中国人民大学出版社, 1999.

［70］孙健, 孙翔, 雒季. 从观念到践行：社会主义核心价值观如何深入大众［M］. 兰州：甘肃人民美术出版社, 2014.

［71］张彦. 价值排序与核心价值观［M］. 杭州：浙江大学出版社, 2017.

［72］贺来. 有尊严的幸福生活何以可能［M］. 北京：中国社会科学出版社, 2013.

［73］骆郁廷. 论社会主义的核心价值［J］. 马克思主义研究, 2014 (8)：102-111, 160.

［74］吴向东. 中国价值哲学四十年［J］. 当代中国价值观研究, 2018 (6)：5-10.

［75］马克思, 恩格斯. 马克思恩格斯文集：第二卷［M］. 北京：人民出版社, 2009.

［76］许耀桐. 论马克思主义的社会主义核心价值观［J］. 上海行政学院学报, 2012 (3)：4-12.

［77］田海舰. 社会主义核心价值观研究［D］. 北京：中共中央党校, 2008.

［78］马克思, 恩格斯. 马克思恩格斯全集：第二卷［M］. 北京：人民出版社, 1957.

[79] 徐腾. 中国特色社会主义核心价值观研究 [D]. 扬州: 扬州大学, 2013.

[80] 亨廷顿. 变化社会中的政治秩序 [M]. 王冠华, 译. 北京: 三联书店, 1989.

[81] 何怀远. 意识形态的内在结构浅论 [J]. 江苏行政学院学报, 2001 (2): 13-17.

[82] 霍金森. 领导哲学 [M]. 刘林平, 万向东, 张龙跃, 译. 昆明: 云南人民出版社, 1987.

[83] 中共中央文献研究室. 毛泽东年谱 (一八九三——一九四九): 上卷 [M]. 修订本. 北京: 中央文献出版社, 2013.

[84] 贝尔. 资本主义文化矛盾 [M]. 赵一凡, 蒲隆, 任晓晋, 译. 北京: 三联书店, 1989.

[85] 刘明君, 郑来春, 陈少岚. 多元文化冲突与主流意识形态建构 [M]. 北京: 中国社会科学出版社, 2008.

[86] 王长江. 中国政治文明视野下的党的执政能力建设 [M]. 上海: 上海人民出版社, 2005.

[87] 基恩. 公共生活与晚期资本主义 [M]. 马音, 刘利圭, 丁耀琳, 译. 北京: 社会科学文献出版社, 1999.

[88] 韦伯. 经济与社会: 上卷 [M]. 林荣远, 译. 北京: 商务印书馆, 1997.

[89] 哈贝马斯. 重建历史唯物主义 [M]. 郭官义, 译. 北京: 社会科学文献出版社, 2000.

[90] 阿尔蒙德, 鲍威尔. 比较政治学: 体系、过程和政策 [M]. 曹沛霖, 郑世平, 公婷, 等译. 上海: 上海译文出版社, 1987.

[91] 陈新汉, 邱仁富. 坚持核心价值体系的人民主体性: 关于克服社会主义核心价值体系边缘化危机的思考 [M]. 上海: 东方出版中心, 2011.

[92] 马克思, 恩格斯. 马克思恩格斯全集: 第三十卷 [M]. 北京: 人民出版社, 1995.

[93] 赵伟. 人的需要: 社会主义核心价值观认同的现实根基: 培育践行社会主义核心价值观的路径探索 [J]. 社会主义研究, 2014 (5): 36-41.

[94] 黑格尔. 精神现象学: 上卷 [M]. 贺麟, 王玖兴, 译. 北京: 商

务印书馆，2011.

[95] 范庆华. 现代汉语辞海［M］. 哈尔滨：黑龙江人民出版社，2002.

[96] 陈锡喜. 关于社会主义意识形态的整合与建构的思考［J］. 思想理论教育，2008（5）：27-32.

[97] 习近平. 习近平谈治国理政：第三卷［M］. 北京：外文出版社，2020.

[98] 毛泽东. 毛泽东选集：第二卷［M］. 北京：人民出版社，1991.

[99] 郭湛. 主体性哲学：人的存在及其意义［M］. 修订版. 北京：中国人民大学出版社，2010.

[100] 赫勒. 日常生活［M］. 衣俊卿，译. 重庆：重庆出版社，1990.

[101] 王学俭. 社会主义价值论纲［M］. 北京：人民出版社，2016.

[102] 王玉樑. 21世纪价值哲学：从自发到自觉［M］. 北京：人民出版社，2006.

[103] 顾海良，张岂之，靳诺，等. 学习贯彻习近平总书记重要讲话精神大力培育和践行社会主义核心价值观［J］. 思想理论教育导刊，2014（7）：4-23.

[104] 张继良. 实现人的全面发展的主体条件［J］. 教育理论与实践，1988（5）：62-63.

[105] 刘欢，孟轲. 人民主体性：习近平新时代中国特色社会主义思想的理论旨归［J］. 思想政治教育研究，2019，35（4）：7-13.

[106] 人民日报理论部. 深入领会习近平总书记重要讲话精神：下［M］. 北京：人民出版社，2014.

[107] 中共中央文献研究室. 毛泽东年谱（一九四九——一九七六）：第二卷［M］. 北京：中央文献出版社，2013.

[108] 习近平. 在纪念马克思诞辰200周年大会上的讲话［M］. 北京：人民出版社，2018.

[109] 中共中央文献研究室. 十七大以来重要文献选编：上［M］. 北京：中央文献出版社，2009.

[110] 侯惠勤. 五大认同：党的十八大以来我国意识形态工作的历史性进展［N］. 光明日报，2017-09-27（14）.

[111] 习近平. 习近平谈治国理政：第二卷［M］. 北京：外文出版

社，2017.

[112] 习近平. 全面贯彻落实党的十八大精神要突出抓好六个方面工作 [J]. 求是, 2013 (1)：3-7.

[113] 邓小平. 邓小平文选：第三卷 [M]. 北京：人民出版社, 1993.

[114] 韩迎春, 刘灵. 推进"民族精神"与"时代精神"融合发展 [J]. 中南民族大学学报 (人文社会科学版), 2019, 39 (5)：128-133.

[115] 侯惠勤. 在社会主义核心价值观的概括上如何取得共识？ [J]. 红旗文稿, 2012 (8)：9-13.

[116] 张国宏. 中国特色社会主义文化发展道路的内涵解析 [J]. 思想理论教育导刊, 2012 (7)：33-37.

[117] 中国共产党第十九届中央委员会第四次全体会议文件汇编 [M]. 北京：人民出版社, 2019.

[118] 江泽民. 全面建设小康社会, 开创中国特色社会主义事业新局面：在中国共产党第十六次全国代表大会上的报告 [M]. 北京：人民出版社, 2002.

[119] 郑海祥, 王永贵. 正确认识社会主义核心价值观与先进文化建设的关系 [J]. 思想理论教育, 2011 (23)：8-12.

[120] 田旭明. 革命文化：涵育社会主义核心价值观不可或缺的重要载体 [J]. 思想理论教育导刊, 2018 (8)：84-88.

[121] 李斌. 党面临的"赶考"远未结束：习近平总书记再访西柏坡侧记 [N]. 光明日报, 2013-07-14 (1).

[122] 季明. 核心价值概论 [M]. 北京：人民日报出版社, 2013.

[123] 习近平. 把培育和弘扬社会主义核心价值观作为凝魂聚气强基固本的基础工程 [N]. 人民日报, 2014-02-26 (1).

[124] 李惠娥. 马克思主义视域下中国优秀传统文化的传承困境研究 [D]. 福州：福建师范大学, 2014.

[125] 中共中央办公厅印发《关于培育和践行社会主义核心价值观的意见》[J]. 党建, 2014 (1)：9-12.

[126] 习近平. 在中共中央政治局第十三次集体学习时的讲话 [N]. 人民日报, 2014-02-26 (1).

[127] 王忠武. 社会主义核心价值观的建构 [J]. 中国特色社会主义研究, 2015 (4)：66-72.

[128] 陈顺伟. 国家治理视阈中的社会主义核心价值观建设研究 [M]. 北京：人民出版社，2019.

[129] 李德顺. 表述社会主义核心价值观的几点思考 [J]. 决策与信息，2011（12）：18-19.

[130]《中国共产党章程汇编》编写组. 中国共产党章程汇编：从一大到十七大 [M]. 北京：中共中央党校出版社，2006.

[131] 毛泽东. 毛泽东著作专题摘编：上 [M]. 北京：中央文献出版社，2003.

[132] 毛泽东. 毛泽东文集：第六卷 [M]. 北京：人民出版社，1999.

[133] 谢春涛，王海光. 中国共产党历程：第二卷 [M]. 郑州：河南人民出版社，2001.

[134] 毛泽东. 毛泽东选集：第四卷 [M]. 北京：人民出版社，1991.

[135] 毛泽东. 毛泽东选集：第一卷 [M]. 北京：人民出版社，1991.

[136] 中共中央党校科学社会主义教研室《社会主义思想史》编写组. 社会主义思想史：下 [M]. 北京：中共中央党校出版社，1988.

[137] 毛泽东. 毛泽东文集：第八卷 [M]. 北京：人民出版社，1999.

[138] 中共中央文献研究室. 建国以来重要文献选编：第十五册 [M]. 北京：中央文献出版社，1997.

[139] 毛泽东. 毛泽东著作选读：下册 [M]. 北京：人民出版社，1986.

[140] 袁贵仁. 论邓小平的价值观思想 [C] //北京市社会科学界联合会，北京市邓小平理论研究会. 探索新路 构筑辉煌：庆祝中华人民共和国建国五十周年. 北京：中国人民大学出版社，1999：124-138.

[141] 江泽民. 论"三个代表" [M]. 北京：中央文献出版社，2001.

[142] 江泽民. 在庆祝中国共产党成立八十周年大会上的讲话（2001年7月1日）[M]. 北京：人民出版社，2001.

[143] 中共中央文献研究室. 十六大以来重要文献选编：上 [M]. 北京：中央文献出版社，2005.

[144] 郁建兴，朱旭红. 社会主义价值学导论 [M]. 杭州：浙江人民出版社，1997.

[145] 江泽民. 江泽民文选：第三卷 [M]. 北京：人民出版社，2006.

[146] 江泽民. 江泽民文选：第二卷 [M]. 北京：人民出版社，2006.

[147] 中共中央文献研究室. 十六大以来重要文献选编: 下 [M]. 北京: 中央文献出版社, 2008.

[148] 中共中央文献研究室. 十二大以来重要文献选编: 下 [M]. 北京: 人民出版社, 1988.

[149] 孟轲. 社会主义核心价值观的大众认同问题研究 [M]. 北京: 人民出版社, 2018.

[150] 郭广银. 习近平关于人民主体地位的思想 [J]. 中共中央党校学报, 2014 (5): 19-22.

[151] 汪信砚. 深入理解以人民为中心的发展思想 [N]. 人民日报, 2017-11-24 (7).

[152] 李纪才. 人民共享发展成果: 学习习近平总书记关于共享发展的重要论述 [N]. 学习时报, 2016-08-04 (2).

[153] 习近平. 高举中国特色社会主义伟大旗帜 为全面建设社会主义现代化国家而团结奋斗: 在中国共产党第二十次全国代表大会上的报告 [M]. 北京: 人民出版社, 2022.

[154] 胡锦涛. 胡锦涛文选: 第三卷 [M]. 北京: 人民出版社, 2016.

[155] 陈金龙. 中国特色社会主义道路的实质 [N]. 南方日报, 2013-09-23 (3).

[156] 中共中央文献研究室. 十八大以来重要文献选编: 中 [M]. 北京: 中央文献出版社, 2016.

[157] 霍尔巴赫. 自然政治论 [M]. 陈太先, 眭茂, 译. 北京: 商务印书馆, 1994.

[158] 张文显. 社会主义核心价值观与法治建设 [J]. 中国人大, 2019 (19): 49-54.

[159] 吴东华. 理论与方法: 社会主义核心价值体系大众化的探索 [J]. 马克思主义研究, 2012 (11): 26-32, 159.

[160] 马俊峰. 社会主义核心价值体系与科学发展观 [J]. 教学与研究, 2009 (3): 20-27.

[161] 郑永年. 通往大国之路: 中国与世界秩序的重塑 [M]. 北京: 东方出版社, 2011.

[162] 郭敏. 道德引领: 社会主义核心价值观的实践指向 [J]. 道德与文明, 2019 (1): 116-120.

[163] 孔扬，姜大云.《资本论》的文明观及其对中国市民理性建构的启示 [J]. 前沿，2013（7）：40-44.

[164] 习近平. 在北京大学师生座谈会上的讲话 [M]. 北京：人民出版社，2018.

[165] 习近平. 在中国文联十大、中国作协九大开幕式上的讲话 [J]. 党建，2016（12）：9.

[166] 习近平对党和国家功勋荣誉表彰工作作出重要指示强调：发挥功勋荣誉精神引领典型示范作用　推动全社会见贤思齐崇尚英雄争做先锋 [N]. 人民日报，2016-05-19（1）.

[167] 宋进.“不忘初心、牢记使命”的认识逻辑 [J]. 高校马克思主义理论研究，2017（4）：19-23.

[168] 杨学功. 试谈我国社会转型时期价值观念的现状及变革趋势 [J]. 重庆师专学报，1997（3）：75-80.

[169] 刘燕. 当代中国社会转型时期的价值重构 [M]. 北京：人民出版社，2014.

[170] 高德步. 中国价值的革命 [M]. 北京：人民出版社，2016.

[171] 孙伟平. 创建“中国价值”：社会主义核心价值体系研究 [M]. 北京：社会科学文献出版社，2015.

[172] 邹千江. 当前中国社会价值观的存在特点 [J]. 社会科学辑刊，2005（4）：43-47.

[173] 亨廷顿. 文明的冲突与世界秩序的重建 [M]. 周琪，刘绯，张立平，等译. 北京：新华出版社，2010.

[174] 刘书林.“普世价值”问题出现的过程、原因及实质 [J]. 思想理论教育导刊，2008（11）：62.

[175] 张军. 走出黑洞：中国当代社会失范现象批判 [M]. 北京：中国经济出版社，2000.

[176] 兰久富. 社会转型与价值冲突 [J]. 北京师范大学学报（社会科学版），1999（3）：97-102.

[177] 边沁. 道德与立法的原理导论 [M]. 罗也明，译. 北京：商务印书馆，1987.

[178] 穆勒. 功用主义 [M]. 刘富胜，译. 北京：商务印书馆，1957.

[179] 廖小平. 价值观变迁与核心价值体系的解构与建构 [M]. 北

京：中国社会科学出版社，2013.

[180] 本书编写组. 十八大报告辅导读本 [M]. 北京：人民出版社，2012.

[181] 河南程氏粹言卷第一//程颢，程颐. 二程集：下 [M]. 北京：中华书局，2004.

[182] 轩传树. 在世界社会主义大格局下研究中国特色社会主义 [J]. 长白学刊，2015 (6)：21-26.

[183] 韩庆祥，陈曙光. 中国特色社会主义新时代的理论阐释 [J]. 中国社会科学，2018 (1)：5-16.

[184] 陈红娟. 中国特色社会主义进入新时代的历史逻辑与价值意蕴 [J]. 思想理论教育，2018 (1)：19-24.

[185] 梅荣政. 中国特色社会主义进入了新时代 [J]. 思想理论教育导刊，2017 (11)：8-9，20.

[186] 陈静，郝一峰. 国外核心价值观建设路径的经验研究 [J]. 黑龙江社会科学，2007 (5)：13-17.

[187] 王非. 文化建设新风貌 [M]. 北京：中国人民大学出版社，2020.

[188] 王玉萍，黄明理. 价值共识及其当代意义 [J]. 求实，2012 (5)：37-40.

[189] 戚如强. 习近平立德树人思想的理论渊源与精神实质 [J]. 马克思主义研究，2018 (7)：35-42.

[190] 习近平. 坚持依法治国和以德治国相结合 推进国家治理体系和治理能力现代化 [N]. 人民日报，2016-12-01 (1).

[191] 程恩富，郑一明，冯颜利，等. 近年社会主义核心价值体系建设情况的调查研究报告 [J]. 毛泽东邓小平理论研究，2011 (2)：23-30，83.

[192] 陈桂蓉. 从低收入群体价值认同看核心价值体系凝聚力：以福建城市贫困群体为例 [J]. 福建行政学院学报，2009 (2)：45-49.

[193] BEVIR M. Encyclopedia of governance [M]. [S. l.]：Sage Publications，2007.

[194] 德里. 火焰战争 [M] //王逢振. 网络幽灵. 天津：天津社会科学院出版社，2000.

［195］汤林森. 文化帝国主义［M］. 上海：上海人民出版社，1999.

［196］习近平. 习近平关于社会主义文化建设论述摘编［M］. 北京：中央文献出版社，2017.

［197］邓小平. 邓小平文选：第二卷［M］. 北京：人民出版社，1994.

［198］习近平. 在首都各界纪念现行宪法公布施行 30 周年大会上的讲话［M］. 北京：人民出版社，2012.

［199］斯大林. 斯大林全集：第一卷［M］. 北京：人民出版社，1953.

［200］黑格尔. 法哲学原理［M］. 范扬，张企泰，译. 北京：商务印书馆，1991.

［201］卢卡奇. 历史与阶级意识［M］. 杜章智，任立，燕宏远，译. 北京：商务印书馆，1992.

［202］李忠军. 论社会主义核心价值观、中国精神与社会主义意识形态［J］. 社会科学战线，2014（3）：31-39.

［203］邹诗鹏. 民族国家构架下的国家精神［J］. 哲学研究，2014（7）：30-36.

［204］吴潜涛，杨峻岭. 全面理解爱国主义的科学内涵［J］. 高校理论战线，2011（10）：9-14.

［205］马克思，恩格斯. 马克思恩格斯文集：第九卷［M］. 北京：人民出版社，2009.

［206］胡鞍钢，唐啸，杨竺松，等. 中国国家治理现代化［M］. 北京：中国人民大学出版社，2014.

［207］俞可平. 推进国家治理体系和治理能力现代化［J］. 前线，2014（1）：5-8，13.

［208］习近平. 在第十三届全国人民代表大会第一次会议上的讲话［M］. 北京：人民出版社，2018.

［209］任仲平. 凝聚当代中国的价值公约数：论培育与践行社会主义核心价值观［N］. 人民日报，2015-04-20（1）.

［210］习近平. 在第十二届全国人民代表大会第一次会议上的讲话［N］. 北京：人民出版社，2013.

［211］周瑾平. 社会主义核心价值观的政治哲学内涵研究［J］. 伦理学研究，2014（6）：1-6.

［212］习近平. 习近平关于全面深化改革论述摘编［M］. 北京：中央

文献出版社，2014.

[213] 弗林斯. 舍勒的心灵 [M]. 张志平，张任之，译. 上海：上海三联书店，2006.

[214] 霍布斯. 利维坦 [M]. 黎思复，黎廷弼，译. 北京：商务印书馆，1996.

[215] 普拉诺. 政治学分析辞典 [M]. 胡杰，译. 北京：中国社会科学出版社，1986.

[216] 李德顺. 民主法治成为我们的政治文明 [J]. 学习与探索，2013（7）：58-61.

[217] 王浦劬. 国家治理、政府治理和社会治理的含义及其相互关系 [J]. 国家行政学院学报，2014（3）：11-17.

[218] 姜晓萍. 国家治理现代化进程中的社会治理体制创新 [J]. 中国行政管理，2014（1）：24-28.

[219] 中国共产党第十九届中央委员会第四次全体会议文件汇编 [M]. 北京：人民出版社，2019.

[220] 帕特南. 使民主运转起来 [M]. 王列，赖海榕，译. 南昌：江西人民出版社，2001.

[221] 梁漱溟. 梁漱溟全集 [M]. 济南：山东人民出版社，1991.

[222] 费孝通. 乡土中国生育制度 [M]. 北京：北京大学出版社，1998.

[223] 俞可平. 马克思的市民社会理论及其历史地位 [J]. 中国社会科学，1993（4）：59-74.

[224] 胡绳. 中国共产党的七十年 [M]. 北京：中共党史出版社，1991.

[225] 艾国，刘艳. 从四个维度把握社会主义核心价值观之友善的内涵 [J]. 思想理论教育导刊，2015（10）：56-61.

[226] 英克尔斯. 人的现代化：心理·思想·态度·行为 [M]. 殷陆君，译. 成都：四川人民出版社，1985.

[227] 吕前昌. 公民意识的培育：人的现代化的逻辑起点与重要表征 [J]. 哈尔滨师范大学社会科学学报，2017（5）：21-24.

[228] 胡锦涛. 胡锦涛文选：第二卷 [M]. 北京：人民出版社，2016.

[229] 罗国杰. 伦理学 [M]. 北京：人民出版社，1989.

［230］李泽泉. 社会主义核心价值观视域下的公民道德建设［J］. 中国特色社会主义研究, 2015（4）: 73-78.

［231］习近平. 习近平关于全面建成小康社会论述摘编［M］. 北京: 中央文献出版社, 2016.

［232］蒋勇, 邱国栋. 论个人品德与社会公德、职业道德、家庭美德及其关系［J］. 思想教育研究, 2010（9）: 39-43.

［233］中共中央文献研究室. 十五大以来重要文献选编: 下［M］. 北京: 人民出版社, 2003.

［234］亚里士多德. 政治学［M］. 吴寿彭, 译. 北京: 商务印书馆, 2009.

［235］MARTIN B, ANTHONY R. Citizenship today: the contemporary relevance of T. H. Marshall［M］. London and Bristol, PA: University College London Press, 1996.

［236］王广辉. 论宪法的调整对象和宪法学的学理体系［J］. 法学家, 2007（6）: 41.

［237］韩震. 增强社会主义意识形态的吸引力和凝聚力［N］. 北京日报, 2007-11-05（2）.

［238］戴木才. 铸就人民信仰: 当代中国的核心价值观［M］. 北京: 人民出版社, 2018.

［239］黎家佑, 钟明华. 社会主义核心价值观要义探微［J］. 道德与文明, 2015（3）: 109-112.

［240］朱旭红. 论科学社会主义的价值原则［J］. 浙江大学学报, 1994（9）: 1-9.

［241］习近平. 习近平总书记系列重要讲话读本［M］. 北京: 学习出版社, 2014.

［242］江必新. 全面推进依法治国的若干思考: 以学习党的十八大报告为背景［J］. 人民论坛, 2012（11）: 44-47.

［243］戴木才. 全人类"共同价值"与社会主义核心价值观［N］. 光明日报, 2015-10-28（13）.

［244］李行健. 现代汉语规范词典［M］. 3 版. 北京: 外语教学与研究出版社, 2014.

［245］王玉樑. 价值哲学新探［M］. 西安: 陕西人民出版社, 2006.

［246］韩震. 社会主义核心价值观新论：引领社会文明前行的精神指南［M］. 北京：中国人民大学出版社，2014.

［247］林伯海，易刚. 社会主义核心价值观大众认同的外在机理探析［J］. 马克思主义与现实，2015（3）：162-170.

［248］米德. 心灵、自我与社会［M］. 赵月瑟，译. 上海：上海译文出版社，1992.

［249］陈秉公. 思想政治教育学原理［M］. 北京：高等教育出版社，2006.

［250］孟轲. 社会主义核心价值观大众认同的基本动因及障碍［J］. 河南师范大学学报（哲学社会科学版），2014（1）：52-56.

［251］易益典. 社会学教程［M］. 上海：上海人民出版社，2013.

［252］李建华. 情感认同与价值观认同［N］. 光明日报，2018-05-28（14）.

［253］李君如. 社会主义和谐社会论［M］. 北京：人民出版社，2005.

［254］中共中央文献研究室. 改革开放三十年重要文献选编：下［M］. 北京：人民出版社，2008.

［255］凡勃伦. 有闲阶级论：关于制度的经济研究［M］. 蔡受百，译. 北京：商务印书馆，2017.

［256］诺斯. 经济史中的结构与变迁［M］. 陈郁，译. 上海：上海人民出版社，1994.

［257］中共中央马克思恩格斯列宁斯大林著作编译局. 马克思恩格斯列宁斯大林论政治和政治制度：上册［M］. 北京：群众出版社，1983.

［258］韦伯. 新教伦理与资本主义精神［M］. 于晓，陈维刚，译. 上海：上海三联书店，1987.

［259］王淑芹. 信用伦理研究［M］. 北京：中央编译出版社，2005.

［260］陈振明. 政策科学［M］. 北京：中国人民大学出版社，1998.

［261］张文显. 法理学［M］. 北京：高等教育出版社，1999.

［262］博登海默. 法理学：法律哲学与法律方法［M］. 邓正来，译. 北京：中国政法大学出版社，1999.

［263］喻文德. 论社会主义核心价值观的制度化建设［J］. 中国特色社会主义研究，2016（2）：61-66.

［264］杨奎. 首都市民社会主义核心价值观实证研究［M］. 北京：中

国社会科学出版社，2015.

[265] 孙婷婷. 论社会主义核心价值观培育和践行的制度化 [J]. 思想理论教育导刊，2016（4）：99-104.

[266] 胡仁智. "乡规民约" 的独特法律文化价值 [N]. 光明日报，2018-11-06（16）.

[267] 中办国办印发《关于进一步把社会主义核心价值观融入法治建设的指导意见》[N]. 人民日报，2016-12-26（1）.

[268] 谢武军. 改革开放以来的文化变迁 [J]. 理论动态，2009（2）：23-33.

[269] 潘玉腾. 推进社会主义核心价值体系大众化研究 [M]. 北京：社会科学文献出版社，2013.

[270] 杨兴林. 加快推进生态文明建设是对社会主义核心价值观的重要践行 [J]. 学习论坛，2016（1）：11-14.

[271] 潘维，廉恩. 中国社会价值观变迁30年：1978—2008 [M]. 北京：中国社会科学出版社，2008.

[272] 袁银传，田亚. 培育和践行社会主义核心价值观的基本路径 [J]. 思想理论教育，2014（10）：10-14.

[273] 列宁. 列宁专题文集：论无产阶级政党 [M]. 北京：人民出版社，2009.

[274] 中共中央文献研究室. 建国以来重要文献选编：第七册 [M]. 北京：中央文献出版社，1993.

[275] 苏霍姆林斯基. 少年的教育和自我教育 [M]. 姜励群，吴福生，张渭城，等译. 北京：北京出版社，1984.

[276] 吴岩. 建设中国金课 [J]. 中国大学教学，2018（12）：4-9.

[277] 王东虓，魏晓璐，尹红领，等. 社会主义核心价值观长效机制研究（笔谈）[J]. 郑州大学学报（哲学社会科学版），2018（3）：15-37，158.

[278] 李建华. 社会主义核心价值观构建与践行研究 [M]. 北京：人民出版社，2017.

[279] 王邦佐. 中国政党制度的社会生态分析 [M]. 上海：上海人民出版社，2000.

[280] 习近平. 在会见第一届全国文明家庭代表时的讲话 [N]. 人民

日报，2016-12-16（2）.

[281] 习近平. 在第十八届中央纪律检查委员会第六次全体会议上的讲话 [N]. 人民日报，2016-05-03（2）.

[282] 习近平. 在网络安全和信息化工作座谈会上的讲话 [N]. 人民日报，2016-04-26（2）.

[283] 韩一凡. 社会主义核心价值观生活化研究 [D]. 郑州：郑州大学，2017.

[284] 习近平. 携手构建合作共赢新伙伴 同心打造人类命运共同体：在第七十届联合国大会一般性辩论时的讲话 [N]. 人民日报，2015-09-29（2）.

[285] 习近平. 共担时代责任 共促全球发展：在世界经济论坛 2017 年开幕式上的主旨演讲 [N]. 人民日报，2017-01-18（3）.

[286] 秦宣，刘鑫鑫. 共同价值：打造人类命运共同体的价值观基础 [J]. 中国特色社会主义研究，2017（4）：38-43.

[287] 陈先达. 论普世价值与价值共识 [J]. 哲学研究，2009（4）：3-9，128.

[288] 习近平. 弘扬传统友好 共谱合作新篇：在巴西国会的演讲 [N]. 人民日报，2014-07-18（2）.

[289] 费孝通. "美美与共"和人类文明：下 [J]. 群言，2005（2）：13-16.

[290] 新时代的中国与世界 [N]. 光明日报，2019-09-28（11）.

[291] 习近平. 弘扬万隆精神 推进合作共赢 [N]. 人民日报，2015-04-23（2）.

[292] 李德顺. 怎样看"普世价值"？ [J]. 哲学研究，2011（1）：3-10.

[293] 林伯海. 论全人类共同价值与人类命运共同体的辩证关系 [J]. 马克思主义研究，2021（11）：79-88，159.

[294] 习近平主席在出席亚太经合组织第二十六次领导人非正式会议时的讲话 [M]. 北京：人民出版社，2018.

[295] 习近平. 深化文明交流互鉴 共建亚洲命运共同体：在亚洲文明对话大会开幕式上的主旨演讲 [N]. 光明日报，2019-05-15（1）.

[296] 习近平. 弘扬人民友谊 共创美好未来：在哈萨克斯坦纳扎尔巴

耶夫大学的演讲［N］. 人民日报海外版，2013-09-09（4）.

　　［297］习近平. 迈向命运共同体 开创亚洲新未来：在博鳌亚洲论坛2015年年会上的主旨演讲［J］. 中国产经，2015（4）：6-11.

　　［298］习近平出席中英工商峰会时强调"一带一路"建设将为中国和沿线国家共同发展带来巨大机遇［N］. 人民日报，2015-10-22（1）.

　　［299］胡必亮. 乘风破浪，克"疫"而上："一带一路"走向可持续发展［N］. 光明日报，2021-02-28（8）.

　　［300］韩露. 国外关于改革开放以来中国共产党意识形态建设与发展问题研究述评［J］. 社会主义研究，2010（5）：45-49.

　　［301］祝大勇，王雯姝. 核心价值观成为海外学者观察中国的新视角［J］. 马克思主义研究，2017（8）：144-152.

后记

　　本书的写作，源于笔者基于专业背景和研究旨趣对当代中国社会发展理论与实践的认识与思考。随着经济的快速增长，我国经济总量早在 2010 年就稳居世界第二，人民的物质生活水平也得到极大提高。但同时，在国内层面，经济社会发展的不平衡、不充分带来了人们思想认识和价值观念的多元、多样、分歧乃至冲突，不利于铸牢中华民族共同体意识，助推实现中华民族伟大复兴的中国梦；在国际层面，西方个别发达国家不仅在经济上对我国进行打压、制裁，而且在意识形态领域通过鼓吹"普世价值"以及利用"价值观外交"对我国进行围堵和攻讦，形成了不利于我国发展的国际环境。为了凝心聚力、强基固本，推动中华民族伟大复兴历史进程，进行意识形态领域的有效斗争，我们党凝练了以"三个倡导"为基本内容的社会主义核心价值观。对于社会主义核心价值观，理论研究者需要站在人民群众的立场，讲清楚这一核心价值观是怎么来的，相较于其他社会的核心价值观有何优势，在国家、社会、个人层面的建设方向是什么，如何将其内化于心、外化于行，其有什么样的世界意义……笔者正是立足于国家的政策导向，围绕着上述问题展开探索，力求在相关学术研究中有所收获。

　　同时，本书的写作也源于笔者在把国家政策导向与社会现状相联系时产生的思考与感悟。《关于培育和践行社会主义核心价值观的意见》明确指出，"富强、民主、文明、和谐是国家层面的价值目标，自由、平等、公正、法治是社会层面的价值取向，爱国、敬业、诚信、友善是公民个人层面的价值准则"。但在社会现实中，为什么总有与社会主义核心价值观基本要求相背离的人和事、言和行？这不得不让人思考，如何才能使社会主义核心价值观落细、落小、落实，使其"像空气一样"，让人们"日用而不觉"。马克思所说的"'思想'一旦离开'利益'，就一定会使自己出丑"，深刻地揭示了现实社会中人们价值观形成的利益基础。本书正是从满足人民根本利益的角度，分析和论证了社会主义核心价值观建设的必然性、合理性和可行性。

但是，要把看似"说得通、讲得明"的观点和想法转化成理论著作并非易事。写作过程中，在确立选题、搭建逻辑架构、斟酌文字表达等很多方面，笔者都得到了王国敏教授的专门指导及其多位得意门生的帮助，从而深受启发。在此，笔者要特别感谢四川大学马克思主义学院的王国敏教授，感恩您无私的教导与付出！同时，笔者也要对何洪兵教授、罗静教授、岳缠教授、陈加飞副教授、陈梅芳副教授、王元聪副教授等说声"谢谢"，感谢你们的帮助与指导！此外，还要感谢在笔者学术道路上给予关照和提供帮助的学院领导和教研室老师们！

本书得到四川大学马克思主义学院学术专著出版资助。

本书最终能够顺利出版，笔者要感谢西南财经大学出版社的领导和老师们，特别是本书的责任编辑廖韧老师，为笔者修改书稿提供了很多意见。如果没有你们的认真和尽责，笔者难以顺利完成这一任务，也无法收获落笔成书的喜悦。由衷感谢在本书顺利出版过程中给予了关心和帮助的朋友们！

受笔者学识水平、写作时间等多种因素限制，本书不足之处在所难免，敬请各位专家学者和读者朋友批评指正！

陈乐香

2023 年 10 月

于四川大学江安校区